Živko Marković

I0438801

SAVREMENO DRUŠTVO
i njegove perspektive

BEOGRAD, 1997

Živko Marković
SAVREMENO DRUŠTVO
i njegove perspektive

Izdavač
IP „Naučna knjiga"
Beograd, Uzun-Mirkova 5

Recenzenti
Prof. dr Živko Surčulija
Strezo Koloski

Za izdavača
Dr Blažo Perović

Urednik
Sladana Đordević

Lektor-korektor
Mileva Radosavljević

Tehnički urednik
Miloje Drinjaković

Likovni urednik
Jovan Bogićević

Kompjuterska priprema
ERC IP „Naučna knjiga"

Tiraž: 500

Štampa
VŠB

Živko Marković

ŽIVOTNE MUKE I POUKE

NAUČNA KMD
Beograd, 2006.

UVODNE NAPOMENE

»Bez muke nema nauke«, a bez nauke pouke, što je i osnovni smisao narodne poslovice. Ceo život je mučenje i učenje životu, koji se gasi kad čovek tek nauči da živi. Da bi se živelo, mora se naučiti da živi a niko se naučen ne rađa. Narodna mudrost je iznedrila mnoge životne pouke, koje se upravo zbog svoje poučnosti, kroz narodne izreke i poslovice trajno održavaju.

Ovde je učinjen skroman pokušaj da se tom dragocenom i nezamenljivom narodnom blagu pridodaju neka zapažanja iz ličnog iskustva i saznanja autora, koja bi i čitaocu mogla poslužiti kao životne poštapalice. Sve narodne umotvorine nastale su kao rezultat pojedinačnih ličnih umovanja, koja su zbog svoje životne uputnosti spontano prihvatana i prenošena od pojedinca do pojedinca i sa generacije na generaciju. Za autora bi najveća satisfakcija bila ako bi bar poneko od prezentiranih zapažanja ušlo u trajnu narodnu upotrebu.

Neke od prezentiranih izreka imaju bukvalno, druge prenosno, a treće i bukvalno i prenosno značenje. Pojedine su toliko providne i razumljive da se iskusniji čitalac može zapitati zašto ih je potrebno i saopštavati, ali sve su namenjene naivnim i neiskusnijim, koji zbog toga često u životu »nasedaju«. Poneke se, pak, teško mogu razumeti bez bogatijeg životnog iskustva i temeljitijeg poznavanja društvenih zbivanja, koja nam i zadaju životne muke, goneći nas da učimo dok smo živi.

Moralna je obaveza svakog pojedinca da svoja životna iskustva i saznanja usmeno i pismeno prenosi, učeći druge i učeći od drugih, bez čega se ljudski rod ne bi mogao razvijati ni opstajati. Da bi se manje mučile, mlađe generacije treba da se životu uče na mukama starijih generacija, koje ih svojim životnim uputima pravim putem najbolje uputiti mogu.

ŽIVOT I SMRT

Živite da biste živeli.

*

Za život se živi i mre.

*

Život je najveća vrednost koju najmanje cenimo
kad je najviše imamo.

*

Zdravlje cenimo tek kad ga izgubimo.

*

Zdravlje je kao roba: sve je skuplje što ga je manje.

*

Život je mio ma kakav bio.

*

Život je kratak kad je sladak.

*

Nema većeg gubitka u životu od gubitka samog života.

*

Život se samo za život žrtvuje.

*

Na životnoj stazi nema pobednika.

*

Gubljenjem vremena gubite sami sebe.

*

Ko brzo živi brzo i umire.

*

Od svih veština, najteže je veštinu života savladati.

*

Bolje je tinjati u ostvarivim, nego sagorevati u neostvarivim ambicijama.

*

Radite da biste živeli i živite da biste radili.

*

Da bi drugi živeli za nas, živimo i mi za druge.

*

Nečasan je život, i za račun i na račun drugoga.

*

Bolje je časno umreti nego nečasno živeti.

*

Bolje je ne sastaviti kraj s krajem nego kraj sa početkom.

*

Živimo umirući i umiremo živeći.

*

Nagon života je i nagon smrti.

*

Smrti nema bez života ni života bez smrti.

*

Umiru živi, a žive smrtnici.

*

Bolji je i ružan život nego lepa smrt.

*

Razmišljajte o životu a smrt će i sama doći.

*

Od života se može, a od smrti pobeći ne može.

*

Smrti se samo živi boje.

*

Za kim zvona zvone, probuditi se neće.

*

Život je kao lep ili ružan san: za tren dođe i za tren prođe.

*

Iz zemaljskog pakla nikome se u nebeski raj ne žuri.

*

Čoveku je samo smrt suđena.

*

Čovek je i pre rođenja na smrt osuđen.

*

Smrti se životom prkosi.

*

Ko burno živi, o smrti ne razmišlja.

*

Do kraja života svako stiže pre vremena.

*

Životnu stazu svako prelazi brže nego što bi hteo.

*

Bijemo bitke sa životom, a pobedu smrt odnosi.

*

Na kraj sveta stiže poneko, a na kraj života svako.

*

Svako svoj život najviše sam krati.

*

Ko dane ne broji, smrti s e ne boji.

*

Bolje mrtav pijan nego pijan mrtav.

*

Za besmrtnost su potrebna besmrtna dela.

RAD I NERAD

U radu je suština čoveka, a u neradu nečoveka.

*

Rad je stvorio čoveka, a čovek nerad.

*

Od neumornog rada se ne umara.

*

Ko radu ne odoleva, u neradu oboleva.

*

Bolje je škrtariti na jelu nego na delu.

*

U radu – zadovoljstva i radosti, u neradu – patnje i žalosti.

*

U mladosti – rad i radosti, u starosti - nerad i žalosti.

*

Ko se radu raduje, u neradu tuguje.

*

U radu se skriva sreća, u neradu nesreća.

*

U radu su radosti, u neradu zluradosti.

*

Ko ne radi – bogoradi.

*

Ko ne poseje, neće ni požnjeti.

*

Rad gradi, nerad razgrađuje.

*

Što se radom stiče, neradom se rastiče.

*

Nerad zavađa, a rad razvađa.

*

Ko mlad laduje, star gladuje.

*

Ko ne radi, samog sebe radi.

*

Bolje je da radite nego da vas rade.

*

Rad donosi spas, a nerad loš glas.

*

Ko se posla ne lati, praznu slamu mlati.

*

Ako vam drugi sudbinu kroje, tesno će je skrojiti.

*

Ko radi taj i greši, a najviše greši ko ne radi.

*

Najveća je greška ne činiti greške.

*

Bolje je umoran od rada nego odmoran od nerada.

*

Od rada boljeg leka nema - za sve bolesti duše i tela.

*

Rad je dobra terapija, i još bolja preventiva za sve
bolesti čoveka živa.

*

Nerad se radom održava.

*

Zarada se stiče radom, a bogatstvo kradom.

*

Radnici nerado rade, a neradnici rado ne rade.

*

Dok radnici izgaraju na radu , neradnici kradu.

*

Radnici i rade, i rade ih.

*

Radnici izrađuju fabrikate, a fabrikanti radnike.

*

Radnici u radionici, neradnici u gostionici.

*

Radnici rade i za sebe i za druge, a neradnici ni za druge ni za
sebe.

*

Kad bi se delilo prema radu, i neradnici bi proradili.

*

Bolje je i na repu događaja nego da se ništa ne događa.

*

PROSTOR I VREME

Prostor nije prost već složen, i najsloženiji – u njemu je sve rasprostrto.

*

Kad za sve nema mesta, ne može biti sve na svom mestu.

*

U jednu čizmu obe noge ne staju.

*

Za konja besna, i vasiona je tesna.

*

Kome je žena besna, kuća mu je tesna.

*

Gde se dvojica guraju, za trećeg mesta nema.

*

Da biste začas stigli nakraj sveta, mašite se interneta.

*

Da za tili čas obiđete ceo svet, zajašite internet.

*

Ko vam je izmakao avionom, stićete ga telefonom.

*

Ako je i nakraj sveta, nije nakraj pameti.

*

Vreme je u prostoru, a prostor u vremenu.

*

Vreme i prostor ne mogu se rastaviti.

*

Ako je vreme novac, prostor je trezor.

*

Bez vremena, i vasiona je pretesna.

*

Lutanjem u prostoru, luta se i u vremenu.

*

Bolje je izgubiti se u prostoru nego u vremenu.

*

Preskakanjem prostora preskače se i vreme.

*

Ko do cilja pre stiže, dvostruko dobija: i u prostoru i u vremenu.

*

Iz prostora se ne može uteći ni vreme preteći.

*

Vreme se ne može zaustaviti ni prostor protegnuti.

*

Vreme je dobro kojeg ima u izobilju a koje najviše nedostaje,
zbog čega se i najmanje i najviše ceni.

*

Važnije je kalkulisati sa vremenom nego sa novcem.

*

Čovek ne zna za vremeno već za savremeno, pravovremeno,
nepravovremeno, prevremeno, privremeno, povremeno,
prekovremeno i sl.

*

Bolje je prokockati i pare nego vreme.

*

Vreme se ničim kupiti ne može.

*

Ako se izgubljeni novac i može povratiti, izgubljeno vreme se
ne vraća.

*

Bolje je ubijati dosadu nego ubijati vreme.

*

Štedeći vreme štedite život.

*

Ako nemate vremena, imate internet.

*

Izgubljeno vreme se ne nalazi.

*

Vreme nikog ne čeka.

*

Bolje polagano pa na vreme, nego prebrzo pa u nevreme.

*

Ako nemate vremena, imajte strpljenja.

*

Za preteško breme, predugo je svako vreme.

*

Vreme je život.

*

Gubljenje vremena – gubljenje života.

*

PROŠLOST I BUDUĆNOST

Prošlost je putokaz budućnosti.

*

U budućnost se samo iz prošlosti iskoračuje.

*

Bez mračne prošlosti nema svetle budućnosti.

*

Svetla budućnost rađa se iz mračne prošlosti.

*

Prošlost ulazi u budućnost, a budućnost izlazi iz prošlosti.

*

Kula budućnosti gradi se u prošlosti.

*

Prošla muka – buduća pouka.

*

Prošlost se može uzdati u budućnost, a budućnost ne može u prošlost.

*

Ko se u budućnost uzda, na prošlost se oslanja.

*

Ko se stidi prošlosti, ne zaslužuje budućnost.

*

Iz tamne noći rujna zora sviće.

*

Budućnost se svakog jutra budi.

*

Ko temelje kuće gradi za budućnost radi.

*

Bolje je budućnost skrajati na temeljima prošlosti, nego prošlost
prekrajati prema neutemeljenoj budućnosti.

*

S jutra se misli i na danas i na sutra.

*

Nova građevina ne gradi se sa gole ledine.

*

Ko ulazi u istoriju – ulazi u budućnost.

*

Ko se plaši budućnosti, hrabri se prošlošću.

*

Nude prošlost za budućnost.

*

Prošlost se kiti uspomenama a budućnost idealima.

*

Ideali – budilnici budućnosti.

*

Istoriju piše ko preživi.

*

Što je prošlo vratiti se neće.

*

Prošli dani već su odbrojani.

*

Za kim zvona zvone odzvonilo mu je.

*

Propušteno – ispušteno.

*

Sa osmatračnice budućnosti bolje se vidi prošlost.

*

Na prošlost svako svojim očima gleda.

*

Sadašnjost je susret prošlosti i budućnosti.

*

Svaki sadašnji trenutak je već prošlost.

*

Sadašnjost je zamišljena razmeđa prošlosti i budućnosti.

*

Sadašnjost – sučeljavanje prošlosti i budućnosti.

*

Budućnost je produžetak prošlosti: svaki zamišljeni trenutak sadašnjosti već pripada prošlosti.

*

Sadašnjost je kroz prošlost prošla.

*

Ko živi od danas do sutra, čeka ga neizvesno prekosutra.

*

Graditelj budućnosti je sadašnjost.

*

Ne živi se od sadašnjosti i za sadašnjost, već od prošlosti i za budućnost.

*

Budućnost je neizvesna mogućnost.

POJAVA I SUŠTINA

Pojava se pojavljuje a suština skriva.

*

Da bi prikrili istinu, izvrću suštinu.

*

Činjenice se pričinjavaju, a zablude zabluđuju.

*

Ko previđa taj priviđa.

*

I najnepoverljivije, često vara izgled na prvi pogled.

*

Neznalice se predstavljaju kao sveznalice.

*

Zlonamernici nastupaju kao dobronamernici.

*

Ko se plaši taj se hrabri.

*

Mračne misli prikrivaju se vedrim osmesima.

*

Ko na poslu kleči, po kući dreči.

*

Ratoborci izigravaju mirotvorce.

*

Izdajice glume rodoljube.

*

Ružne namere se lepim rečima prikrivaju.

*

Strah se iz kostiju strahovitom galamom isteruje.

*

Podmuklo pseto ujeda.

*

Ko je video da se Zemlja oko Sunca okreće.

*

Ko šiju lako savija, teško se uspravlja.

*

Samo se pridvorice dodvoravaju.

*

Slatkorečive navodadžije na svoju vodenicu vodu navode.

*

I radost i žalost suzama se oglašavaju.

*

Kroz pesmu progovara i radost i tuga.

*

Vezano pseto najopasnije ujeda.

*

Lakovernici su najveću nevernici.

*

Najzluradiji su vuci u jagnjećoj koži.

*

Najopasnije su opasnosti koje se najmanje očekuju.

*

Najteže je neobuzdane strasti obuzdavati.

*

Vatrena ljubav se hladnom ravnodušnošću prikriva.

*

Ljubav je i jurena i juri.

*

Foliranti foliraju da vole, a zaljubljeni da ne vole.

*

Ljubav najžešće bije dok se krije.

*

U ljubavi se i robuje i gospodari.

*

Ljubavne strasti su pune: i gorčine i slasti.

*

Od strasne ljubavi srce se i širi i steže.

*

Ljubav je i lepa i slepa.

*

Najvatrenija ljubav najviše zaslepljuje.

*

Zaljubljeni se i ljubakaju i svađakaju.

*

Ko previše ljubi pamet gubi.

*

Udvaranjem se i pretvara i uverava.

*

Svaki rob se svom gospodaru, i klanja i proklinje ga.

*

Vernici svog boga i mole i psuju.

ISTINA I ZABLUDA

Do istine se preko zabluda stiže.

*

Istina se može poreći ali joj se ne može uteći.

*

Istina se lažima, a laži istinom na videlo isteruju.

*

Lažima se istinom sveti.

*

Istinu prekrajaju oni kojima je tesno skrojena.

*

Lažima se veruje, istina se proverava.

*

Kad se istina skriva, lažima se prekriva.

*

Zabludama se istina može prikriti ali ne može i pobiti.

*

Istina i zabluda su kao svetlost i tama: po tami se tumara, a po svetlu i daleki horizont otvara.

*

Istina je tvrđava koja se potkopava ali ne ruši.

*

Laži su kao kula od karata: lako se grade i lako ruše.

*

Laži se uzdaju u maštu , a istina u znanje.

*

Ko ne voli da razmišlja, voli da izmišlja.

*

Što se ne postiže istinom, pokušava se obmanom.

*

Kad ne »grize« u bistrom, lovi se u mutnom.

*

Prijatne zablude bolje prijanjaju od neprijatne istine.

*

Riba se peca na udicu a čovek na laž.

*

U laži su kratke ali hitre noge.

*

Radolažci najviše profitiraju među radoznalcima.

*

Lažov se ne veže za reč.

*

Istina i najveće istinoljubce pogađa.

*

Više vredi zrnce istine nego brda laži.

*

Vrednija je neprijatna istina nego prijatna laž.

*

Vrednija je i gorka istina nego slatka zabluda.

*

Bolje je videti šumu nego drveće od šume.

*

Kad ne mogu ubiti istinu, ubijaju istinoljubce.

DUŠA I TELO

Bez tela nema ni duše, a bez duše ni tela.

*

Što je u duši to je i u telu.

*

Ne može se rastati sa dušom a da se ne rastane sa telom.

*

Ko ispusti dušu, ispustio je i telo.

*

U zdravom telu zdrav je i duh, ali bez zdravog duha nema ni
zdravog tela.

*

Bolje i nezdravo telo a zdrav duh, nego zdravo telo a nezdrav
duh.

*

Ispušteno iz vida – ispušteno iz pameti.

*

Što je gurmanu u duši to je i u guši.

*

Široke duše – široka i srca.

*

Dobrodušnost dušu ne nagriza.

*

Velikodušnost široko srce otvara.

*

I bezdušnici imaju dušu, ali pokvarenu.

*

Što nemate u mišicama , imate u glavi.

*

Više se oslanjajte na glavu nego na mišice.

*

Što ispustite iz vida ispustili ste iz ruku.

*

Što je pri bolećivom srcu, nije uvek i pri zdravoj pameti.

*

Ko se čuda ne nagleda, taj se čudu ne načudi.

*

Bolje kratke kose a duge pameti, nego duge
kose a pameti kratke.

*

Bolje tvrdo srce nego tvrda glava.

*

Čuvajte glavu da biste sačuvali nerve.

*

Bolje hladne glave nego hladna srca.

*

Bolje bućkuriš u stomaku nego u glavi.

*

Bolje prazan stomak nego prazna glava.

*

Bolje prazna stomaka a pune glave, nego puna
stomaka a glave prazne.

*

Bolje da je pamet brža od jezika nego jezik od pameti.

*

I najmanji teret na duši teži je od najvećeg tereta na grbači.

*

Bolje kratkog daha nego kratkog duha.

*

Bolje je razum iznad srca nego srce iznad razuma.

*

Bolje je pasti s nogu nego pasti s uma.

UM I SILA

Bolje umom nego krivim drumom.

*

Bolje na umu nego na drumu.

*

Bolje je skrenuti s puta nego s uma.

*

Um se ne sili niti sila umuje.

*

Um je i od najjače sile jači.

*

Sila uma jača je od »uma« sile.

*

Bolje noge u pameti nego pamet u nogama.

*

Kome mozak zakazuje, noge otkazuju.

*

Kočije sila vuče a um kočijaši.

*

Ljudski um i golema brda pomera.

*

Kad pamet zakaže, sila ne pomaže.

*

Brži je atom snage u glavi nego kilovat u nogama.

*

Umesto sila umom, um da silom vlada.

*

Što se ne uspeva umom, pokušava se silom.

*

Što možete milom, ne pokušavajte silom.

*

Bolje po sili zakona nego po zakonu sile.

*

Snaga klade valja, a um planetom upravlja.

*

Snaga trku vodi na kratke, a um na duge staze.

*

Ne vredi da se pamet štedi.

*

Da biste uštedeli znoj, ne štedite pamet.

*

Bolje je štedeti snagu nego pamet.

*

Bolje je oslanjati se na snagu rezona nego na rezon snage.

*

Više znače razum i sila nego sila i razum.

*

Lakše je razumnog prisiliti nego silnog urazumiti.

*

Sila je poslednja rupa na svirali razuma.

*

Kad se štedi, snaga više a um manje vredi.

*

Bolje je pasti s nogu nego pasti s uma.

*

Bolje milovati nego silovati.

*

Ko ne artikulira – gestikulira.

*

Veština vrti gde burgija neće.

*

Lakše je se raspametiti nego opametiti.

*

Lakše je nositi na grbači nego na duši.

*

Ispijaju pamet, a napajaju lažnim obećanjima.

*

Nude šarenu lažu, a uzimaju dušu.

*

Navrh jezika – nakraj pameti.

*

U službi sile um se u bezumlje srozava.

*

Ko se na silu oslanja, um ga izdaje.

*

Siledžije razum ne služi.

*

Glas se podiže kad razum popušta.

*

Sili se silom odupirati mora.

*

Što se nasilu čini, silnog učinka nema.

*

Kad silni vetrovi duvaju, kiša ne pada.

PAMET I LUDILO

Pameti nikad odviše, ludosti uvek previše.

*

Nema ludih i pametnih: ima samo luđih i pametnijih.

*

Što je navrh jezika, navrh je i pameti.

*

Što je nakraj srca, nakraj je i pameti.

*

Ako je po ličnim ubeđenjima, na svetu su svi pametni a niko lud.

*

Dok sebi ne posolite čorbu, ne solite drugima pamet.

*

I najluđi se prave najpametnijim.

*

Pametni misle da su pametni, a ludi da su najpametniji.

*

Pametni su u stanju da ludo vole a ludi da ludo mrze.

*

Bolje ludo pametan nego pametno lud.

*

Samo ludaci pamet na kocku stavljaju.

Ko se sa ludim druži , od pameti je odkačio.

*

Ludi se prave pametnim, a pametni ludim.

*

Bolje je sa pametnim ludovati nego sa ludim pametovati.

*

Bolje je da se upametite nego da vas opamete.

*

Bolje je sa pametnim ovce čuvati nego sa ludim presto deliti.

*

Što je u ludilu na javi, pri zdravoj pameti ni u snu nije.

*

Pametan se ludom smeje, a lud pametnog ismejava.

*

Za luda je i pametan lud, a lud pametan.

*

Pametan ne može popraviti što lud može pokvariti.

*

Teže je sa ludim drugovati nego sa pametnim ratovati.

*

Teže je ludom zapovedati nego pametnog slušati.

*

Najteže je ludom pamet soliti.

*

Što se u ludilu može učiniti, pri zdravoj pameti se ne može ni zamisliti.

*

Što se pametnom zamera, ludom se prašta.

*

Pametnom ne treba pamet soliti ni ludog zaluđivati.

*

I najpametniji ludak je luđi od najluđeg mudraca.

*

Luda svuda, a pametnih kojekuda.

*

Da bi izgledali najpametniji, zaluđuju ceo svet.

*

MUDROST I LUDOST

Mudraca ne treba terati da mudruje, ni ludaka da luduje.

*

Mudraci vole da se ludiraju, a ludaci da se nadmudruju.

*

Ludaci se ponose i onim što nemaju, a mudraci ni onim što imaju.

*

Mudraci ne znaju šta znaju, a ludaci šta ne znaju.

*

Pre će mudrac poludeti nego što će se ludak opametiti.

*

Što ludaci čine mudrujući, mudraci ne bi činili ludujući.

*

Za ludaka su i ludorije mudrolije, a za mudraca i mudrolije ludorije.

*

Bolje je ispeći pa reći nego izreći pa peći.

*

Bolje da se pravite ludim nego da vas ludim prave.

*

Ako ukrstite mladost – ludost i starost – mudrost, dobićete što vam nedostaje.

*

Najveća je ludost sa ludim se nadmudrivati.

*

Ludaci se više ponose ludovanjem nego mudraci mudrovanjem.

*

Uzaludno je zvezde na nebesima brojati i planove neostvarivih želja kovati.

*

Uzaludno je gluvom šaputati i lažljivca za reč hvatati.

*

Uzaludno je glavom u zid udarati i ćorava se posla laćati.

*

Uzaludno je krivu Drinu ispravljati i tvrdoglava savetovati.

*

Uzaludno je uz vetar duvati i javne tajne čuvati.

*

Uzalud je suvo drvo zalivati i ludom se snebivati.

*

Ko po kući luduje, izvan kuće popuje.

*

Ludost i mudrost nisu za prodaju: ludost niko neće, a mudrost se kupiti ne može.

*

Da se ludilo ne bi obelodanilo, svi provode lude noći a niko lude dane.

*

Mudraci se šale na svoj, a ludaci na tuđ račun.

*

Niko se ne nadmeće u nadluđivanju već u nadmudrivanju.

*

Uzalud se mudrom s ludim nadmudrivati.

SVEST I SAVEST

Nesvesni se osvešćuju, a svesni obesvešćuju.

*

Bolje je osvestiti se nego svetiti se.

*

Bez svesti nema ni savesti.

*

Svest se umom stiče, a savest iz duše izniče.

*

Ko trguje svešću, trgovaće i savešću.

*

Bogati diktiraju svest, a sirotinja savest.

*

Od svesti i savesti ne boli ni prepuna glava.

*

Dusi se osvajaju svešću, a duše savešću.

*

Bolje je nakraj svesti nego nakraj savesti.

*

Svest obilazi svet, a savest kuću čuva.

*

Od savesti nema jače svesti.

*

Savest je generička samosvest čoveka i čovečanstva.

*

Nesavesna dela su nedela.

*

Jaka savest je jača i od biča božijeg.

*

Savest ne iska savet.

*

Savest zlata vredi al cenu nema.

*

Ko savesno radi, tvrđave gradi.

*

Moćni su greh, a nemoćni savest čovečanstva.

*

Mali velike nose na grbači, a veliki male na savesti.

*

Nekog je lakše nositi na grbači nego na savesti.

*

Bolje nemiran duh a mirna savest nego miran duh a nemirna savest.

*

Dobročinstvima se nesavesnost ne iskupljuje.

*

Grižom savesti plaćaju se gresi.

*

Svesne grize savest, a nesavesne rđa.

*

Svešću se kusuramo sa drugima, a savešću sa samim sobom.

*

Kad je savest na klimavim nogama, đavoli se utrkuju s
anđelima.
*

Savest se na pazar ne iznosi: ko je ima kupiti je neće, a ko nema
– i ne može.
*

Savest nesavesnih je najbezvrednija i najkvarljivija roba.
*

Kockanje savešću je kockanje čovečnošću.
*

ZNANJE I IMANJE

Znanje je najvrednije imanje.

*

Znanje je neotuđivo imanje.

*

Znanje je sjajnije i od najsjajnijeg zlata.

*

Neznanje se skupo plaća.

*

Znanje se plaća, a neznanje mnogo više.

*

Bolje je da kradete znanje nego imanje.

*

Bolje je da štedite pare nego znanje.

*

Imanje donosi sreću a znanje još veću.

*

Znanje je moć a imanje ispomoć.

*

Bolje je da se razmećete znanjem nego parama.

*

Novac se znanjem može steći ikako, a znanje novcem nikako.

*

Bolje puna glava nego puna čaša.

*

Bolje prazna džepa a pune glave, nego puna džepa a glave prazne.

*

Pun novčanik se pre isprazni nego puna glava.

*

Bolje je nemati a umeti, nego imati a ne umeti.

*

Učeni više vole da uče, a neuki da podučavaju.

*

Radoznalci više vole da slušaju,a neradoznalci da ih slušaju.

*

Neznalice misle da znaju, a znalci znaju da misle.

*

Znalci više znaju nego što pokazuju, a neznalice više pokazuju nego što znaju.

*

Dok mnogoznalci izjavljuju da ništa ne znaju, neznalice glume sveznalice.

*

Ako vam uzmu imanje, ostaće vam znanje.

*

Srebroljubci zgrću blago, a radoznalci znanje.

*

Ako nemate para, imate pameti.

*

Bolje i prazna kuća a puna duša, nego kuća puna a duša prazna.

*

Vo se ceni po vratu a čovek po zanatu.

*

Čist račun čuva čist obraz.

*

Kad biste imali sve što vam treba nebiste želeli ništa.

*

Bolje je nemati pa imati, nego imati pa nemati.

*

Bolje je imati i nemati, nego imati ili nemati.

*

Bolje je da izgubite nego da se izgubite.

*

Ako imate štedite, ako štedite imaćete.

*

Što ne morate potrošiti danas, ostavite za sutra.

*

Bolje odložena potrošnja nego odloženo plaćanje.

*

Bolje zec bez ražnja nego ražanj u ruci a zec u šumi.

*

Ko više ima, više i ište.

*

Što se nema, izgubiti se ne može.

*

Svako bi ono što nema.

*

Puna kuća – prazna duša.

STVARANJE I RAZARANJE

Ko stvara taj i razara.

*

Stvara se razaranjem, i razara stvaranjem.

*

Dok jedno ne razori drugo ne stvori.

*

Od ništa se ne stvori ništa.

*

Svaka stvar se i stvara i razara.

*

Para stvara, para i razara.

*

Kuća se ne gradi sa gole ledine.

*

Grade čardak ni na nebu ni na zemlji.

*

Ko god radi nešto gradi.

*

Samo rad gradi grad.

*

I mravi rade kad mravinjak grade.

*

Bez setve nema žetve.

*

Raspikuće kuću ne grade.

*

Grad se gradi, a selo se (u grad) seli.

*

Kuća se od temelja gradi a s krova razgrađuje.

*

Palate na udžericama niču.

*

Mostovi se ne grade na staklenim stubovima.

*

Što se godinama gradi, za časak se sruši.

*

Ako je bog mogao svet stvoriti za šest dana, bogohulnici ga
mogu razrušiti za jedan tren.

*

Stara kuća se ne ruši dok se nova ne sagradi.

*

Bog je samo kornjači kuću poklonio ali da je celog života na
grbači nosi.

*

Ko drugome kuću potkopava, potkopaće i svoju.

*

Ruše staro da bi stvorili novo ropstvo.

*

Ruše lokalno, a uspostavljaju globalno podaništvo.

*

Gaze patrijarhalnu, da bi zasadili modernu monokulturu.

MOĆ I NEMOĆ

Moć se teško stiče a lako gubi.

*

Moćni su moćni za nemoćne, a nemoćni su nemoćni za moćne.

*

Prema moćnijim od sebe, i moćni su nemoćni.

*

Nemoćnim pomoć - moćnim ispomoć.

*

Bespomoćnim pomoći nema.

*

Sopstvena <u>moć</u> je najveća po<u>moć</u>.

*

Moćni se moćnima klanjaju iz poštovanja, a nemoćni iz
poniznosti.

*

I najmoćniji se nekom klanjaju.

*

Nemoćni se moćnim sklanjaju ili im se klanjaju.

*

Nemoćni moćne izigravaju, a moćni se nemoćnim poigravaju.

*

Moćni su nemoćnim najveći poverioci i najveći dužnici.

*

Zloupotreba fizičke moći je kompenzacija duhovne nemoći.

*

Jači prednjači.

*

Što jedni hoće a ne mogu, drugi mogu a neće.

*

Ko bi hteo ne može, a ko bi mogao neće.

*

Razumni rade što mogu, a nerazumni pokušavaju i što ne mogu.

*

Bogovi (u mašti) sve mogu i (u stvarnosti) ništa ne mogu.

*

Vojska bez pozadine – bitka bez pobede.

*

Jaki se oslanjaju na silu, a nejaki na lukavstvo.

*

U životinjskoj džungli sve živo svoje adute ima.

*

Lija sa vukom megdan ne deli ali bitku dobija.

*

Lija se koki udvara al sa sedala obara.

*

Komarac se i caru krvi napije.

*

Buva kuče ujede, a kuče buvu ne može.

*

Što može mrav ne može lav.

*

U samoodbrani, i metiljavo jagnje pokazuje zube.

*

I zec vuku umiče ako ga hitre noge diče.

*

Slabi jake samo umom nadjačati mogu.

*

Sa jakim se slabi samo udruženi nositi mogu.

*

Snažni se ne prave važni.

*

Svelo lišće zazeleniti neće.

*

Jaki slabim ne praštaju.

*

Slabi jakim na žulj ne staju.

*

Ubogi se uzalud bogu mole.

*

Slabiji jačem skida kapu, a jači slabijem glavu.

*

ŽELJE I MOGUĆNOSTI

Želje se iskazuju a mogućnosti ukazuju.

*

Sve se poželeti može ali ostvariti ne može.

*

Što se više može, više se i želi.

*

I kad bi nam se sve želje ispunjavale, želeli bismo još više.

*

Želi se što se hoće, a radi što se može.

*

Što željni žele, moćni mogu.

*

Ko više može više želi, a ko manje može više je željan.

*

Ko daleko gleda malo vidi.

*

Želje bez mogućnosti – pusti snovi.

*

I kornjača bi htela da poleti.

*

I za slona je nebo visoko a more duboko.

*

I smrtni bi hteli da su besmrtni.

*

I za najpobožnije, vrata nebeskog raja su zatvorena.

*

Prazan džep pun je pustih želja.

*

Šuplje bure vodu ne drži.

*

Kad se hoće, nema teškoće.

*

Ko jaku želju ima, može do najvećih visina.

*

Bez velikih želja nema ni velikih ostvarenja.

*

Bez dobre kondicije, badava su velike ambicije.

*

Bez realnih želja, i najrealnije mogućnosti su nerealne.

*

Ko bi više nego što može, od besa bi da iskoči iz kože.

*

Bolje manje želja no mogućnosti, nego manje mogućnosti no
želja.

*

Bolje jedna ispunjena želja nego hiljadu obećanja.

*

Kome se smeši više, ne zadovoljava se manjim.

*

MLADOST I STAROST

Mladost – radost, starost – žalost.

*

Više vredi jedan dan rane mladosti nego cela godina pozne
starosti.

*

Mladost se ceni kad prođe a starost kad dođe.

*

Od mladosti do starosti bezbroj puteva, od starosti do mladosti
nijedan.

*

Mlado – ludo, staro – hudo.

*

Ispušteno u mladosti, neuhvatljivo u starosti.

*

Što mladosti pretiče, starosti ne dotiče.

*

Stari panj se sporo upaljuje, a sporo i sagoreva.

*

Svako bi da je ono što nije: mladi da su stariji, stariji da su
mlađi.

*

Sunce je milije kad se rađa nego kad zalazi.

*

Ne daje se mladalačka ludost za staračku mudrost.

*

Mladost ostari, a starost se ne podmladi.

*

Bolje i star mlad nego mlad star.

*

U starosti loše nam se piše – mladost prošla ne vraća se više.

*

Ko u mladosti kuluči, i u starosti se muči.

*

Bolja je pozna mladost nego rana starost.

*

Bolje mlade noge i mlado vino nego staro vino i stare noge.

*

Mladi bi da su što dalje od početka, a stari da su što dalje od kraja.

*

Mladalački dani brzo prolaze, a starački još brže.

*

Žal za prohujalom mladošću, a želja za dubokom starošću.

*

Mladi strepe od života, a stari od smrti.

*

Menjali bi godine staračke mudrosti za minute mladalačke ludosti.

*

Drvo se mlado savija ali i uspravlja.

*

Stare noge nisu kao staro vino.

*

Samovolja starih – nevolja mladih.

*

I stari i mladi bi hteli da su »stariji«.

*

Sukob generacija – suprostavljanje pozicija.

*

Mladi se ne predaju kad im stari slobodu ne daju.

*

Mladi su se onevoljili jer su im stari tesno skrojili.

*

Stariji se više oslanjaju na imanje a mlađi na znanje.

*

Stariji misle da više znaju a mlađi da bolje umeju.

*

Stariji bi da ih mlađi poštuju, a mlađi da ih stariji uvažavaju.

*

Stariji bi da ih mlađi slušaju, a mlađi da ih stariji čuju.

*

Ko se o starijim ne stara ni o njemu se mlađi starati neće.

*

Mladi i stari su na istom raspeću: između tuđe brige i nebrige.

*

Unuci i dede se dobro razumeju jer se i jedni i drugi oslanjaju na treću nogu.

*

Mladalačkog poleta i staračke mudrosti kooperacija - dobitnička kombinacija.

LJUBAV I MRŽNJA

Živite da biste voleli, i volite da biste živeli.

*

Najveće je blago što je srcu drago.

*

Ljubav je nedeljiva.

*

Ljubav ne zna za granice.

*

Ljubav je sreća koja iznenada sama dolazi.

*

Ljubav dolazi sama a odlazi s nama.

*

Ljubav se ljubavlju napaja.

*

Ljubavni zov – izazov.

*

Ko voli, za ljubav ne moli.

*

Ko ne voli drugog ne voli ne sebe, a ko ne voli sebe ne može voleti ni druge.

*

Ljubav je igra za dvoje i udvoje.

*

Ljubav je najlepša i najdraža dok se krade.

*

Laka zaljuba – laka odljuba.

*

Mudrost i ludost izleću na usta, a ljubav i mržnja na oči.

*

Ljubav je teže sačuvati nego steći.

*

Ako morate da birate između ljubavi bez braka i braka bez
ljubavi, izaberite ljubav bez braka.

*

Bolje račun iz ljubavi nego ljubav iz računa.

*

Bolje čista ljubav i dug račun nego čist račun i duga ljubav.

*

Draža je ljubav i bez seksa nego seks bez ljubavi.

*

Gde je ljubav tu je i ljubomora.

*

Nema veće more od ljubomore.

*

Ljubomora ljubav mori.

*

Ako sejete ljubomoru, žećete moru.

*

Ko se voli taj se i zavađa.

*

Ljubav će samo naspram mržnje zablistati najblistavijim sjajem.

*

`Bolje je mrzeti pa voleti nego voleti pa mrzeti.

*

Lakše je od ljubavi do mržnje, nego od mržnje do ljubavi.

*

Od strasne ljubavi do mržnje samo je jedan korak.

*

Ljubav je sreća koja može najviše unesrećiti.

*

Ljubavna osveta – gotov rastanak.

*

ČOVEŠTVO I NEČOVEŠTVO

Čovek je ono čemu teži.

*

Ljudsko biće je razapeto između datog i zadatog.

*

Čovek se ne rađa, čovekom se postaje.

*

Čoveku je najteže čovek biti.

*

Čovek se očovečuje dok postoji.

*

Da se stekne čovečnost, potrebna je večnost.

*

Čoveštvo se čovestvom uzvraća.

*

Čovečnost se rečima iskazuje a delima dokazuje.

*

Bolje osvetlana nego osvetljena obraza.

*

Čovek se čovečnošću dokazuje.

*

Niko se ne rodi ni čista ni kaljava obraza.

*

Bolje kaljavih ruku a čista obraza, nego ruku čistih a obraza kaljava.

*

Ljudski obraz je teško sačuvati među bezobraznim.

*

Gde je čovek tu je i nečovek.

*

Čovek je čoveku i drag i vrag.

*

Uz ljudske ćudi, i vučija narav se budi.

*

U čoveku čuči nečovek, a u nečoveku čovek.

*

Ispod lažnog čoveštva nečoveštvo se skriva.

*

Lakše je od čoveka do nečoveka nego od nečoveka do čoveka.

*

Od nečoveka je dalje do čoveka nego od čoveka do nečoveka.

*

Samohvalisavi rodoljubci najveći su rodomrsci.

*

Od majmuna - čovek ikako, od nečoveka – nikako.

*

Pod krovom ljudske naravi vuk i jagnje zajedno počivaju.

*

Čojstvo i junaštvo, a tvrdičluk i kukavičluk – idu podruku.

*

Čovek se prema čoveku odnosi i kao čovek i kao nečovek.

*

Čovek se i prema čoveku i prema životinji odnosi jednako: i ljudski i životinjski, jer su po krvi braća.

*

Ljudi čine što žele, a neljudi što ne žele da im se čini.

*

Zveri se kolju kad su gladne, a ljudi kad su siti.

*

Ljudi za pare prodaju robu koju imaju, a neljudi dušu koju nemaju.

*

Ko je razočaran u ljude, druži se sa životinjama.

*

Čovek magarca uljuđuje, a čoveka magarči.

*

Teško čoveštvu usred nečoveštva.

*

Zlato najblistavije u blatu sija.

*

KARAKTERNOST I BESKARAKTERNOST

Zlato sjajem, a čovek poštenjem pleni.

*

Bolje ukaljati ruke nego okaljati obraz.

*

Bolje uzdati se u karakter nego u karte.

*

Bolje kockati se kartama nego karakterom.

*

Sreća nije u kartama nego u karakteru.

*

Kome se ljulja pogled, ljulja mu se i ugled.

*

Neko i tuđe račune izmiruje, a neko ni svoje.

*

Neko mutnu vodu bistri, a neko i bistru muti.

*

Neko čuva obraz, a neko obrazinu.

*

Neko potura leđa, a neko zaleđinu.

*

Kome manjka ugled, uzda se u izgled.

*

Ko na sve naivno gleda, često naseda.

*

Ko se ljubaznošću razmeće, koristoljubljem se nameće.

*

Lako je zaklinjati se u ono što se nema.

*

Lupeži se zaklinju i u ono što nemaju, a dostojanstveni ni u ono
što imaju.

*

Prevaranti – intriganti, dobričine – kavaljerčine.

*

Ko se sa lupežima druži, besplatno ih služi.

*

Prevaranti među iskrenim naivčinama svoje žrtve traže.

*

Dok varalice varaju, poštenjačine poverenje stvaraju.

*

Lupeži su laki na jeziku a teški na reči.

*

Ko vara, taj se i udvara.

*

Kad varalice varaju, naivčinama se udvaraju.

*

Varalice laži ispredaju, dobričine nasedaju.

*

Utvare – podmukle pretvare.

*

Lupeži lako obećavaju a teško ispunjavaju.

*

Neko se uzda u kuraž, u neko u laž.

*

Neko se uzda u svoju sreću a neko u tuđu nesreću.

*

DOBROČINSTO I ZLOČINSTVO

Dobročinstvo je ljudski, a zločinstvo životinjski čin.

*

Dobrotvorci – rodotvorci.

*

Na dobro se dobrim uzvraća.

*

Ko dobro čini, dobro i spava.

*

Ko zlo čini, zlo mu se i u snu pričinjava.

*

Široka srca – široke ruke.

*

Što je za nekog dobro, za drugog je zlo.

*

Najveće je dobročinstvo spasiti, a najveće zločinstvo uništiti ljudski život.

*

Dobrotvoru se pokloni, a zlotvora se kloni.

*

Zločinstvo se kamuflira lažnim dobročinstvom.

*

Zla namera – pola nedela.

*

Zlomislilac – gotov zločinilac.

*

Zlodela se u dobroj nameri ne čine.

*

Zlotvor dobrotvoru ne zavidi.

*

Gde je zločin bez kazne, dobročinstvo je bez zahvalnosti.

*

Zlotvorima se za milost ne moli.

*

Ko zlo čini, zlu nek se i nada.

*

Ko drugome kuću ruši i svoju će srušiti.

*

Najveći zlotvori su prerušeni dobrotvori.

*

Podupiru spreda da bi radli iza leđa.

*

Pomažu odmažući.

*

Pevaju im uspavljujuće ode da bi ih žedne preveli preko vode.

*

Svoja vrata hermetički zatvaraju, a tuđa širom otvaraju.

*

Daju im za pravo, a oduzimaju pravo.

*

Daju odrešene ruke a zavezuju pamet.

*

Brinu o duši a rade o glavi.

*

Obećavaju raj a poturaju pakao.

*

Za svoje zločine zločinci svoje žrtve optužuju.

*

REČI I DELA

Rečima se kazuje a delima dokazuje.

*

Rečima se tvrdi a delima potvrđuje.

*

Reči zbore a dela govore.

*

Reči obećavaju a dela ispunjavaju.

*

Ko nije od dela, nije ni od reči.

*

Više vrede lepa dela nego lepe reči.

*

Prijateljstvo se rečima iskazuje a delima dokazuje.

*

Poverenje se ne stiče časnim rečima već časnim delima.

*

Rečima se veruje a delima proverava.

*

Bez časnog dela, i časna reč je bezvredna.

*

Bolje sa reči na dela nego sa dela na reči.

*

Bolje je razmetati se delima nego rečima.

*

Bolje je delati nego verglati.

*

Jezikom se sladi a ne radi.

*

Ko ne radi zalud bogoradi.

*

Koje kuče često laje retko ujeda.

*

Ko mnogo priča malo radi, a ko mnogo radi nema vremena za priču.

*

Lakše je reći nego ispeći.

*

Teške reči su ubitačnije od teških haubica.

*

Oštra reč i od najoštrijeg mača dublje zaseca.

*

Pametnom reči i ludilo se leči.

*

Za reč niko ni samog sebe uhvatiti ne može.

*

VEROVANJE, UVERENJE, POVERENJE

Ko ne veruje u sebe, ne može verovati ni u druge.

*

Kad se izgubi vera, gubi se i nada.

*

Bolje je znati nego verovati.

*

Bolje je uveriti se nego verovati.

*

Gore je svakom verovati nego nikom ne verovati.

*

Vera – samozavera.

*

Bolje je izneveriti veru nego poverenje.

*

Dok vernici veruju, nevernici se uveravaju.

*

Ko ne veruje u sebe, veruje u bogove.

*

Vera u boga – nevera u čoveka.

*

Da je bog stvarao čoveka po slici i prilici svojoj, ne bi stvorio bogohulnike.

*

Da je bog delilac pravde, svetom ne bi vladali nepravedni.

*

Vernici se uzdaju u božiji dar a nevernici u svoj rad.

*

Vernici gledaju u nebo, a nevernici i u nebo i u zemlju.

*

Bolje je carstvo nužnosti na zemlji nego carstvo slobode na nebu.

*

Bolje je ne grešiti nego za oproštaj moliti.

*

Bez uverenja nema poverenja.

*

Od provere nema čvršće vere.

*

Iz neznanja – verovanje, iz znanja – uverenje.

*

Bolje je uveriti se nego poverovati.

*

Sa verom rizičan,s uverenjem siguran posao.

*

Izneverenje- izigrano poverenje.

*

Poverenjem se proverava uverenje.

*

Ko je uveren likuje, ko veruje rizikuje.

*

Uz znanje – uverenje, uz neznanje – verovanje.

*

Uverenje – sigurnost, verovanje – verovatnoća.

*

Lakovernost – krivovernost.

*

Samo uverenje uliva poverenje.

*

Pronevera – iznevera.

*

Nevernici veru ne menjaju.

*

Razuvereni vernici – najveći nevernici.

*

Poverenje je lakše steći nego povratiti.

*

DOSTOJANSTVO I KUKAVIČLUK

Bolje je izgubiti dostojanstveno nego izgubiti dostojanstvo.

*

Bolje je dostojanstveno izgubiti nego kukavički pobediti.

*

Ne pljujte u bunar iz kojeg vodu pijete.

*

Samo se primitivac samog sebe stidi.

*

Bolje je u svojoj udžerici nego u tuđoj palati.

*

Bolje na svojem magarcu nego na tuđem vrancu.

*

Bolje na vetrometini junački nego u zavetrini kukavički.

*

Bolje je čista obraza a prazna novčanika, nego puna novčanika a okaljana obraza.

*

Ne ponizite se i ne ponizite.

*

Bolje je da se poklonite nego da se klanjate.

*

Bolje je pasti s kolena nego padati na kolena.

*

Bolje je da se vozate nego da vas vozaju.

*

Bolje je da se sklanjate nego da se klanjate.

*

Što se prezire od toga se zazire.

*

Ko tuđe dostojanstvo ruši, sopstveno zaslužiti neće.

*

Ko drugoga blati da bi se iz blata izvukao, nije ni blata dostojan.

*

Ko drugome zavidi, sebe ne vidi.

*

Ko druge ruži i njega će ružiti.

*

Ko se drugima ruga, i njemu će se rugati.

*

Lakše se dostojanstvo žrtvuje za bogatstvo nego bogatstvo za dostojanstvo.

*

Dostojanstvu dolara, i najveći dostojanstvenici kapu skidaju.

*

HRABROST I PLAŠLJIVOST

Hrabri sami sebi palčeve drže.

*

Hrabre ne treba hrabriti ni plašljivce plašiti.

*

Hrabrost i strah se ni s kim ne dele.

*

Hrabrost se ne prodaje a plašljivost ne kupuje.

*

Hrabra je teško zaplašiti, a plašljiva još teže ohrabriti.

*

Jači se ne junači.

*

Boj ne bije svijetlo oružije već boj biju svetli ideali.

*

Ćelavci su najhrabriji: od straha im se ne diže kosa na glavi.

*

Beskičmenjaci su neustrašivi: ne može im se uterati strah u
kosti.

*

Hrabri bi se morali sami sebe plašiti.

*

Ko se junaštvom hvališe, sa bojišta briše.

*

Zmiji se na rep ne staje.

*

Lajavo kuče ne ujeda.

*

Nerazumna hrabrost – velika ludost.

*

Strah je nagon urođene predostrožnosti.

*

Ko se plaši duplo vidi.

*

Druge plaše da bi sebe hrabrili.

*

Plašljivac se i sopstvene senke plaši.

*

Ko od osvete strahuje, i sopstvene se senke plaši.

*

Plašljivo kuče i na komarca laje.

*

Velikom strašljivcu srce i od najmanjeg šušnja u pete silazi.

*

Kad se u boj polazi na strah se kod kuće zaboravlja.

*

Ko se boja boji, u boj ne ide.

*

Živ zec se i mrtve lisice plaši.

*

I veliki se malih plaše – zato ih napadaju.

*

Uteruju strah u kosti da bi iskostili meso.

*

Od uboga i plašljiva pomoć se ne očekuje.

*

Strahovlada se straši i straši.

*

Zastrašeni građani – zastrašen narod.

*

Obeshrabreni građani – obeshrabren narod.

*

Kolonizatorska deviza: zastraši pa zajaši.

*

ŠTEDLJIVOST, TVRDIČLUK, RASIPNIŠTVO

Ko štedi - više vredi.

*

Ko štedi – i zavredi.

*

Ko na štednju polaže, u budućnost ulaže.

*

Bolje pozaimati nego uzaimati.

*

Nego zgrće a neko razgrće.

*

Neko dosipa a neko rasipa.

*

Bolje je i manje zarađivati a više štedeti, nego više zarađivati a rasipati.

*

Neko od jedne pravi dve, a neko ni pola.

*

Bolje je štedeti pare nego pamet.

*

Ko ne štedi, završava u bedi.

*

Ko ne špara uvek je bez para.

*

Tvrdica i od sopstvenih usta odvaja.

*

Škrtica špara i kad ima i kad nema para.

*

Zamrzivač pun, a trpeza prazna.

*

Za tvrdicu, ni dušeka meka.

*

Pored pune torbe zobi, zoba gloginje.

*

Lakše je odbiti od kremena nego od tvrdmena.

*

Ubio bi se za dinar.

*

Tvrdičluk – gotov kukavičluk.

*

Najteže je tvrdici među raspikućama.

*

Bolje je rasipati pamet nego pare.

*

Dok tvrdica ručak sa večerom spaja, rasipnik ni za leka od usta
ne odvaja.

*

Dok kućanik i sa krupnim sitničari, raspikuća i sa sitnim
megalomani.

*

Dok tvrdica ni u crkvu neće, rasipnik se i na tuđem piru razmeće.

*

Dok kućanik i praznu kuću puni, raspikuća i punu prazni.

*

Troškadžiji nikad dosta i kad osta.

*

Troškadžiji nikad dosta, a štediši uvek osta.

*

Troškadžiji se troši i potrošeno, a škrtici ni što pretiče.

*

Troškadžiji ni dotiče ni pretiče.

*

Laka para i kuću obara.

*

Ne drži ga para.

*

Kad lako dotiče, lako i otiče.

*

Raspikuća se raskućuje, rasejanko raspamećuje.

*

Najlakše je se tuđim dobrom razmetati.

*

Prosipanje – rasipanje.

*

SKROMNOST I RAZMETLJIVOST

Skromnost je zadovoljenje imanjem, a razmetljivost nemanjem.

*

Skromnost velike krasi.

*

Skromni delavci – razmetljivi hvalisavci.

*

Razmetljivi delima – skromni na rečima.

*

Skromni ni sami na sebe pažnju ne obraćaju, a razmetljivci bi da
su centar pažnje celog sveta.

*

Skromni se ne ponose ni onim što imaju, a razmetljivci i onim
što nemaju.

*

Skromni se zadovoljavaju i malim a neskromni ni velikim.

*

Prsati se ne prsaju.

*

Junaci se ne junače.

*

Skromni dobijaju više, a neskromni mnaje od očekivanog.

*

Švališu se koji nemaju a kukuleču koji imaju.

*

Nisu skromni koji nemaju, već koji imaju šta da pokažu a ne pokazuju.

*

Skromni mnogo daju a malo uzimaju.

*

Ko se razmeće delima, ne razmeće se rečima.

*

Magare samar nosi a milost ne prosi.

*

Kome je kuća mala ne pomaže mu hvala.

*

Preobilje se prikriva lažnom skromnošću, a nemaština praznom hvalisavošću.

*

Razmetljivci – razuzdani, nerazmetljivci – samoobuzdani.

*

Više se hvališu oni koji mogu manje, nego oni koji mogu više.

*

Brbljivci se razmeću jezikom, a mudraci ni pameću.

*

Bolje je razmetati se delima nego rečima.

*

Oskudni pameću razmeću se ludošću, a pametni ni pameću.

*

Nerazmetljivci pokazuju ono što imaju, a razmetljivci i što nemaju.

*

Razmetljivci - nametljivci.

*

Ko troši prekomerno, kajaće se neizmerno.

*

Ko se stalno razmeće, dugo neće.

*

Moćni se razmeću nemoćnim.

*

Razmetljivci se razmeću i nameću.

*

Ko se svojim razmeće, i na tuđe naleće.

*

Da bi primirili (bez)silne, silni se razmeću silom.

*

Koza ne brsti lišće iz skromnosti već što lišće voli.

*

I najskromniji žele više.

*

SAMOPOUZDANJE I SAMOSAVLAĐIVANJE

Najteže je se sopstvenih okova osloboditi.

*

Najteže je samog sebe pronaći.

*

Najteže je od samog sebe pobeći.

*

Najteže je samog sebe nadmudriti.

*

Najteže je samog sebe za reč hvatati.

*

Najteže je sopstvenom glavom misliti.

*

Najteže je samom sebi suditi.

*

Najteže je samog sebe obuzdati.

*

Najteže je se od samog sebe sačuvati.

*

Najteže je se sa samim sobom obračunavati.

*

Najviše se samog sebe čuvajte.

*

Najteže je samog sebe upoznati.

*

Najteže je samom sebi u oči pogledati.

*

Ma koliko jurili, sami sebe stići i prestići ne možemo.

*

Ko izgubi sebe, izgubio je sve.

*

Svako za sebe misli da je najpametniji.

*

Svako je svakom sudija.

*

Hvalisanje je manjak samokritičnosti.

*

Ko sebe precenjuje druge potcenjuje.

*

Ko se kaje, za grehe ne haje.

*

Ko nije sa sobom, nije ni sa drugim.

*

Ko zavidi drugome, ne vidi sebe.

*

Ako radite ispravno, stajaćete uspravno.

*

Ako odolevate sami sebi, odolevaćete i neprijatelju.

*

Ako rizikujete poverenje, izgubićete i poštenje.

*

Ako ne shvatate sami sebe, nećete shvatiti ni druge.

*

Ako se ne okrećete oko sopstvene ose, drugi će vas okretati oko svoje.

*

Ako ne gospodarite sami sobom, drugi će gospodariti vama.

*

Ako nemate pouzdanja u sebe, kako ćete se uzdati u druge.

*

Ako niste sigurni u sebe, kako ćete biti sigurni u druge.

*

Ako se zaklonite od tuđih očiju, ne možete se zakloniti od svoje savesti.

*

Ako ne pomognete sami sebi, ni bog vam pomoći ne može.

*

Ako se mirite sa sudbinom, ništa ne očekujte od sudbine.

*

Ako vas žedne prevedu preko vode,ne ljutite se ni na vodu ni na voditelje.

*

Bolje je učiti nego se mučiti.

*

Bolje je istrajavati nego očajavati.

*

Bolje je se ispomagati nego zapomagati.

*

Bolje je da vi savlađujete emocije nego da emocije savlađuju vas.

*

Bolje je biti zadovoljan manjim, nego nezadovoljan velikim.

*

Bolje je da se vi obračunavate sa samim sobom, nego da se drugi obračunavaju sa vama.

*

Bolje je da se manete nego da omanete.

*

Bolje je da se ljutite nego da vas ljute.

*

Bolje je da jurite nego da vas jure.

*

Bolje je da se maltretirate nego da vas maltretiraju.

*

Bolje je da se brinete nego da brinete.

*

Bolje da se treznite nego da vas trezne.

*

Bolje da se čuvate nego da vas čuvaju.

*

Bolje je da se dosađujete nego da dosađujete.

*

Bolje je da se odupirete nego da vas podupiru.

*

Bolje dovitljive glave nego savitljive kičme.

*

Bolje je da se grehova klonite nego da za oproštaj molite.

*

Bolje je se okretati oko svoje nego oko tuđe ose.

*

Bolje je da vas obuzdaju nego da vas zauzdaju.

*

Bolje je u svojoj udžerici nego u rajskim dvorima.

*

Bolje je da se uzdate u sopstvenu moć nego u božiju pomoć.

*

Ustrajavajte da biste trajali.

*

Pre pogledanja u druge, prvo sami sebe pogledajte.

*

Ne brinite tuđu brigu dok ne prebrinete svoju.

*

Sigurnije je na jednoj sopstvenoj, nego na dve tuđe noge.

*

Sigurnije je da se pijani držite plota,nego trezni hvatate za slamku.

*

Sopstvena kičma je najsigurniji oslonac.

*

Samopouzdanje je najpouzdanije uzdanje.

*

Bez pokušaja nema okušaja.

*

Propušteno – ispušteno.

*

Najbezuspešniji je pokušaj ništa ne pokušavati.

*

Najveći je rizik ništa ne rizikovati.

*

Najveća je sramota ne sramiti se.

*

I najmanja dostignuća vrednija su od najvećih iluzija.

*

Lakše je besnog konja zauzdati nego razuzdane strasti obuzdati.

*

Najnadanija nada je u beznađu.

*

Najteže je izgubljene bitke dobijati.

*

Najteže je kraj izvora žeđovati i kraj pune trpeze gladovati.

*

Najteže je plivati u plićaku i snalaziti se u ćorsokaku.

*

Među kičmenjacima, čovek je najveći beskičmenjak.

*

PONOS I ZANOS

Ko ponosa ima, ne kleči na kolenima.

*

Ko se ponosi, sam se sobom zanosi.

*

Ponos gubi ko na glavi dubi.

*

Ko se sobom ponosi, vodu ne nosi.

*

Ko se sobom ponosi, pridike ne podnosi.

*

Ko se ponosi, drugima prkosi.

*

Zemlja ponosita – čvršća od granita.

*

Ponosita moma momke zanosi.

*

Ponesen - zanesen.

*

Ponosan – nesnosan.

*

Ko se ne ponosi, taj se ne zanosi.

*

Zanesen prazan, ponesen pun sebe.

*

Čime se ponosi, time se i zanosi.

*

Zaludno je se dostignutim ponositi, a uzaludno nedostižnim zanositi.

*

Ko se nedostižnim zanosi, samog sebe ne snosi.

*

Bolje je se dostignutim ponositi nego nedostižnim zanositi.

*

Ko se zanosi utopijama, uljuljkuje se iluzijama.

*

Ko se ničim ne zanosi, zanosi se samim sobom.

*

Ko se nedostižnim ne zanosi, duševne patnje ne podnosi.

*

Ko se ponosi velikim idejama, zanosi se velikim idealima.

*

Bolje je zanositi se visokim idealima nego niskim strastima.

*

Bolje je da se ponosite onim što imate nego da se zanosite nečim što imati ne možete.

*

Bolje je ponositi se svojom, nego zanositi se tuđom domovinom.

*

Ko se zanosi praznim obećanjima, izlaže se razočaranjima.

*

Dok se mladi ponose mladalačkim poletom a zanose

*

staračkom mudrošću, stari se ponose mudrošću a zanose
poletom.

*

Unosno – zanosno.

*

Zaneo se ko zec u kupusu.

*

U ponosu se nos podiže, a u zanosu za nos vuče.

*

Ko se iluzijama zanosi, iluzije i žanje.

*

Nije sve zanosno – i dobronosno.

*

Što zanosi pamet odnosi.

*

JAVA I SNOVI

I u snovima jave ima, a na javi snova.

*

Što se na javi zbiva i u snovima se sniva.

*

Bolje snovi na javi nego java u snovima.

*

Snovima smo na javi gospodari a u snu robovi.

*

Bolje duboka pamet a plitki snovi, nego duboki snovi a plitka
pamet.

*

U velikim snovima se i velike ideje snuju.

*

Dok sanjalice sanjaju, stvaraoci stvaraju.

*

Dok sanjalice sanjaju, radilice rade.

*

Bolje i mali snovi a velika ostvarenja, nego veliki snovi a mala
ostvarenja.

*

Ko mnogo sanja malo stvara, a ko mnogo stvara nema vremena
da sanja.

*

Svako sniva što mu java ne dariva.

*

Nije dobro da vam se svi snovi ispune.

*

Lakši su teški snovi nego teška java.

*

Daleko je od snova do ostvarenja.

*

Bolji su i ružni snovi nego ružna java.

*

Bolje je u snu snevati nego na javi dremati.

*

Bolje je da se prevrćete u snu nego da vas prevrću na javi.

*

Lep san je kao lep dan, ružan san kao ružan dan.

*

Bolje i teški snovi sa punim stomakom, nego laki snovi a prazan stomak.

*

Ko se uljuljkuje snovima, pliva u oblacima.

*

U snovima svašta ima.

*

Sanjati možemo o čemu hoćemo, a raditi samo što možemo.

*

Sanjalice – lunjalice.

*

Sanjalice – spavalice, radilice – rano-ranilice.

*

I mečka spava zimskim snom pa se na vreme budi.

*

Ko zlo čini ružne snove sni.

RAJ I PAKAO

Vrata raja ne otvaraju se sama.

*

Nebeski raj je životu kraj.

*

Do zemaljskog raja ikada, do nebeskog nikada.

*

Onozemaljski raj rezervisan je za raju, a ovozemaljski za rajine dušebrižnike.

*

Nebeski raj je za raju uteha, a zemaljski za rajine dušebrižnike utočište.

*

Do nebeskog raja je dalje nego od zemlje do neba.

*

Ako je raj samo za bezgrešne, rajska vrata se nemaju kome otvarati.

*

Kad je u nebeskom raju tako lepo, zašto se ovozemaljci tamo ne žure.

*

Ni u raju džabe ne daju.

*

Dolar i rajska vrata otvara.

*

Bolji je zemaljski pakao nego nebeski raj.

*

Ako svako ko radi, i greši, u raj mogu samo neradnici.

*

Gori je od pakla raj koji znači kraj.

*

Za smrtnike je i pakao i raj na zemlji.

*

Od raja do pakla samo je jedan korak.

*

U pakao kad hoćete, a u raj kad vas puste.

*

U pakao se uteruje a iz raja isteruje.

*

Do nebeskog raja i pakla putuje se istim putem – kroz zemlju.

*

O raju se samo u paklu sanja.

*

Rajska vrata se zlatnim ključićem pakla otvaraju.

*

Raj se samo u paklu zaslužuje.

*

Koga ne puštaju iz zemaljskog pakla, nada se nebeskom raju.

*

Da bi se znalo kako je u raju, mora se upoznati pakao.

*

U raj se kroz pako prolazi.

*

Bolje živ u paklu nego mrtav u raju.

*

Život je svakom mio makar i u paklu bio.

*

Strahujući od nebeskog pakla, sami stvaramo zemaljski pakao.

*

Da ne znamo kakav je pakao, nikada ne bismo poželeli raj.

*

Svako je osetio užase pakla a još niko blagodeti raja.

*

Zamlaćuju rajskim obećanjima da bi lakše mlatili paklenim batinama.

*

SREĆA I NESREĆA

Sreća ne dolazi sama.

*

Sreća ne visi o klinu.

*

Srećni se ne uzdaju u sreću.

*

Najveća je sreća deliti sreću.

*

Nenadana sreća je najveća.

*

Najsrećniji je onaj ko na sreću i ne misli.

*

Da biste se osećali srećnim, ne razmišljajte previše o sreći.

*

Da biste se osećali srećnim u realnosti, ne zanosite se nerealnim
očekivanjima.

*

Bolja je sreća u igri nego igra na sreću.

*

Zlatna ribica se u mutnom ne lovi.

*

Ni vrabac nema kuće pa veselo cvrkuće.

*

Bolje je nemati pa imati nego imati pa nemati.

*

I sreća i nesreća su prolazne: sad ih ima a sad nema.

*

Sreća i nesreća su iznenadne slučajnosti.

*

Svako je srećan ili nesrećan u srećnim ili nesrećnim okolnostima.

*

Prijatelji prijateljski dele: i sreću i nesreću.

*

Sreća je najveća u nesreći.

*

Bolje sreća u nesreći nego nesreća u sreći.

*

Bolje je izgubiti bitku a dobiti rat, nego izgubiti rat a dobiti bitku.

*

Nekom sreća a nekom nesreća.

*

Sreći se nesrećni nadaju, a od nesreće srećni stradaju.

*

Nesreća samo srećne zadesiti može.

*

Što je za nekog sreća za drugog je nesreća, a što za jednog nesreća za nekoga je sreća.

*

I u nesrećnom životu, sam život je sreća.

*

Najviše sami sebe – i usrećujemo i unesrećujemo.

*

Bolje je sreću nesrećnim, nego srećnim udeliti.

*

Bolje je radovati se sreći prijatelja nego nesreći neprijatelja.

*

Ne tražite sreću u tuđoj nesreći.

*

Bolje je usrećiti prijatelja nego unesrećiti neprijatelja.

*

Niko vas ne može unesrećiti toliko koliko oni s kojima ste najsrećniji.

*

ZADOVOLJSTVO I NEZADOVOLJSTVO

Zadovoljstvo dovoljnim, nezadovoljstvo – nedovoljnim.

*

Zadovoljni poskakuju, nezadovoljni se kotrljaju.

*

Zadovoljni ruke trljaju, nezadovoljni glavu lupaju.

*

Često je zadovoljstvo malim veće od zadovoljstva velikim.

*

Bolje je raditi iz zadovoljstva nego za zadovoljstva.

*

Budite zadovoljni postignutim a nezadovoljni dostignutim.

*

Bolje je biti zadovoljan drugima nego samim sobom.

*

Srećnici su zadovoljni i najmanjim, a nesrećnici ni najvećim.

*

Ako ste nezadovoljni onim što imate, budite zadovoljni onim što nemate.

*

Ako ste nezadovoljni u životu, budite zadovoljni životom.

*

Ako ne radite što volite, volite što radite.

*

Plandovanje – ludu radovanje.

*

Gladnom konju i strnja je slatka, a gladnom zecu i matora kupusina.

*

Zanosite se ostvarivim,a ne očajavajte zbog neostvarivih želja.

*

Razočarenje je epilog neostvarenih želja.

*

Što se više radujete na početku, manje ćete se radovati na kraju.

*

Sunce je najmilije kad je najzimnije.

*

Radost tugu leči.

*

Pri oblačini se vedri.

*

Mokra trava se zeleni.

*

Poganu jeziku, i med je gorak.

*

Ko zanoveta sve mu smeta.

*

Koga sedlo žulja, ni za samar nije.

*

U poverenju uživa samo ko poverenje uživa.

*

Izgubljeno poverenje – gotovo razočarenje.

*

Prijatelju udovoljenje – duši zadovoljenje.

*

Bolje je uživati u sreći prijatelja nego u nesreći neprijatelja.

*

Ko se raduje tuđem zlu, neće se poradovati sopstvenom dobru.

*

Prijatelji prijaju dok im kola klimaju.

*

Lakše je ljutiti se na druge nego na sebe.

*

Bolje je da se smejete nego da vam se smeju.

POJEDINAC I ZAJEDNICA

Onakvi smo kakvi smo prema drugima.

*

Da bi ste stekli sopstveni integritet, integrišite se sa drugima.

*

Živite za druge da bi i drugi za vas živeli.

*

Drvo se na drvo oslanja a čovek na čoveka.

*

Činite oslonac drugima da biste se i vi na druge oslanjali.

*

Brinite o drugima da bi i drugi o vama brinuli.

*

Drugi se neće vrteti oko vas ako se vi ne vrtite oko drugih.

*

Uvažavajte da bi vas uvažavali.

*

Najteže je biti svoj među svojima.

*

Ko drugima leđa okreće, okreće ih i od sebe.

*

Ko gleda samo sebe, ne vidi dalje od nosa.

*

Ako uspevate da savlađujete sebe, lakše ćete savlađivati druge.

*

Ne možete se odbraniti od tuđeg besa ako se ne odbranite od sopstvenog.

*

Najbrže ćete pobeći od drugih bežeći od sebe.

*

Bolje je da ste za svojim vratima nego na tuđem vratu.

*

Ne očekujte mnogo od onih koji mnogo obećavaju.

*

Bolje je svojom glavom na nebu kule graditi nego na zemlji o tuđoj glavi raditi.

*

Ne čistite pred tuđom kućom dok ne počistite pred svojom.

*

Bolje je da svoju kuću kućite nego da tuđu rušite.

*

Bolje je da radite na sopstvenom, nego da zavidite tuđem dobru.

*

Bolje je da se plašite ljudske, nego božije kazne.

*

Bolje je da vam se smeju nego da vas ismejavaju.

*

Ko tuđu kuću ruši, i svoju potkopava.

*

Ko drugome o glavi radi, i sopstvenu u torbu stavlja.

*

Ko se tuđim glavama kocka, i svoju na kocku stavlja.

*

Ko tuđe račune mrsi, i svoje će pomrsiti.

*

Najnezahvalnije je nezahvalnima zahvaljivati.

*

Dobar glas se teško stiče a lako gubi.

*

Bolje je ogledati se nego ugledati se.

*

Bolje je prikloniti se carstvu zemaljskom nego carstvu nebeskom.

*

Najteže je doći do onoga sa kim ste zajedno ovce čuvali.

*

Lakše ćemo se složiti u nečemu što nećemo nego u onome što hoćemo.

*

Bolje je biti poslednji među prvim nego prvi među poslednjim.

*

Bolje je biti prvi u selu nego poslednji u gradu.

*

Veliki bi da su manji što manji, da bi oni bili što veći.

*

Bolje je biti najgori među najboljima, nego najbolji među najgorima.

*

PRIJATELJSTVO I NEPRIJATELJSTVO

Prijateljstvo se prijateljstvom podgrejava.

*

Prijateljstvo se rečima iskazuje a delima dokazuje.

*

Prijateljstvo se ne meri po kesi.

*

Prijatelju se u buđelar ne zagleda.

*

Prijateljstvo se na pazar ne iznosi.

*

Sa prijateljima se ne kocka.

*

Prijatelj je teži na duši nego na grbači.

*

Svako je sam sebi i najveći prijatelj, i najveći neprijatelj.

*

Najviše se sami sebe čuvajte.

*

Najveći prijatelj i najveći neprijatelj čoveku je čovek.

*

Roditelji su svesni prijatelji, a i nesvesni neprijatelji svoje dece.

*

Neprijateljstvom se prijateljstvo ne stiče.

*

Lakše je od prijatelja do neprijatelja nego od neprijatelja do prijatelja.

*

Prijatelji se nalaze, a neprijatelji sami dolaze.

*

Prijateljstvo se stiče a neprijateljstvo namiče.

*

Neprijateljev neprijatelj vam je prijatelj, a prijatelj neprijatelj.

*

Od neprijatelja se milost ne očekuje.

*

Vuk i jagnje drugovati ne mogu.

*

Lijinom lukavstvu svaka koka lakoverno naseda.

*

Neprijateljska pomoć – neprijatelju samoispomoć.

*

Više se čuvajte pohvala neprijatelja nego prekora prijatelja.

*

Neprijateljeva pohvala – najveća podvala.

*

Više se čuvajte lažnih prijatelja nego pravih neprijatelja.

*

Od prijatelja se lakše stiče neprijatelj nego od neprijatelja prijatelj.

*

Teže je sačuvati prevrtljivog prijatelja nego sačuvati se od prevrtljivog neprijatelja.

*

Prijatelju se skida kapa a neprijatelju glava.

KRITIKA I SAMOKRITIKA

Kritika – pridika.

*

Nedobronamerna kritika – kritizerstvo.

*

Zlonamerna kritika zle namere skriva.

*

Svako kritikuje i kritizira po sopstvenim kriterijumima.

*

Svako u viziji i kritici sveta polazi od sopstvenih vizija i kriterija.

*

Svako živote drugih sopstvenim merilima meri i samerava.

*

Ko poslodavce kritikuje, posao rizikuje.

*

Volimo da kritikujemo a da nas ne kritikuju.

*

Ogovaranje – kritizerska poslastica.

*

Samokritika – samopridika.

*

Prijateljska kritika je kao samokritika.

*

Skromnost – prećutna samokritičnost.

*

Stid – samokritički nagon.

*

Kajanje – zakasnela samokritika.

*

Kritikujemo javno a samokritikujemo potajno.

*

Kritika – milija od samokritike.

*

Lakše je se kritički nego samokritički odnositi.

*

Samokritika je kao druga majka: stalno nas iznova preporađa.

*

Samokritika kuću gradi a kritika razgrađuje.

*

Bolje je da se samokritikujemo nego da nas kritikuju.

*

Što smo sami zapetljali, sami ćemo najlakše i raspetljati.

*

Samokritika – predupređenje kritike.

*

U svakoj neprilici, spas je u samokritici.

*

Samokritika – najbolja samoodbrana.

*

Samokritički osvrt je kao osvit.

*

Kritikom darivamo druge, a samokritiku zadržavamo za sebe.

*

Kritike prepuna, a samokritike poluprazna vreća.

*

Kritikom nas bude, a samokritikom se budimo iz zimskog sna.

*

Političari prave kritičke, a narodu prepuštaju samokritičke
osvrte.

*

Samokritika je strana uobraženima.

*

Lažna samokritika – »posipanje pepelom«.

*

Samokritika – najobjektivnija kritika.

VLAST I ČAST

Vlast – opojna slast.

*

Vlast je životinjska, a čast ljudska slast.

*

Kad je vlast na umu, čast je na drumu.

*

Na visokoj vlasti niska je cena časti.

*

Ko vlast teško daje, za čast mnogo ne haje.

*

Ko na vlast mnogo pazi, časnu reč lako gazi.

*

Što je vlast deblja, časna reč je tanja.

*

Časnom reči prikriva se nečasna vlast.

*

Časnu reč ne drži nečasna vlast.

*

Časna reč je najkvarljivija roba koja se
olako daje i još lakše gazi.

*

Vlastoljubcima je više stalo do vlasti nego do časti.

*

Ko se ovenčao vlašću, teško će se ovenčati čašću.

*

Kome je više stalo do vlasti nego do časti, nije ni za vlast ni za čast.

*

Bolje je ostati bez vlasti nego bez časti.

*

Bolje kockati se vlašću nego čašću.

*

Bolje čista obraza a prljavih ruku, nego čistih ruku a prljava obraza.

*

Bolje čast bez vlasti nego vlast bez časti.

*

Lakše je časno zboriti nego časno tvoriti.

*

Ko se kocka čašću, kockaće se i vlašću.

*

Gde je mnogo vlasti, tu je malo časti.

*

Vlast i čast nerado druguju jer jedna drugoj mnogo duguju.

*

Udobnija je stabilna hoklica nego klimava fotelja.

*

Sigurnije je na stabilnom stolu nego na klimavom prestolu.

*

Privlačnija je i slaba pozicija nego jaka opozicija.

SLOBODA I ROPSTVO

Sloboda je najveće bogatstvo.

*

O slobodi se samo u ropstvu sanja.

*

Samo uplakani o slobodi pevaju.

*

Ko ne robuje ne zna ni šta je sloboda.

*

Sloboda se ropstvom smenjuje i sa robovanjem druži.

*

Sloboda je kao ptica na grani: začas doleti i začas odleti.

*

Slobode nikad dosta a robovanju nigde kraja.

*

Nekima je i na slobodi kao na robiji.

*

Bolje je u svojoj krovinjari nego u tuđoj palati.

*

Slavuju je pesma milija u pustoj gori nego u punom kavezu.

*

Gore je na prividnoj slobodi nego u prividnom ropstvu.

*

Sloboda jednih počiva na robovanju drugih.

*

Bogati slobodu plaćaju parama a siromašni krvlju.

*

Dok jedni slobodu snivaju drugi je uživaju.

*

Bolje je svoj na tuđem nego tuđ na svome.

*

Ne zna se šta je bolje ili gore: sloboda u ropstvu ili ropstvo na slobodi.

*

Isto nam se hvata: oduzimali nam slobodu ili darivali ropstvo.

*

Od slobodne volje nije daleko do nevolje.

*

Ako možemo misliti, ne možemo raditi sve što hoćemo.

*

Najteže je se samog sebe osloboditi.

*

Svako je rob sopstvenih strasti.

*

Svako je zatočenik sopstvenih zabluda.

*

Najveća ograničenja naše slobode su u nama samima.

*

Robovi smo svojih navika: teže nam se odvići nego navići.

*

Svako je zatočenik sopstvenih emocija.

*

U smrtnoj zaljubljenosti – najveće ropstvo i najveća sloboda.

*

Daju nebeski raj za zemaljski pakao.

*

Obećavaju raj a vode u pakao.

*

Narodu se garantuje sloboda da se odriče slobode.

*

Daju kredite a oduzimaju kredibilitet.

*

Iza slatkorečivosti oslobodilaca skrivaju se okrutni okupatori.

*

Milosrdni globalizatori – nacionalni okupatori.

*

Najteže je osloboditi se oslobodilaca.

BOGATSTVO I BEDA

Gde je bogatstvo tu je i beda.

*

Najveća je beda kad se siromahu ne da.

*

Jedni rade, drugi kule grade.

*

Dok radilice rade, trutovi se slade.

*

Jednima pune ruke posla, a drugima puni trezori.

*

U nekog crne ruke, a u nekog crn obraz.

*

Kome pare tome i jare.

*

Nekom kajmak a nekom surutka.

*

Jednima i znanje i imanje, drigima ni jedno ni drugo.

*

Jednima opanci, drugima obojci.

*

Jednima i jare i pare, a drugima ni guravo magare.

*

Jednima crkavica, drigima krkalica.

*

Dok se bogati bogate, siromašni siromaše.

*

Prazni se prazne a puni pune.

*

Bogatstvo se siromaštvom hrani.

*

Dok se jedno ne isprazni, drugo se ne napuni.

*

U jednih puni sefovi, a u drugih prazni i džepovi.

*

Jedni stiču a drugi namiču.

*

Jednima pretiče a drigima i ne dotiče.

*

Dok jedni uživaju, drugi preživaju.

*

Dok se jedni grče od prazne, drugi stenju od prepune mešine.

*

Dok se jedni prejedaju, drugi dojedaju.

*

Jedni za stolom, drugi pod stolom.

*

U nekoga i nož i pogača a neko mrvice zoba.

*

Kad siti meso pokusaju, gladnima su i koščice slatke.

*

Nekom meka postelja – nekom tvrd san.

*

Dok se jedni muče, drugi šenluče.

*

Neko se pruža i prema tuđem, a neko ni prema svom guberu.

*

Zgrću blago a dele milostinju.

*

Bogatstvo se teško stiče a lako gubi, dok se u bedu lako zapada a iz bede teško vadi.

*

Pre će se kamila provući kroz iglene uši nego siromah među bogatune.

*

Od siromaštva do bogatstva je dug put a od bogatstva do siromaštva samo jedan korak.

*

Jedni druge nose: ili na grbači, ili na savesti.

*

Jedni se mole i bogu i caru a drugi nikome.

*

Jedni gospodare, drugi blagodare.

*

Slugama je gospodar gospod.

*

Na dvorima se dvori i dodvorava.

*

Jedni čuju a drugi slušaju.

*

Jedne ubija more jada a druge dosada.

*

Jedni se klanjaju , drugima se klanjaju.

*

Jedni se potcenjuju, drugi precenjuju.

*

Jedne cene po znanju, druge po imanju.

*

Čega se bogat kloni, to siromaha goni.

*

Gde nije sluge nije ni gospodara.

*

Verne sluge – neverni gospodari.

*

Ne uzda se u one koji obuzdavaju.

*

Opljačkane pljačkaroši za pljačku optužuju.

*

Poštene nepošteni poštenju podučavaju.

*

Veći je siromah puna džepa a prazne glave, nego prazna džepa a
pune glave.

*

Ko se klanja do zemlje nada se raju na nebu, a ko se uzdiže do
neba uživa u zemaljskom raju.

*

Za punom trpezom prazne priče.

*

Bogatija je puna kuća čeljadi a prazna štala teladi, nego puna
štala teladi a prazna kuća čeljadi.

113

JEDNAKOSTI I NEJEDNAKOSTI

Jedno nije svejedno.

*

Ništa nije ni sa samim sobom isto.

*

Bezvredne stvari jednako vrede.

*

Sve je i jednako i nejednako sa samim sobom.

*

Sve je jednako i nejednako sa drugim.

*

Ni jedna ista stvar se ne gleda uvek istim očima.

*

Jednakostima samo nejednaki teže.

*

Svako bi da je nešto što nije.

*

Ako je duša puna ni srce prazno nije.

*

Mali bi da su veliki a veliki da su još veći.

*

Ko kosi – vodu ne nosi.

*

Velika reka u malu ne uvire.

*

Malo brdo se nad velikim izdići ne može.

*

Sa malim ambarom se velika žetva ne čeka.

*

Sa praznom se kesom ne kesa.

*

Iz praznog se u puno ne preliva.

*

Sakati krakatog stići i prestići ne može.

*

Niko nije isti u palati i krovinjari.

*

Niko ne želi da se izjednači sa nižim, nego sa višim od sebe.

*

Svako je dole za one gore, a i gore za sve dole.

*

Iz kolibe se teško ulazi u palatu, a iz palate još teže vraća u kolibu.

*

Ne zna se šta je nepodnošljivije: jednakost u bedi ili nejednakost u izobilju.

*

Samo se nejednaki izjednačiti mogu.

*

Samo suprostavljene sile ravnotežu drže.

*

Veliko se malim meri, a malo velikim domerava.

*

Sve se svojom merom meri.

115

DEMOKRATIJA I AUTOKRATIJA

Ko narod pita ne skita.

*

Bolje je samopotčinjavati se nego potčinjavati se.

*

Bolje je da se narod predstavlja nego da ga predstavljaju.

*

Bolje je da se narod čuva nego da ga čuvaju.

*

Ko ne zna upravljati samim sobom, ne zna ni drugima.

*

Koga kod očiju vode, i nije za drugo no za vođenje.

*

Čovek je načinio mašinu koja sama sobom upravlja, a on još ne upravlja samim sobom.

*

Bolje inicijativama nego po direktivama.

*

Bolje je izgubiti vlast nego narod.

*

Bolje je da trutovi oblеću oko radilica nego radilice oko trutova.

*

Bolje je da se prut savija oko pruća nego pruće oko pruta.

*

Bolje je da se manjina povinuje većini nego većina manjini.

*

Bolja je i diktatura većine nad manjinom nego diktatura manjine nad većinom.

*

Bolja je demokratska diktatura nego demokratija po diktatu.

*

Narod ne voli da se caru moli.

*

U poslušnost naroda ne vredi se uzdati dok se ne zauzda.

*

Narod se sa prestola ne skida nego skida.

*

Narod bira izabrane.

*

Narod bira ko da mu diktira.

*

Narod narodnim predstavnicima treba da bi se u njegovo ime predstavljali.

*

Narodni vođa je ovan predvodnik među dvonogim ovčicama.

*

Autokratija je životinjski, a demokratija ljudski oblik vladavine.

*

U monarhiji se klanja i poklanja monarhu i monahu.

*

Poglavari se narodu na glavu penju.

*

Bez poglavara ne mogu samo obezglavljeni.

*

Narodni poglavari narodu glave dolaze.

*

Autokrate narodu život krate.

*

U autokrate puna usta demokratije.

*

Dušebrižnici poglavari nose narod na duši, a narod poglavare na glavi.

*

Ne zna se šta je bolje ili gore: sporazum po diktatu ili diktat bez sporazuma.

*

Dok se demokrate bore sa birokratijom, birokrate se poigravaju sa demokratijom.

*

Pre će se demokrata izroditi u birokratu, nego što će se birokrata preporoditi u demokratu.

*

Ko god vlada neko strada.

*

Narod će prestati da se jada tek kad počne da vlada.

NAROD, POLITIKA I POLITIČARI

Politike nema bez polisa i policije.

*

Politika – za narod zabava, a za političare biznis.

*

Dok politika narodu uspavljujuće ode peva, narod zapeva.

*

Narod političare postavlja u fotelje a političari narod ostavljaju
na cedilu.

*

Političari narodu obećavaju sve što želi a rade sve što žele.

*

Narod igra a političari kolo vode.

*

Političari se narodu klanjaju za vreme izbora, a narod
političarima od izbora do izbora.

*

Političari glume sluge naroda a ponašaju se kao njegovi
gospodari.

*

Političari se zaklinju da će služiti narodu, a od naroda traže da ih
služi.

*

Političari ne drže reč već govore.

*

Političari se zaklinju a narod proklinje.

*

Političari se narodu kunu do neba, a narod se političarima klanja do zemlje.

*

Političari narodu drže govore, a narod političarima fotelje.

*

Narod diže dva prsta, a poltičari pare.

*

Političari se voze a narod vozaju.

*

Političari narodu upućuju lepe reči, a narod političarima lepe poklone.

*

Narod političarima priča za leđima, a političari narodu rade iza leđa.

*

Političari narod nose na duši, a narod političare na grbači.

*

Narod političarima skida kapu, a političari narodu glavu.

*

Političarima od naroda poverenje, a narodu u političare vera.

*

Narod seje, političari žanju.

*

Političari sebi dodeljuju, a narodu (narodno dobro) udeljuju.

*

Političari narodu obećavaju što nema a uzimaju što ima.

*

Političari su prema narodu blagonakloni: ne traže više no što može dati.

*

Što narod političarima daje, političari narodu dati ne mogu.

*

Narod političarima poverenje, a političari narodu ni izvinjenje.

NAROD I VLADA

Vlada vlada a narod se vlada.

*

Vlada vlada, narod strada.

*

Vlada odgovorna a narod odgovara.

*

Vlada narodu zakletvu, a narod vladi kletvu.

*

Narod igra kako vlada svira.

*

Vlada se narodu zaklinje a iza naroda zaklanja.

*

Narod se vladi klanja, a vlada se iza naroda zaklanja.

*

Vlada polaže, a narod plaća račune.

*

Vlada narodu polaže račun a ispostavlja račune.

*

Vlada narodu polaže račun na rečima, a narod vladi na blagajni.

*

Vlada narodu polaže zakletvu, a narod vladi račune.

*

Narod vladu pominje a vlada narod opominje.

*

Narod vladi upućuje molbe a vlada narodu opomene.

*

Vlada likuje, narod jadikuje.

*

Narod vladi – mandat, vlada narodu – diktat.

*

Vlada narod predstavlja i zlostavlja.

*

Vlada ne zna šta narod misli, a narod ne zna šta vlada radi.

*

Vlada narod gubi iz vida, a narod vladu iz uvida.

*

Narod od muke zeva, a vlada mu slavopojke peva.

*

Statistika – po glavi stanovnika, a vlada – po džepu.

*

Moćna vlada – nemoćan narod.

*

Vlada pada kad se narod digne, a narod pada kad se vlada digne.

*

Svirala je narodna, ali narod igra kako vlada svira.

*

Vlada je za vladanje, a parlament za parlanje.

*

Narodu se garantuje pravo da otuđuje svoja prava.

*

Narodu se omogućava da sam bira izabrane.

*

Za stoku – obor, a za narod – zakon.

*

Gospodar gospodari, narod blagodari.

*

Kad narod bude vladao, vladara nigde biti neće.

NAROD I BIROKRATIJA

Birokrate u biroima, a narod pred biroima.

*

Birokratija se sama bira.

*

Narodu je do časti, a birokratiji do vlasti.

*

Birokratija uzima koliko joj treba, pa i kad narod nema ni hleba.

*

Birokratija slavi i kad se narod u blatu davi.

*

Birokratija se vozi avionima , a narod u furgonima.

*

Birokratija laje, narod pare daje.

*

Kad birokratija greši, narod kesu dreši.

*

Dok narod stenje, birokratija mu se na grbaču penje.

*

Narod birokratiji dodeljuje, a birokratija narodu udeljuje.

*

Birokratija dvoruje, a narod dvori.

*

Birokratija se narodu dodvorava, a narod birokratiju dvori.

*

Narod pred birokratijom stoji mirno, a birokratija pred narodom na mestu voljno.

*

Birokratija harač ubire a narod sabire.

*

Birokratija bira, a narod aplaudira.

*

Birokratija veli što narod želi ali ne želi što narod veli.

*

Narod birokratiji kleči pred vratima, a birokratija narodu na vratu.

*

Narod birokratiju i služi i ruži.

*

Narod se birokratiji i klanja i darove poklanja.

*

Dok birokratija laže, narod zapomaže.

*

Narod birokratiju miti da ga od naroda štiti.

*

Birokratija i narod razmenjuju protekciju za korupciju.

*

Dok se narod jada , birokratija vlada.

*

Birokratija se sili i narod sili.

*

Birokratija narodu nudi prošlost za svoju budućnost.

*

Dok se narod združuje, birokratija ga razdružuje.

*

Kad su biroi puni činovnika, država je puna neprilika.

*

Za pregršt vlasti, birokratija daje i celu državu.

KOLONIZATORI I KOLONIJE

Za slobodu prodaju ropstvo.

*

Oslobađaju porobljavanjem i porobljavaju oslobađanjem.

*

Što je za jedne sloboda, za druge je ropstvo.

*

Uzimaju i zauzimaju.

*

Dok se bogati bogate, siromašni siromaše.

*

Pozajmio dolar, zadužio dva.

*

Preplaćuju mrtvi, a poklanjaju živi kapital.

*

Menjaju prazna obećanja za pune kompozicije.

*

Daju šakom a uzimaju šakom i kapom.

*

Kljukaju ih mrvicama da bi im digli celu pogaču.

*

Milostinjom ubiru milijarde.

*

Odlaze pune, a vraćaju se prazne kompozicije.

*

Seju bedu a žanju dolare.

*

Pomućuju svest da bi lovili u mutnom.

*

Sole pamet a zapržavaju čorbu.

*

Jedni grabuljaju, drugi grabe.

*

Jedni zgrću a drugi pregrću.

*

Jedni plaćaju, drugi naplaćuju.

*

Jedni pritežu a drugi natežu.

*

Obećavaju med i mleko a ispijaju krv.

*

U zdravlje moćnih ispijaju krv nemoćnih.

*

I najvišu planinu podnožje drži.

*

Protežu se lokalno a razapinju globalno.

*

Čine drugima što ne dozvoljavaju da drugi njima čine.

*

Uzgajaju terorizam da bi lovili teroriste.

*

Ubijaju istinoljubce da bi ubili istinu.

*

Od izdajica prave rodoljube, a od rodoljuba izdajice.

*

Ubijanjem demosa ubijaju demokratiju, a ubijanjem demokratije ubijaju demos.

*

Ljudska prava bez ljudskog morala.

*

Nepravedna prava – pravna nepravda.

*

Neravnopravna ravnopravnost – ravnopravna neravnopravnost.

*

Sporazum po diktatu uzmi ili ostavi.

*

Zločinačko dobročinstvo – dobročinilačko zločinstvo.

*

Nemilosrdni đavoli na krilima milosrdnih anđela.

*

Ko siluje svoje, neće milovati tuđe.

*

Razoružavaju da bi se naoružavali.

*

U ime globalnog mira potpiruju i raspiruju lokalne ratove.

*

Kalemeći tuđi jezik, ukalemljuju tuđu pamet.

*

Čupaju rođeni, da bi usadili nerođeni jezik.

*

Jedni se svađaju, drugi zavađaju.

*

Bezbožnici blagosiljaju pobožnike.

*

Menjaju dlaku da bi prikrili ćud.

*

Centar dalji od periferije nego periferija od centra.

*

Što se u centru zbiva, na periferiji se sniva.

*

Jedni se uvlače u puževu ljusku, a drugima tesna i planeta.

*

I Zemlja se obrće oko Sunca pa se ipak okreće i oko svoje ose.

RAT I MIR

Što se ne može milom pokušava se silom.

*

Jedni ratuju što hoće, a drugi što moraju.

*

U ratu se obraz i kalja i osvetljava.

*

U ratu su samo gubici siguran »dobitak«.

*

Rat je kockanje nebrojenim parama i ljudskim glavama.

*

Svaki rat je i agresorski (za napadače) i odbrambeni (za napadnute).

*

Svaki rat je i porobljivački (za porobljivače) i oslobodilački (za oslobodioce).

*

Ne napadaju ovce vukove, već vukovi ovce.

*

Bez borbe se ni guravo mače ne predaje.

*

Kad je napadnuto, i krezavo kuče ujeda.

*

Bolje u miru na lenjom magarcu, nego u ratu na besnom doratu.

*

Izginuli ratnu štetu ne plaćaju niti naplaćuju.

*

Bolje mirni snovi no ratni rovovi.

*

U ratu smo bar načisto ko su nam prijatelji a ko neprijatelji.

*

Za nekog je bolji rat nego pakt, a za nekog pakt nego rat.

*

Bolje jedan dan u miru, nego sto godina u ratu.

*

Bolje rad nego rat.

*

Rat se mirom, a mir ratom okončava.

*

Teže je od rata do mira nego od mira do rata.

*

Da nije ratoboraca, ne bi bilo ni mirotvoraca.

*

Niko ne ratuje što mu se ratuje, i niko se iz čista mira ne miri.

*

Rat se u miru priprema, a u ratu se o miru sanja.

*

Teže je đavolu mirovati no anđelu ratovati.

*

U miru božijem se i krstaški ratovi vode.

*

Popovi i krste i opojavaju, i mir propovedaju i ratne podvige blagosiljaju.

*

Sirotinja u ratu rati, a u miru pati.

*

U miru su i kukavice heroji.

*

U miru su kratki, a u ratu dugi dani.

*

Preči je u ratu drug no u miru brat.

*

Čuvajte se u ratu neprijatelja a u miru prijatelja.

GLOBALIZACIJA I LOKALIZACIJA

Globalisti globe.

*

Globalizacija – denacionalizacija.

*

U globalu se uživa, u lokalu životinjari.

*

Globalisti rate, lokalisti pate.

*

Dole su pali, ozgo će tek da padaju.

*

Lokalisti se globalizuju, a globalisti lokalizuju.

*

Lokalisti zagledaju u nebo, a globalisti u zemlju.

*

Lokalisti neće ništa globalno, a globalisti hoće sve lokalno.

*

Lokalno rade a globalno grade.

*

Gazduju lokalno a robuju globalno.

*

Voze se u lokalu a vozaju ih u globalu.

*

Jedni satelitom, drugi trotinetom.

*

Rade lokalno a globe ih globalno.

*

Svoju baštu sade a za druge rade.

*

Piramida se od podnožja zida.

*

Pogača se od zrnevlja pravi.

*

Bez drveća ni šume ne bi bilo.

*

Svi potočići se u okean slivaju.

*

Sa brežuljka se ne vidi preko brega.

*

Što je u epruveti to je i na planeti.

*

Svi ovozemaljci su pod istim nebeskim svodom.

*

Za malim stolom se velika politika vodi.

*

Nijedan mrav ne može bez svog mravinjaka.

*

Kad bi sve kapi isparile, i more bi presušilo.

*

Malo selo u velikom a veliko u malom.

PATRIOTIZAM I INTERNACIONALIZAM

Rodoljublje – ljubav prema rodu.

*

Rodoljubi (ceo) rod ljube.

*

Rod – rođeniji od (na)roda.

*

Bez roda nema naroda.

*

Naroda je mnogo a rod je jedan.

*

Narod na – rodu počiva.

*

Svako se u rodu i iz roda rađa.

*

Izrod se iz roda izrađa.

*

Ko ne voli rod, ne voli ni (na)rod.

*

Ko mrzi druge narode, ni svoj narod ne voli.

*

Pužu dom na leđima – domovina ceo svet.

*

Svet mali – velika domovina.

*

Lastama je domovina ceo svet.

*

Kornjača se domovini ne žuri jer joj je dom na leđima.

*

Kome je domovina ceo svet, domovine i nema.

*

I ako nisu po majci, svi ljudi su po rodu braća.

*

Druge narode volimo koliko i oni nas vole.

*

Ko od doma beži, domovine nema.

*

Bez uzajamne ljubavi i prijateljstva naroda pravog
internacionalizma nema.

*

Okoreli nacionalisti se pokrivaju lažnim internacionalizmom.

*

U ime internacionalizacije ubijaju nacije.

*

Koja kuja svoje kučiće ujeda, i tuđe će ujedati.

*

Patriju (otadžbinu) zalažu za partiju.

*

Partijašima je partija iznad patrije.

*

Umesto patriji, partijaši se na vernost zaklinju partiji.

*

Rodoljublje nije srebroljublje.

Sadržaj

Uvodne napomene.   1

I ČOVEK I RAD   3

Rad kao sredstvo i oblik reprodukcije čovekove   3

    1. Rad i ljudske potrebe.   3
    2. Protivrečnosti ljudskog rada   6
    3. Razrešavanje protivrečnosti ljudskog rada   8

Unapređivanje tehnologije, organizacije i ekomonije proizvodnog rada 11

    1. Razvijanje proizvodne tehnologije 11
    2. Unapređivanje organizacije proizvodnog rada 16
    3. Unapređivanje ekonomije proizvodnog rada 22

Istorijski smisao društvene podele i društvenog povezivanja rada. 26

    1. Vertikalna podela rada u funkciji razvoja 26
    2. Razvojna funkcija horizontalne podele rada 30
    3. Društveno povezivanje ljudskog rada kao generička osnova razvoja 32

Rad i društvena reprodukcija 36

    1. Proizvodnja i potrošnja 36
    2. Raspodela i prisvajanje 42
    3. Društvena reprodukcija i društvena diferencijacija. 53

II DRUŠTVENO ORGANIZOVANJE I DELOVANJE 75

Preduzetništvo. 75

    1. Osnovne funkcije i društveni status preduzeća 75
    2. Raspodela i prisvajanje u preduzeću 79
    3. Upravljanje preduzećem 82

Zadrugarstvo 85

    1. Osnovne karakteristike i funkcuje zadruge 85
    2. Svojinski odnosi u zadrugarstvu 88
    3. Zadružna demokratija 91

Organizovanje i delovanje države. 92

    1. Društvene funkcije i osnovne karakteristike države 92
    2. Organizacija i način ostvarivanja državne vlasti 95
    3. Oblici države 97

Lokalna samouprava 99
  1. Funkcije lokalne samouprave 99
  2. Društveno-ekonomska osnova lokalne samouprave 101
  3. Način ostvarivanja lokalne samouprave 104
Društveno-političko organizovanje i delovanje 107
  1. Političke partije i stranke 108
  2. Sindikati i masovne organizacije građana 110
  3. Društvene organizacije i udruženja građana 113
Umesto zaključka 114

Uvodne napomene

Kada se u društvu javljaju snažne retrogradne tendencije, koje u naivnoj empirijskoj svesti izazivaju velike smutnje, pa i zle slutnje, svaki pokušaj da se teorijski osvetle tekuća društvena kretanja, može da bude od interesa i za društvenu teoriju i društvenu praksu. To je posebno značajno za mlade generacije, koje su zainteresovane ne samo za sagledavanje već i za sopstveno angažovanje u stvaranju bolje budućnosti.

Kao svaki živi organizam, ljudsko društvo nastaje i razvija se po određenim zakonitostima, čije nepoznavanje ili ignorisanje može samo da šteti društvenom progresu. A njih nije moguće sagledati bez poznavanja minulih istorijskih tokova, zbog čega je ovde, na osnovu raspoložive istorijske građe, korišćen prvenstveno istorijski metod sagledavanja društvenog razvoja od nižih ka višim oblicima društvene reprodukcije.

Sagledavanje minulih istorijskih tokova pokazuje da se ljudsko društvo razvija u sasvim određenom pravcu kuda ga generičke težnje ljudskog bića neodoljivo vode. Društvo se, naime, kreće tamo kamo čovek i teži, a kamo ne teži – ono se ne bi ni moglo kretati jer njegovo kretanje ne zavisi samo od spoljašnjih prirodnih sila već i od njegovih sopstvenih sila, koje se upravo ispoljavaju kroz generičke težnje ljudi.

Te težnje nisu, međutim, jednosmerne, ali upravo u njihovim protivrečnostima i leže pokretačke snage društvenog razvoja. Zato bez dijalektičkog sagledavanja tih protivrečnosti, istorijski metod ne bi mogao dosledno da se primeni jer protivrečne ljudske težnje i delovanja imaju za rezultat i protivrečna društvena kretanja.

I DEO

Čovek i rad

RAD KAO SREDSTVO I OBLIK ČOVEKOVE REPRODUKCIJE

1. Rad i ljudske potrebe

U fizičkom smislu, svaki rad predstavlja nekakvo kretanje, a iza svakog kretanja stoji neka *pokretačka sila*. „Djelovanja ljudi" – po Hegelu – „proizlaze iz njihovih potreba, njihovih strasti, njihovih interesa, njihovih karaktera i talenata, i to tako da su u tom igrokazu djelatnosti samo potrebe, strasti, interesi ono što se pojavljuje kao pokretačka sila i što dolazi kao glavna djelatnost", tako da se „uopće ništa nije ostvarilo bez interesa onih koji su svojom djelatnošću sudjelovali u tome", pa se i „ništa veliko na svijetu nije izvršilo bez strasti".[1]

Kao živo biće, čovek mora da zadovoljava *fiziološke potrebe*, a kao razumno biće on ima i *duhovne potrebe*. Prve su osnova njegove *biološke*, a druge njegove *generičke reprodukcije*. Po jednima se izjednačava, po drugima izdiže iznad ostalog sveta.

Razum je, međutim, neizostavni uslov zadovoljavanja i jednih i drugih potreba, bez kojeg se čovek ne samo ne bi izdigao iznad ostale prirode nego se u njoj ne bi ni održao. Dok druga bića svoje potrebe zadovoljavaju nagonskim aktivnostima, ljudske potrebe zadovoljavaju se *voljnim* aktivnostima koje se obavljaju prema unapred postavljenim ciljevima, tako da *svrsishodnost* čini suštinsko odličje ljudske delatnosti. Umesto slepog nagona, pokretačku snagu ljudske aktivnosti predstavlja *shvaćena* potreba, čijem se zadovoljavanju teži ne zato što se mora ili samo što se mora, već i zato što se *hoće*.

Iako su fiziološke potrebe po svojoj prirodi nagonske, ljudska delatnost u funkciji njihovog zadovoljavanja jeste voljna aktivnost, pa čovek snagom svoje volje može, po cenu ličnog žrtvovanja, da odluči i da ih ne zadovoljava. Pošto se nagonske potrebe *moraju* zadovoljavati, aktivnost na njihovom zadovoljavanju ima *prinudni* karakter, a volja koja je pokreće – javlja se kao snaga shvaćene nužnosti, zbog čega se sloboda volje ovde sastoji samo u izboru načina zadovoljavanja ali ne i samog zadovoljavanja potreba.

---

[1] Georg Wilhelm Friedrich Hegel, *Filozofija povijesti*, „Kultura", Zagreb, 1951, str. 36. i 39.

Kao prirodna nužda, fiziološke potrebe su za čoveka spoljašnja, silom prirode nametnuta svrha iako su unutarnje potrebe njegovog sopstvenog organizma. One su neposredni izraz njegove sudbonosne vezanosti za prirodu, čijim se „ćudima" mora pokoravati jer su to i njegove „ćudi" ukoliko je i sam neodvojivi deo prirode. Prirodne potrebe moraju se iz prirode i podmirivati, i da bi opstao, ljudski organizam mora, kao svaki drugi živi organizam, stalno da razmenjuje materiju s prirodom. Ali spoljašnju prirodu čovek može i menjati prilagođavajući je sebi umesto da se samo on prilagođava prirodi. Od drugih bića on se zapravo i razlikuje po tome što „svojom sopstvenom aktivnošću omogućuje, reguliše i nadzire svoju razmenu materije s prirodom" da bi „prirodnu materiju prilagodio sebi u obliku upotrebljivom za njegov život".[1]

U toj funkciji, ljudski rad javlja se kao *spoljašnja* ili *ospoljena delatnost*, koja za neposredni rezultat ima neki spoljašnji objekat, čijom se upotrebom mogu zadovoljiti fiziološke potrebe. I osnovni smisao takve delatnosti nije sam rad nego *proizvod* rada, zbog čega ona, ma kako se obavljala, predstavlja u suštini *proizvodni rad*. Njena neposredna svrha zapravo je sam proizvod kao *sredstvo* zadovoljavanja neke potrebe kao krajnje svrhe.

Na taj način u funkciji stvaranja sredstava životne egzistencije, ljudski rad i sam se pojavljuje kao *sredstvo egzistencije*. A ukoliko se ne radi zato da bi se radilo, već da bi se proizvodilo, a proizvodi da bi se opstalo, rad ne predstavlja slobodnu, nego nužnu aktivnost, pa je utoliko svaka proizvodna delatnost *prinudni* rad koji se ne obavlja zato što se želi, već zato što se mora.

U funkciji neposrednog fizičkog oblikovanja prirode, ljudski rad ispoljava se kao neposredna *fizička aktivnost* čovekova, koji „pokretanjem prirodnih snaga svoga tela, ruku i nogu, glave i šake, prema prirodnoj materiji sam istupa kao prirodna sila".[2] Ali ni fizičko oblikovanje prirode ne može se obavljati bez njenog poznavanja, zbog čega i najjednostavnija fizička aktivnost u toj funkciji predstavlja samo fizičko ispoljavanje duhovne aktivnosti.

Pošto je svako svrsishodno delovanje voljna aktivnost, ni u kakvom obliku „nema ljudskog rada koji bi se odvijao samo na fiziološkoj razini".[3] I ako „ljudskim radom upravlja *snaga pojmovnog mišljenja*",[4] onda „bez mišljenja nema radne aktivnosti".[5] Mišljenje je zapravo suština, a fizičko delanje samo ispoljavanje ljudskog rada, pa je i mozak komandni centar, a ruka samo izvršilac njegovih komandi.

Ako je mišljenje generičko odličje ljudskog roda po kojem se on izdvaja od ostalog sveta, onda je *rad* kao misaona aktivnost generička *suština ljudskog bića*. Čovek kao generičko biće postoji samo ukoliko nešto radi, a radi ukoliko misli; misaono delovanje način je njegovog generičkog postojanja. Kako reče Hegel, „pravi bi-

[1] Karl Marks: „Kapital", tom I, K. Marks, F. Engels, *Dela*, „Prosveta", tom 21, str. 163.
[2] K. Marks, isto
[3] Zoran Bujas, *Psihofiziologija rada*, Zagreb, 1968, str. 9.
[4] Harry Braverman, *Rad i monopolistički kapital*, „Globus", Zagreb, bez god. izd., str. 44.
[5] K. K. Platonov, *Problemi psihologije rada*, „Panorama", Zagreb, 1966, str. 97.

tak čovječji je njegovo djelo", pa su i „narodi ono što su njihova djela",[1] a dela ljudska tvorevine su ljudskog uma.

Zato je rad kao duhovna aktivnost prva i najznačajnija potreba čovekova; on je potreba svih potreba jer je nužan uslov zadovoljavanja svih ostalih, i duhovnih i fizioloških potreba ljudskog bića. Samim tim on je neizostavni uslov i generičke i fiziološke reprodukcije, i osnovni izvor životne egzistencije čoveka.

Ali kao neposredna generička potreba, rad nije samo izvor egzistencije, nego i sama egzistencija čoveka. On je „način bivstvovanja dan čovjeku kao živom biću",[2] i stoga „nije dio života, već sam život", pa „radnici nastavljaju raditi čak i onda kada više nemaju potrebe za materijalnim dobrima",[3] jer „nezaposlenost za pojedinca predstavlja društvenu regresiju" i „ako potraje duže vremena, ona može postati opasna po duševno zdravlje",[4] zbog čega se „ljudi često boje nezaposlenosti ili penzionisanja, čak i onda ako to za sobom ne povlači nesigurnost".[5]

Kao osnova ljudskog rada, duhovna aktivnost je jedna vrsta generičkog nagona, kojem se ne može odoleti, i koji deluje gotovo neprekidno. Još je Darvin utvrdio da „čovek zbog aktivnosti svojih duhovnih sposobnosti ne može da izbegne razmišljanje",[6] a Frojd je i snevanje definisao kao „duševni život za vreme spavanja".[7] Prema istraživanjima Žorža Fridmana, „duh, po nekoj vrsti inercije, teži da nastavi svoju delatnost, i zato se dosta često nailazi na radnike koji „filozofiraju" za vreme dugih seansi automatskog rada i rado se bave onim vrstama ideja koje dovode do pronalazaka".[8]

Taj „nagon" nije samo način generičkog postojanja već i nužan uslov generičkog razvoja čoveka, koji je, opet, nužan uslov samog postojanja i ljudske jedinke i ljudskog roda. Po Engelsu, rad je „prvi osnovni uslov svega ljudskog života, i to u tolikoj meri da u izvesnom smislu moramo reći da je rad stvorio samog čoveka",[9] ali ga nije već stvorio nego ga stalno stvara jer „čovek predstavlja jedan proces",[10] koji „nikad nije završen" i čije je „postojanje u postajanju".[11]

To što karakteriše „stvaranje čoveka" kao generičko biće, nije razvijanje njegovih fizičkih, nego njegovih duhovnih potencija, koje se ne razvijaju fizičkom, već duhovnom aktivnošću. Samo duhovnom aktivnošću ljudski mozak se kao organ mišljenja mogao razvijati i razviti od 600 do 1.500 cm^3 zapremine i od sposobnosti

---

[1] *Fenomenologija duha*, „Kultura", Zagreb, 1955, str. 179.; i *Filozofija povijesti*, isto, str. 81.

[2] Dragutin Nikšić, *Čovjek i rad*, SNL, Zagreb, 1979, str. 34.

[3] D.C. Miller – V.H. Form, *Industrijska sociologija*, „Panorama", Zagreb, 1966, str. 158.

[4] Georges Friedmann, *Razmrvljeni rad*, „Naprijed", Zagreb, 1959, str. 152.

[5] K.K. Platonov, cit. rad, str. 436.

[6] Čarls Darvin, *Čovekovo poreklo i spolno odabiranje*, „Matica srpska", Novi Sad, 1949, str. 175.

[7] Sigmund Frojd, *Uvod u psihoanalizu*, IV izdanje, „Kosmos", Beograd, 1961, str. 64.

[8] *Kuda ide ljudski rad?*, „Rad", Beograd, 1959, str. 273.

[9] "Uloga rada u procesu pretvaranja majmuna u čoveka", K. Marks, F. Engels, *Dela*, isto, tom 31, str. 365.

[10] Antonio Gramši, *Filozofija istorije i politike*, „Slovo ljubve", Beograd, 1980, str. 47.

[11] Gordon, V. Olport, *Sklop i razvoj ličnosti* (navod Fon Herdera) „Kultura", Beograd, 1969, str. 482.

opažajnog do sposobnosti apstraktnog mišljenja. Kao rezultat povećanih individualnih razlika u duhovnoj aktivnosti usled razvijenije društvene podele rada, i „razlike u zapremini lobanje koje postoje među pojedincima iste rase utoliko su veće ukoliko rasa stoji više na lestvici civilizacije".[1]

2. Protivrečnosti ljudskog rada

Pošto se ljudske potrebe zadovoljavaju ljudskim radom, mogućnosti njihovog zadovoljavanja određene su mogućnostima samog rada, a iz ograničenih mogućnosti rada proističu i njegove protivrečnosti u zadovoljavanju ljudskih potreba. Zbog ograničenih mogućnosti zadovoljavanja, fiziološke i duhovne potrebe istovremeno se i uslovljavaju i sukobljavaju, kao što se uslovljavaju i sukobljavaju i osnovni oblici radne aktivnosti u njihovom zadovoljavanju.

Kao nužan uslov fiziološke reprodukcije, zadovoljavanje fizioloških potreba je i neizostavni uslov ne samo zadovoljavanja već i samog ispoljavanja duhovnih potreba. Jer ako su „sve potrebe nezadovoljene, organizmom vladaju fiziološke potrebe i u tom slučaju sve druge potrebe mogu praktično prestati da postoje, odnosno mogu biti odgurnute u stranu", zbog čega „nikada ne bismo osetili želju da komponujemo muziku i stvaramo matematičke sisteme, ukrašavamo svoje domove ili budemo lepo obučeni ako bi naši stomaci bili skoro stalno prazni, ili ako bismo stalno umirali od žeđi".[2]

Ali pošto čovek sredstva fiziološke reprodukcije proizvodi sopstvenim radom kao svrsishodnom delatnošću, i duhovna aktivnost, a pre svega mišljenje kao najznačajnija duhovna potreba i suština ljudskog rada, neizostavni je uslov zadovoljavanja fizioloških potreba. Ako ne bismo poželeli da gladni stvaramo matematičke sisteme, ni bez znanja matematike ne bismo mogli proizvesti hranu da bismo utolili glad.

Međutim, zbog ograničenih mogućnosti zadovoljavanja, fiziološke i duhovne potrebe međusobno se i sukobljavaju jer se jedne zadovoljavaju ne samo za račun već i na račun drugih. Ako veći deo životne energije i vremena moramo da upotrebimo za obezbeđenje fiziološke egzistencije, duhovna uživanja će nam time biti prekraćena ili se radi njih moramo odricati fizioloških uživanja.

Kao što se fiziološke potrebe čovekove ne mogu zadovoljavati bez zadovoljavanja duhovnih potreba, tako se ni njegova fizička aktivnost u funkciji stvaranja sredstava fiziološke reprodukcije ne može odvijati bez duhovne aktivnosti kao osnove svake svrsishodne delatnosti, pri kojoj se, „pored naprezanja organa koji rade, traži za sve vreme trajanja rada i svrsishodna volja, koja se očituje kao pažnja".[3]

[1.] Emil Dirkem, *O podeli društvenog rada*, „Prosveta", Beograd, 1972, str. 164.
[2.] Abraham H. Maslov, *Motivacija i ličnost*, „Nolit", Beograd, 1976, str. 83, 93.
[3.] K. Marks: „Kapital", tom I, isto, str. 164.

Ali ako nema svrsishodne fizičke aktivnosti bez ikakve duhovne aktivnosti, „ne postoji ni mentalni rad koji ne bi uključivao aktivnost čitavog organizma", a „tačnija ispitivanja pokazala su da je svaki mentalni rad najuže povezan s mišićnim radom, i to u tolikoj meri da prema mišljenju mnogih modernih istraživača mentalni rad uopšte i nije moguć bez te motorne komponente".[1]

Zbog neodvojivosti fizičkog i umnog, nema apsolutne podvojenosti ni proizvodnog i stvaralačkog rada. Svaki proizvod ljudskog rada nekakav je ljudski *izum*, kao što svaki stvaralački rad za svoj rezultat ima neki *proizvod*. I kao što svaki proizvodni proces znači neko *stvaranje*, tako i svako stvaranje podrazumeva nekakvo *proizvođenje*. Zato se neki rad može okvalifikovati kao proizvodni ili stvaralački samo u zavisnosti od toga šta u njemu kao glavna svrha dominira: *proizvod* stvaranja ili samo *stvaranje*.

Upravo zbog neodvojivosti fizičke i umne, odnosno proizvodne i stvaralačke aktivnosti, dolazi, usled ograničenih proizvodnih i stvaralačkih mogućnosti, i do njihovog sukobljavanja, jer ukoliko se više radi fizički, manje se može raditi umno, i što je veće iscrpljivanje proizvodnom, manja je mogućnost bavljenja stvaralačkom delatnošću, i obratno.

To sukobljavanje neizbežan je ishod međusobne suprotstavljenosti osnovnih funkcija i odgovarajućih oblika radne aktivnosti. U funkciji zadovoljavanja fizioloških potreba, ljudski rad je *sredstvo*, a u funkciji zadovoljavanja duhovnih potreba *svrha*, odnosno sama duhovna potreba; u prvoj je *svrsishodna*, u drugoj *samosvrsishodna* delatnost. Kao proizvodna delatnost, on je pretežno *fizička*, a kao stvaralačka delatnost pretežno *umna* aktivnost.

U obliku proizvodne delatnosti rad se otuđuje od proizvođača i suprotstavlja mu se „kao *tuđe biće*, kao *sila nezavisna* od proizvođača". A „neposredna posljedica toga što je čovjek otuđen proizvodu svoga rada, svojoj životnoj djelatnosti, svojoj rodnoj suštini, jest otuđenje *čovjeka od čovjeka*", jer „ako se čovjek sam sebi suprotstavlja, njemu se suprotstavlja *drugi čovjek*".[2]

Subjektivni izraz tog neizbežnog objektivnog otuđenja jeste da se radnik „u svom radu ne potvrđuje, nego poriče, da se ne osjeća sretnim, nego nesretnim, da ne razvija slobodnu fizičku i duhovnu energiju, nego mrcvari svoju prirodu i upropaštava svoj duh", da se „osjeća kod sebe tek izvan rada, a u radu se osjeća izvan sebe", zbog čega „njegov rad nije dobrovoljan, nego prinudan, *prisilan rad*",[3] koji se ne obavlja zato što se želi već zato što se *mora*.

Nasuprot otuđujućem proizvodnom radu, stvaralački rad predstavlja slobodno ispoljavanje stvaralačkih snaga, kojim se vrši samopotvrđivanje ljudskog bića. Pošto osnovni smisao stvaralačkog rada nije proizvod rada već samo stvaranje, on se objektivno ne može otuđiti, te niko drugi sem samog stvaraoca ne može uživati u toku

---

[1.] Zoran Bujas, cit. rad, str. 9. i 33.
[2.] K. Marks: Ekonomsko-filozofski rukopisi iz 1844. godine, K. Marks, F. Engels *Dela*, tom III, isto, str. 218. i 222.
[3.] Isto, str. 219.

stvaranja. To uživanje nije, međutim, egocentričke prirode, i subjekt stvaranja ne samopotvrđuje se samo u njemu samom već i u drugim ljudima jer se ne stvara za sebe nego za druge, te je za stvaraoca najveća tragedija ako njegovo stvaranje nikog ne interesuje. Zato stvaralački rad, za razliku od proizvodnog rada, nije faktor otuđivanja već faktor razotuđivanja i zbližavanja ljudi.

Kao slobodno ispoljavanje stvaralačkih snaga, stvaralaštvo je, nasuprot prinudnom proizvodnom radu, *slobodna igra* ljudskog uma, kako se i subjektivno doživljava jer se protivrečnost rada kao objektivne nužde i subjektivne potrebe ovde zapravo prevazilazi. I „definiše li se prema karakteru zadovoljstva i nezadovoljstva, lako je navesti dokaz da rad i igra ponekad znače isto",[1] jer je duhovno zadovoljstvo suštinska karakteristika i stvaralačkog rada i igre, a prava generička igra ljudskog bića zapravo i jeste samo duhovno stvaralaštvo. Dok se protivrečnosti ljudskog rada nisu razvile, on se nije ni odvajao od igre, pa „neki australijski urođenici imaju istu riječ za rad i igru".[2]

Pošto rad čini suštinu čoveka, protivurečnosti njegovog rada u suštini su protivrečnosti njegovog bića, koje je razapeto između onog što želi i onog što mora da radi, iz čega proističu sva njegova zadovoljstva i nezadovoljstva, sve slobode i sva robovanja, sve sreće i sve nesreće. Već sam za sebe „rad može da bude aktivnost zbog koje život postaje zanimljiv i pun svrhe, ali može da bude i izvor muke i ogorčenja",[3] može se „doživljavati kao ispaštanje ili kao plodno izražavanje sebe, kao obaveza ili razvoj čovjekove univerzalne prirode".[4]

Zbog toga je ljudska jedinka ne samo u stalnom identifikovanju, već i u stalnom sukobljavanju sa samom sobom, iz čega proističe potreba ne samo za identifikovanjem već i za sukobljavanjem i s drugima. Iz protivrečnosti ljudskog rada izviru osnovne protivrečnosti ljudske jedinke i ljudske zajednice, što govori da je sudbina i jedinke i zajednice u njihovom radu.

Te protivrečnosti krajnji su uzročnik i ličnih i društvenih poraza i pobeda, padova i uspona, frustracija i relaksacija, jer one su kao hiroviti vrtlog u kojem se i gubi i dobija životna snaga. Napor da se razrešavanjem postojećih protivrečnosti tim vrtlogom ovlada, predstavlja pokretačku snagu razvoja i ljudske jedinke i ljudske zajednice.

3. Razrešavanje protivrečnosti ljudskog rada

Protivrečnosti ljudskog rada izražavaju, u stvari, protivrečan odnos čoveka i prirode. Fizičkom aktivnošću čovek se uklapa u prirodu, duhovnom aktivnošću joj se suprotstavlja. Kao organsko jedinstvo fizičke i duhovne aktivnosti, proizvodni rad je autentični izraz te protivrečnosti. Pre ljudske proizvodnje postojala je samo priro-

---

[1] J.A. Brown, *Socijalna psihologija u preduzeću*, „Privreda", Zagreb, 1962., str. 126.
[2] Branko Horvat, *Politička ekonomija socijalizma*, „Globus", Zagreb, 1984, str. 428.
[3] D.C. Miller – V.H. Form, cit. rad, str. 158.
[4] C. Wright Mills, *Bijeli ovratnik*, „Naprijed", Zagreb, 1979, s. 199.

da, tek nakon ljudske proizvodnje postojaće priroda *i* čovek kao *posebno* prirodno ili „natprirodno" biće. U toku same proizvodnje čovek je jednom nogom još u životinjskom, a samo drugom nogom u sopstvenom carstvu. Razvoj proizvodnje jedini je mogući put iz prvog u drugo carstvo.

Prirodna je težnja ljudskog bića da iz životinjskog carstva što pre iskorači u sopstveno carstvo da bi umesto robovanja prirodi zagospodario prirodom. Ta težnja glavna je pokretačka snaga razrešavanja osnovnih protivrečnosti ljudskog rada, koje se ne mogu razrešiti snagom ljudskog tela već samo snagom ljudskog uma.

Svojom fizičkom snagom čovek ne samo što ne može zagospodariti prirodom nego se u njoj ne bi mogao ni održati. Njegova dominacija nad ostalim svetom zasniva se isključivo na snazi njegovog uma, koja po svojoj prirodi dominira nad fizičkom snagom, što se izražava i kroz narodnu izreku: „Um caruje, snaga klade valja". Samo zahvaljujući snazi svog uma čovek je zapravo i uspeo da se otrgne od ostalog sveta, kojim gospodari samo utoliko ukoliko mu to njegove umne sposobnosti omogućavaju.

Ali čovek se nikada ne zadovoljava postignutim, on je „životinja koja neprestano nešto želi i koja retko kad dostiže stanje potpunog zadovoljenja".[1] Njegovim težnjama nema kraja, i hteo bi ne samo da je nadmoćno, već i svemoćno biće, što izražava i kroz sopstveno projiciranje u „svevišnjem", kojeg ne zamišlja kao svemoćno fizičko, već kao svemoćno *duhovno* biće. Prema Talmudu, „s deset je riječi stvoren svijet",[2] Aristotel je boga zamišljao „kao čist akt ili kao mišljenje mišljenja",[3] a Hegel ga je izjednačavao s umom.[4]

Što je, međutim, snaga ljudskog uma više jačala, veru u neograničenu moć izmišljenih bića sve više je zamenjivala vera u stvarnu moć ljudskog bića, pa još u ranoj kineskoj misli „pojava civilizacije nije pripisivana božanskoj volji nego umu drevnih mudraca".[5] I kada „uloga čovjeka nije više pokoravanje nekome ili nečemu, već osvajanje, razaranje i preoblikovanje svega što je prema njegovoj zamisli i mjeri, čovjek postaje osvajač i stvaralac, i u tom smislu preuzima ulogu logosa i božanstva".[6]

Ali čovek nije obuzet duhovnim peokupacijama samo radi jačanja svoje moći već i zato što kao duhovno biće oseća odbojnost prema jednostranoj, monotonoj i rutinskoj fizičkoj aktivnosti. „Rad u kojem uživaju slobodne životinje, kao što su dabrovi, pčele, ose, mravi, za čoveka je mučenje kojeg se oslobađa čim stekne slobodu",[7] jer on uživa samo u složenom, raznovrsnom i stvaralačkom radu, pa i „zadovoljstvo radnika često raste sa složenošću izvršenih operacija".[8]

---

[1] Abraham H. Maslov, cit. rad, str. 83.
[2] *Talmud*, „Otokar Keršovani", Rijeka, bez god. izd.
[3] Branko Bošnjak, *Filozofija i kršćanstvo*, „Naprijed", Zagreb, 1946–1966., str. 233.
[4] Filozofija povijesti, isto, str. 50
[5] *Srednji vek i renesansa*, „Narodna knjiga" – „Vuk Karadžić" – „Rad" Beograd, 1984, str. 354.
[6] Stjepan Holadin, *Industrijska sociologija*, Fakultet građevinskih znanosti, Zagreb, 1983, str. 15.
[7] Charles Fourier, *Civilizacija i novi societarni svijet*, „Školska knjiga", Zagreb, 1980, str. 158.
[8] Georges Friedmann, *Razmrvljeni rad*, isto, str. 42.

Zato čovek teži da se oslobodi i proizvodnog rada ukoliko u njemu preovlađuje jednostrana i monotona fizička aktivnost, pa radnik „svoje najbolje snage štedi za ono što će raditi izvan rada".[1] Istraživanja „koja su proveli sovjetski sociolozi pokazuju da jednaki postotak sovjetskih građana i građana kapitalističkih zemalja ne žele da budu radnici ili seljaci, i da većina radnika ne bi želela da njihova deca postanu radnici".[2]

Glavni put za oslobađanje od proizvodnog rada jeste podizanje njegove produktivnosti, kojom se na tom putu postiže dvojaki efekat: skraćivanje potrebnog radnog vremena i stvaranje sve veće količine upotrebnih dobara sa sve manje rada. Skraćivanjem radnog vremena povećava se slobodno vreme, a povećavanjem mase upotrebnih dobara, uz smanjivanje uloženog rada neophodnog za njihovu proizvodnju, oslobađa se radna energija za slobodno stvaralaštvo.

Radi toga, glavna pažnja čovekova usmerena je na unapređivanje tehnologije, organizacije i ekonomije proizvodnog rada, s jedinstvenim ciljem da se sa što manje ljudskog rada proizvede što više. Zahvaljujući tome, njegova težnja da se oslobodi fizičkog i proizvodnog rada da bi se posvetio duhovnom stvaralaštvu, sve više se ostvaruje.

Taj proces odvija se ubrzanim tempom, pa je samo u poslednjem stoleću radno vreme prepolovljeno, a slobodno vreme praktično izjednačeno sa radnim vremenom. Pored toga, i radno vreme ispunjava se intelektualnom sadržinom, pa se granica između radnog i slobodnog vremena sve više briše. „U vrhunskih intelektualnih radnika postupno se gubi razlika između „radnog" i „slobodnog vremena", te „zapravo cjelokupno raspoloživo vrijeme postaje sve više interesantno, ugodno i privlačno stvaralačko samodjelovanje".[3]

Potiskivanjem ljudskog rada iz neposredne proizvodnje sužavaju se proizvodne, a šire neproizvodne delatnosti, čime se istovremeno smanjuje broj fizičkih, a povećava broj umnih radnika. „U SAD je 1900. godine 41% od 28,7 miliona radnika bilo zaposleno u bazičnoj privredi (poljoprivreda, šumarstvo, ribarstvo i rudarstvo), 28% u prerađivačkoj industriji i 31% u uslužnim delatnostima. Godine 1960. 10% od 68,7 miliona radnika bilo je zaposleno u bazičnoj privredi, 32% u prerađivačkoj industriji i 58% u uslužnim delatnostima".[4] U „savremenoj industrijskoj proizvodnji u razvijenim zemljama ljudska radna snaga predstavlja svega jedan posto celokupne radne, odnosno pogonske snage – sve ostalo je mehanička energija".[5]

Proizvodni rad sve više i sve brže ustupa mesto stvaralačkom radu. „Devet desetina naučnika koje je čovečanstvo iznedrilo od svog postanka živi i danas. Više smo napredovali za četiri decenije nego za 40 vekova. Devedeset devet odsto naših

---

[1] Isto, str. 152.
[2] Branko Horvat, cit. rad, str. 71.
[3] Dr Adolf Dragičević, *Ekonomsko oslobađanje rada*, „Narodne novine", Zagreb, 1981. str. 145.
[4] D. R. Dejvis, V. Dž. Šeklton, *Psihologija rada*, „Nolit", Beograd, s. 10.
[5] Dr Janez Stanovnik, *Kriza kapitalizma i novi međunarodni ekonomski poredak*, Centar za marksističko obrazovanje OSK Beograda, Beograd, 1977, str. 18.

znanja dugujemo ljudima koji i danas žive. Krivulja naučnog napretka, koja ide od otkrića vatre do osvajanja vasione, naglo se penje okomito krajem 19. veka, a nešto pre sredine našeg stoleća teži da se izjednači sa vertikalom".[1] A u slobodnom vremenu, „kao gljive niču koještarije (dada), amatersko bavljenje raznim zanatima i igrama (art and craft hobbies), kojima se pridružuju svakovrsni aktivni oblici razonode, kao fotografisanje, keramika, elektronika, radio itd."[2]

Time čovečanstvo praktično već ulazi u sopstveno „carstvo slobode", koje „počinje tek tamo gde prestaje rad koji je određen nevoljom i spoljašnjom svrsishodnošću", i „po prirodi stvari leži s one strane oblasti same materijalne proizvodnje", gde „počinje razvitak ljudske snage, koji je svrha samom sebi".[3] To je veličanstvena pobeda čoveka nad prirodom, kojom počinje suvereno da vlada umesto da ona vlada njime.

Ali ta pobeda je relativna jer ovladavanje čoveka prirodom isto je što ovladavanje prirode samom sobom pošto je i čovek deo prirode. U slobodnoj stvaralačkoj igri čovekovoj priroda, u stvari, dostiže takav nivo kretanja kada počinje da se poigrava sa samom sobom, ali nema nikakvih dokaza da je to i najviši nivo njenog kretanja. Neosnovano je i pretpostavljati da je u beskrajnoj i veoma raznovrsnoj vasioni čovek jedino umno i najumnije biće, kao što se može samo nagađati i o granicama njegovog sopstvenog intelektualnog razvoja.

Ako neodoljivoj čovekovoj težnji za napredovanjem nema kraja, ne može biti kraja ni njenom ostvarivanju ukoliko joj se na putu ne ispreči neka nesavladiva sila ili ukoliko sopstvenom nepromišljenošću čovek svoju egzistenciju sam ne prekrati. A sav dosadašnji ljudski vek predstavlja samo porođajne muke prirode u rađanju jednog novog bića, čiji generički vek tek počinje.

UNAPREĐIVANJE TEHNOLOGIJE, ORGANIZACIJE I EKONOMIJE PROIZVODNOG RADA

1. Razvijanje proizvodne tehnologije

Najneposredniji uticaj na povećavanje proizvodnje i oslobađanje ljudskog rada ima unapređivanje proizvodne tehnologije, čiji je osnovni smisao da se sa što manje rada proizvede što više. Po E. F. Šuljmanu, „pojam progresivne tehnologije podrazumijeva iskorištavanje posljednjih dostignuća nauke i tehnike koja osiguravaju primjenu najmanje količine najjeftinijeg i visokokvalitetnog materijala, uz najmanje vrijeme obrade, uz najmanju količinu pokreta, uz najmanji utrošak energije i uz optimalan kvalitet proizvedenih proizvoda",[4] odakle proizlazi i „zadatak tehnologa da

---

[1] Cit. Roberta Openhajmera, dr Dragiša Milićević, *Činioci proizvodnje i dohodak*, Institut društvenih nauka, Beograd, 1971, str. 63.
[2] Georges Friedmann, *Razmrvljeni rad*, isto, str. 152.
[3] K. Marks: „Kapital", III tom, K. Marks, F Engels, *Dela*, isto, tom 23, str. 682.
[4] *Protočna proizvodnja*, „Panorama", Zagreb, 1964, str. 13.

tačno analizuje svaki radni postupak određenog rada, tako da isključi svaki nepotrebni postupak, u cilju pronalaženja najbrže i najbolje metode za izvođenje svakog rada".[1]

Taj cilj je od samog nastanka ljudskog rada ostvarivan pre svega *racionalizacijom svrsishodne upotrebe ljudske radne snage,* koja se postiže, s jedne strane, *prilagođavanjem radnika sredstvima rada,* a, s druge strane, *prilagođavanjem sredstava rada radniku.* Obostranim prilagođavanjem podizana je ekonomija pokreta, koja se, u suštini, svodi na njihovo obavljanje sa što manjim utroškom radne energije.

Prilagođavanje radnika sredstvima rada sastoji se u njegovom ovladavanju tim sredstvima, tako da se ona u procesu rada što jednostavnije i sa što manje napora koriste, što se postiže kako prenošenjem već stečenih znanja putem teorijske i praktične obuke, tako i ličnim iskustvom koje radnik sam stiče u procesu rada. A prilagođavanje sredstava rada radniku postiže se, pre svega, takvom konstrukcijom mehaničkih naprava koja odgovara prirodnim pokretima radnika i omogućava što prirodniji položaj njegovog tela; doprinosi racionalizaciji radnih pokreta; smanjuje fizičko i psihičko naprezanje radnika i potrebni utrošak njegove radne energije.

Ekonomija pokreta koja se time postiže, ostvaruje se naročito: eliminisanjem suvišnih pokreta i međupokreta; skraćivanjem pojedinih pokreta i međupokreta eliminisanjem njihovih suvišnih elemenata; kombinacijom i sinhronizacijom različitih pokreta; ritmičkim i automatskim obavljanjem pokreta; elastičnošću kretnji s blagim i gipkim prelazima između mikropokreta; rasterećivanjem pokreta oslobađanjem od nepotrebnog tereta, oslanjanjem na prirodne sile teže, inercije i sl.; racionalnim rasporedom alata i sirovina; optimalizacijom područja dohvata i internog transporta.

Glavni predmet racionalizacije od početka su bili *pokreti ruke,* koja je kao glavna pogonska poluga ljudske radne snage istovremeno bila glavno, a u početku i jedino sredstvo rada. Još dok u funkciji oruđa za rad nije koristio nikakve spoljašnje predmete, čovek je samu ruku morao da uvežbava da bi je neposredno što efikasnije koristio u samoodbrani i pribavljanju neophodnih sredstava za život, pa je zahvaljujući vekovnom vežbanju ona osposobljena za precizno obavljanje i najfinijih radnih operacija uz minimalno zamaranje.

To je bila *prva* i najduža istorijska *faza* racionalizacije radnih pokreta, kada je ruka korišćena kao *neposredno* sredstvo rada. *Drugu fazu* predstavlja racionalizacija pokreta u *rukovanju* spoljašnjim predmetima kao sredstvima rada, kada ruka funkcioniše samo kao pokretačka poluga u svrsishodnom usmeravanju tih predmeta prema predmetu rada.

Proces racionalizacije tekao je u toj fazi od proizvodnog *svaštarenja* do krajnje *specijalizacije,* koja svođenjem na jednolične mehaničke pokrete znači ukidanje svake specijalizacije. Najpre je ljudska ruka osposobljena da istim ili sličnim alatkama proizvodi sve, a zatim da specijalnim alatkama proizvodi samo određene proiz-

---

[1.] H. B. Maynard, *Oblikovanje rada,* „Privreda", Zagreb, 1962, str. 24.

vode ili delove proizvoda, dok najzad nije zamenjena veštačkim pogonskim mehanizmima kojima je pridodata kao pomoćna poluga, s beznačajnom ili gotovo nikakvom veštinom rukovanja.

Veština rukovanja, koja je sve vreme poticala i razvijana iz moždanog centra, prenosi se sada na snažnije i preciznije veštačke „ruke" koje rade i bez jedne jedine kalorije ljudske energije. Time se racionalizacija ljudskih pokreta u neposrednom procesu proizvodnje, koja uz pokrete ruku zahvata pokrete celog ljudskog organizma, dovodi do samog kraja, sa postizanjem maksimalnog efekta koji se na taj način uopšte može postići.

Potpuna zamena ljudskih ruku i ljudskog organizma ne bi, međutim, bila moguća bez *zamene ljudske energije prirodnom energijom.* Ljudske ruke i ljudski organizam pokreću se ljudskom energijom, i da bi oni bili zamenjeni, mora biti zamenjena i njihova pogonska energija, što zapravo i jeste jedinstveni cilj tehnološkog progresa.

Čovek je svoju radnu energiju najpre počeo da zamenjuje izvornom prirodnom energijom iz neposredno dostupnih prirodnih izvora – sunca, vode, vazduha, koju je sa usavršavanjem odgovarajućih tehničkih sredstava sve više koristio u proizvodne svrhe. To je *prva istorijska faza* zamene ljudske energije, kada je prirodna energija korišćena samo ukoliko ju je sama priroda stavila čoveku na raspolaganje.

Druga faza – faza mehanizacije nastaje pronalaskom i proizvodnom primenom vatre, kada čovek pogonsku energiju počinje sam da proizvodi i u proizvodne svrhe koristi nezavisno od neposrednih prirodnih izvora. Zato je počev od upotrebe vatre primena svakog novog oblika pogonske energije (vodene pare, električne i atomske energije) izazivala radikalne promene u načinu proizvodnje, koje su istovremeno značile veliko napredovanje i u oslobađanju ljudske energije iz proizvodnog procesa.

Mehanizacijom se ne vrši prosta zamena ljudske energije mehaničkom energijom. U proces proizvodnje uvode se i funkcionalnije i snažnije vrste energije od one koja se iz njega oslobađa, a količina angažovane energije stalno se povećava, što omogućava da proizvodnja rapidno raste, bez čega životno izobilje, kao bitna pretpostavka potpunog oslobođenja čoveka od neposredne proizvodnje, ne bi bilo dostižno.

Mehanička energija stalno je u funkciji svrsishodnog ljudskog delovanja, koje se povlačenjem iz neposredne proizvodnje koncentriše na komandnim pozicijama, odakle diriguje celokupnom proizvodnjom. U funkcionalnom pogledu, ona je, u stvari, samo nadopuna ljudske energije, njene ograničene moći, dostatnosti i funkcionalnosti. Sve što ne može da postigne sopstvenim silama, čovek postiže uprezanjem u svoj jaram prirodnih sila, koje može da koristi samo ako njima sam upravlja.

Kao što je mehanička energija nadopuna ljudske energije, tako je *proizvodna tehnika* nadopuna ljudskog organizma kao radnog tela, a jedna nadopuna morala je ići s drugom da bi oslobađanje ljudskog rada napredovalo. Uvođenje novih vrsta energije podrazumevalo je i uvođenje odgovarajuće nove tehnike kao nadopune nedovoljno snažnih i nedovoljno savršenih organa ljudskog organizma.

U funkciji radnog organa, ruka nije dovoljno snažna i savršena ni za optimalno korišćenje ljudske energije, zbog čega je otpočetka usmeravana ka spoljašnjim sredstvima kao pomoćnim organima. Čak i neobrađeni prirodni predmeti značili su u ljudskoj ruci veliko pojačanje i značajno pomagalo u obavljanju svrsishodnih operacija dolaženja do hrane i zaštite od neprijatelja.

Iako se još nije radilo o proizvodnim sredstvima jer se ništa nije ni proizvodilo, bila je to *polazna* i sigurno najdugotrajnija istorijska *faza tehnološkog opremanja* ljudskog rada, kada je svaki veštiji pokret u rukovanju spoljašnjim predmetima značio relativno veliki napredak ukoliko je davao veći efekat. Jer i najgrublji kamen znači mnogo više u ruci veštog nego u ruci neveštog bacača.

Druga faza, koja se može nazvati fazom ručnih alatki ili *manuelne proizvodnje*, značila je znatno brže napredovanje, koje je ostvareno zahvaljujući upotrebi obrađenih i mogućnostima ljudskog organizma prilagođenih spoljašnjih predmeta kao sredstava rada. Proces tehničkog opremanja proizvodnog rada, koji i počinje s izradom oruđa za rad, tekao je od primitivne izrade univerzalnih do najfinije izrade specijalizovanih alatki, čime je omogućeno da se i proizvodnja na odgovarajućoj tehnološkoj osnovi razvija, od svaštarske do specijalizovane izrade sredstava za ličnu potrošnju.

Najdinamičniji razvoj proizvodne tehnike ostvaruje se, međutim, u *trećoj fazi* – fazi *mašinizacije*, kada se na bazi zamene ljudske energije mehaničkom energijom ljudski organizam zamenjuje snažnijim i savršenijim veštačkim mehanizmima. Čelična šaka zamenjuje ljudsku šaku, fotoelektrična ćelija – oko, plinski detektor – čulo mirisa, mikrofon – uho, električni mikrometar – čulo dodira, a njihovim povezivanjem pomoću elektronskog mozga u jedinstven telekomunikacioni sistem nastavlja se proces mehaničke supstitucije ljudskog mozga i nervnog sistema u celini.

Mehanizacija i mašinizacija u suštini predstavljaju organsku transformaciju ljudske proizvodnje u *savremenu automatizovanu proizvodnju*, koja se odvija bez neposrednog učešća čoveka. Ona počinje od najprostijih fizičkih operacija i zamene najjednostavnijih muskulatornih organa ljudskog organizma, pa preko sve složenijih radnih operacija teži da zahvati i najsloženije umne operacije uz zamenu najviših moždanih centara. Potpuna automatizacija proizvodnje, kojoj ljudski rod po svojoj prirodi teži, jedino je i moguća uz potpunu zamenu ljudskog organizma veštačkim organizmima.

Potpuna automatizacija samo je završetak dugotrajnog istorijskog procesa oslobađanja čoveka od proizvodnog rada, koji traje koliko i sam proizvodni rad. Nestajanje proizvodnog rada čoveka počinje u stvari već s njegovim nastajanjem jer je čovek od početka ne samo težio da ga se oslobodi već ga se, stalnim unapređivanjem proizvodnih metoda i postupaka, i oslobađao. Tako je on iz neposredne proizvodnje počeo da izlazi čim je u nju ušao, i što je u probleme proizvodnje više ulazio, to je iz nje više izlazio.

U manuelnoj proizvodnji čovek je glavna proizvodna snaga jer je ne samo glavni izvor radne energije nego i glavni nosilac radnih operacija. Spoljašnji predmeti samo su *pomoćna* sredstva kojima *on rukuje*, ali i pomoću njih se od neposredne proizvodnje sve više otrže jer što ih više upotrebljava, utoliko se sam manje troši i za toliko se njegova energija više oslobađa, a njegov organizam manje zamara.

Mehanizacijom i mašinizacijom čovek se kao neposredni proizvođač potiskuje na samu periferiju proizvodnog procesa jer se sad pretvara u pomoćno sredstvo spoljašnjeg mehanizma koji zauzima centralno mesto u proizvodnom procesu. Dok se „u manufakturi i zanatu radnik služi alatom, u fabrici on služi mašini. Tamo kretanje sredstva za rad polazi od njega, ovde on mora da ide za njegovim kretanjem. U manufakturi radnici sačinjavaju udove jednog živog organizma. U fabrici postoji mrtav mehanizam, nezavisan od njih, a oni su mu pripojeni kao živ dodatak" i „sad sredstva za proizvodnju više ne upotrebljava radnik, već sredstva za proizvodnju upotrebljavaju radnika. Umesto da on njih troši kao materijalne elemente svoje proizvodne delatnosti, ona troše njega kao ferment svog vlastitotg životnog procesa".[1]

Ali to je nezaobilazni put povlačenja čoveka iz neposredne proizvodnje, koje se ne može odjednom osloboditi. Na periferiji proizvodnog procesa on ostaje samo do potpune automatizacije, s kojom ga sve više i sve brže u potpunosti napušta, da bi njime ponovo ovladao ali ne kao njegova unutarnja već kao spoljašnja snaga, koja ga kreira i usmerava isključivo snagom svoga uma.

Čovek ne prestaje da proizvodi, ali prestaje da proizvodi neposredno, čime se oslobađa samo nepoželjne fizičke delatnosti kao nezamenljivog činioca svake proizvodnje. Kao nužan uslov fiziološke reprodukcije, proizvodnja materijalnih dobara i dalje je neophodna, ali ukoliko je automatizovana, ona za čoveka više nije prinudna, nego slobodna delatnost koju ne obavlja zato što *mora* već zato što *želi*.

Fizičkih operacija u neposrednom procesu proizvodnje čovek se, međutim, ne može osloboditi ukoliko se ne oslobodi određenih umnih operacija koje su s njima neposredno povezane. Stoga i one moraju da budu objektivizirane i, prenošenjem na spoljašnje mehanizme, od neposredne ljudske delatnosti odvojene kao posredna karika između čoveka i materijalnih činilaca proizvodnje. I zato se „između čovjeka i prirode, odnosno stroja koji prirodu obrađuje", u automatizovanoj proizvodnji „umetnuo jedan novi sistem obavještavanja i komunikacija",[2] koji neposredno upravlja proizvodnim procesom.

Automatizovanjem svih rutinskih (i fizičkih i umnih) operacija, proizvodna delatnost čoveka svodiće se sve više na stvaranje novih tehnologija, čijem širenju i unapređivanju nema kraja. Time će se, u stvari, sve više ostvarivati sama suština ljudskog rada, koja zapravo i jeste u stalnom i beskrajnom novotarenju, odakle i proističe toliko neodoljiva težnja za prevladavanjem svega što je rutinsko, jednolično i monotono.

S razvijanjem sredstava rada menjaju se na liniji sve veće racionalizacije i *predmeti rada*. Najpre i najduže čovek je i kao sredstva rada i kao predmete rada upotrebljavao neobrađene *prirodne predmete*. Upotrebna dobra nisu samo sakupljana

---

[1] K. Marks: *Kapital* I, isto, str. 374. i 379.
[2] Dr Rudi Supek, *Automatizacija i radnička klasa*, „Božidar Adžija", Zagreb, 1965, str. 55.

nego su dugo i proizvođena, pa i korišćena u njihovom prirodnom obliku. U tom pogledu *početna faza* ljudske proizvodnje može se označiti fazom *prirodne proizvodnje*, kada čovek na predmetu svog rada još ništa ne menja, ali njihovom proizvodnjom u prirodnom obliku štedi i vreme i energiju u odnosu na sakupljačku aktivnost.

U *drugoj fazi* prirodni predmeti se obrađuju, čime se menjaju njihova fizička svojstva prema obrađenoj nameni, odnosno u skladu s konkretnim potrebama, koje treba da zadovolje. Sada priroda ne samo da se *preoblikuje* već se stvara i po meri čovekovoj, kako radi celishodnijeg zadovoljavanja neposrednih životnih potreba, tako i radi većeg racionalizovanja same proizvodnje povećanim uštedama radnog vremena i radne energije.

Treću fazu odlikuje *prerada* prirodne materije, kojom se menjaju ne samo njena fizička nego i hemijska svojstva, da bi se dobio *novi materijal* s novim – „natprirodnim" svojstvima, kojim se postiže veća funkcionanost i u zadovoljavanju životnih potreba i u racionalizovanju proizvodnje. Nove tehnologije omogućavaju da se na bazi mehanizacije i automatizacije proizvode i novi – sve kvalitetniji i sve jevtiniji materijali, kojima se mogu ne samo celishodnije zadovoljiti stare nego „proizvesti" i nove potrebe, uz istovremeno sve veće oslobađanje čoveka od neposredne proizvodnje.

Stvaranje „neprirodnih" materijala s „natprirodnim" svojstvima predstavlja džinovski korak na liniji organske transformacije ljudske proizvodnje u stvaralačku delatnost i oslobađanja čoveka ne samo od neposredne proizvodnje već i neposredne zavisnosti od prirode. Time se ubrzano približavamo vremenu kada će čovek moći bolje od prirode da stvara sve što zamisli, pa i samog čoveka.

2. Unapređivanje organizacije proizvodnog rada

Tehologija predstavlja samo metodologiju, i samo mogućnost proizvodnje, koju teba *organizovati* da bi se proizvodilo. Tehnologija određuje *kako*, organizacija *gde*, *kada* i *čime* će se *nešto* proizvesti, s istim osnovnim ciljem da se za što kraće vreme proizvede što više. Zato su tehnologija i organizacija samo različite i neodvojive strane proizvodnog procesa.

Osnovni cilj proizvodne organizacije ostvaruje se *svrsishodnim usklađivanjem proizvodnih činilaca i proizvodnih tokova*, što upravo i čini njenu sadržinu. U težnji da istovremeno poveća i slobodno vreme i proizvodni učinak, čovek je oduvek nastojao da što potpunijim usklađivanjem proizvodnih činilaca i tokova što više skrati potrebno vreme proizvodnje, u čemu je i osnovni smisao unapređivanja proizvodne organizacije.

Pošto se proizvodni činioci i tokovi usklađuju prema unapred određenom cilju, ono u suštini predstavlja *planomernu aktivnost*, zbog čega *planiranje* čini osnovu proizvodne organizacije. Da bi se proces proizvodnje odvijao bez zastoja i sa što manje prekida, sve mora unapred da se predvidi i do detalja isplanira, tako da njegovo *operativno organizovanje* predstavlja samo *izvršenje* već utvrđenog *plana*.

Kao osnova proizvodne organizacije, „planiranje je nužnost", „nastala iz težnje da se potrebe pojedinaca i društva zadovolje uz minimalan utrošak rada, odnosno iz težnje da se za istu količinu rada ostvari što veća masa proizvoda".[1] I „ukoliko se ljudi više udaljavaju od životinja, utoliko njihovo delovanje na prirodu sve više dobija karakter smišljenog, planskog delovanja prema određenim, unapred poznatim ciljevima".[2]

Zato je i značaj planiranja sve više rastao što se proizvodnja više razvijala, a danas je ono „bitno obilježje visokoindustrijalizovanog društva"[3] i „verovatno najkritičnija funkcija u konkurentskoj i ekspandirajućoj ekonomiji" jer „greška u fazi planiranja može da bude izvanredno skupa ili čak i fatalna za konkurentnost preduzeća", dok su „ogromni dobici mogući inteligentnim planiranjem".[4]

Izuzetan značaj planiranja proističe otuda što se osnovni činioci organizovane proizvodnje moraju unapred pripremati, a svaka faza odmah nastavljati na prethodnu fazu, da bi se što više izbegli nepotrebni prekidi i zastoji. Neorganizovane proizvodnje kao svrsishodne delatnosti i nema jer je organizovanost bitno obeležje svake svrsishodne delatnosti, koja se prema zadatom cilju planski usmerava.

Da bi uopšte ispunjavala svoju svrhu, proizvodnja se pre svega mora usklađivati sa *potrebama i mogućnostima potrošnje*, jer „potrebe potrošnje određuju proizvodnju", a „određena proizvodnja određuje određenu potrošnju".[5] Pošto je osnovni i u krajnjoj liniji jedini smisao proizvodnje zadovoljavanje ljudskih potreba, promašena proizvodnja znači izgubljeno radno vreme i uzalud utrošenu radnu energiju.

Kao osnovna svrha, potrebe potrošnje oduvek su predstavljale glavni orijentir proizvodnje, prema kojem su određivani vrsta, kvalitet i obim proizvoda, te vreme i mesto proizvodnje. Dok proizvodnja još nije dostizala ni elementarne potrebe, problem njihovog usklađivanja nije se ni postavljao, a pri naturalnom načinu proizvodnje, dok je svako proizvodio uglavnom za sebe, usklađivanje je bilo sasvim jednostavno jer je vršeno samo u okviru zatvorenih gazdinstava, izvan kojih potrebe za usklađivanjem nije ni bilo.

U toj fazi tzv. mikroorganizacije, celokupna organizacija proizvodnje odvijala se u okviru samih proizvodnih jedinica unutar kojih se odvijala i celokupna proizvodnja. Ona je, međutim, postala nedovoljna čim je naturalna proizvodnja počela da prerasta u robnu proizvodnju, u kojoj se s razgranavanjem društvene podele proizvodnog rada sve više proizvodilo za druge a sve manje za sebe. Ali ne samo što je postala nedovoljna nego je interna organizacija proizvodnje sve više dolazila u sukob sa eksternom razmenom na neorganizovanom tržištu.

[1] Dr inž. Vuksan Đ. Dešić, *Metode naučne organizacije rada*, IV izd., „Naučna knjiga", Beograd, 1964, str. 167.

[2] F. Engels: „Uloga rada u procesu pretvaranja majmuna u čoveka, isto str. 371.

[3] William Foote Whyte, *Čovjek i rad*, „Panorama", Zagreb, 1966, 555.

[4] Harold B. Maynard, *Savremena organizacija proizvodnje*, „Kulturni centar", Beograd, 1979,

[5] K. Marks: „Osnovi kritike političke ekonomije", K. Marks, F. Engels, *Dela*, isto, tom 19, str. 17.

Zato je s prerastanjem proizvodnje za sebe u proizvodnju za drugoga, i njena mikroorganizacija morala da prerasta u *makroorganizaciju*, jer se umesto usklađivanja sa sopstvenim sada mora usklađivati sa tuđim, odnosno društvenim potrebama. Interna organizacija proizvodnih jedinica time se ne ukida već izrasta u širu *društvenu organizaciju* unutar koje se odvija kao njena bazična potfunkcija.

Pošto društvene makroorganizacije nije moglo da bude zbog međusobne konkurencije, prvi korak na liniji njenog uspostavljanja bilo je međusobno gušenje izolovanih proizvođača, koje je, naročito preko sve učestalijih kriza hiperprodukcije, nanosilo velike gubitke proizvodnih snaga. Iz tog gušenja proistekla je društvena monopolizacija proizvodnje i tržišta, koja je omogućila njihovo *monopolsko makrousklađivanje*, kao najprimitivniji i na društvenu prinudu oslonjen oblik makroorganizovanja društvene reprodukcije. Što nije postignuto putem tržišne konkurencije, urađeno je pomoću nasilne nacionalizacije dok se ključni deo reprodukcije nije našao pod monopolskom kontrolom države i moćnih korporacija, koje društvenu makroorganizaciju drže u svojim rukama.

Ali pošto monopolsko usklađivanje proizvodnje i potrošnje sputava masovnu stvaralačku inicijativu i proizvođača i potrošača, koja je glavna pokretačka snaga dalje racionalizacije i transformacije ljudske proizvodnje u slobodno stvaralaštvo, ono mora da bude prevaziđeno *slobodnim usklađivanjem* i *samoorganizovanjem*, bez posredovanja i bez spoljašnje prinude.

Prve začetke takvog usklađivanja proizvodnje i potrošnje predstavljaju *dugoročna ugovaranja* između proizvođača i potrošača, kojima se realizacija ugovorene proizvodnje unapred obezbeđuje, a njeno planiranje zasniva na pokazateljima stvarnih potreba i mogućnosti potrošnje. Njihovim širenjem stvara se osnova jednog novog sistema makrousklađivanja i organizovanja društvene reprodukcije, koji će spolja nametnutu monopolsku organizaciju učiniti izlišnom.

Takvo organizovanje može se razvijati samo na naučnoj osnovi i pomoću naučnih istraživanja složenih uslova i odnosa društvene reprodukcije, zbog čega se s razlogom govori o *naučnoj organizaciji savremene proizvodnje*. A polaznu i neizostavnu osnovu celokupnog planiranja i organizovanja savremene proizvodnje predstavlja temeljito ispitivanje tržišta, potreba i mogućnosti potrošnje.

Dok monopolska organizacija tipiziranom masovnom proizvodnjom nameće i tipiziranu masovnu potrošnju, slobodna naučna organizacija omogućava diferenciranu proizvodnju i diferenciranu potrošnju prema konkretnim i slobodno izraženim potrebama potrošača. To je i neophodan uslov organske transformacije rutinske proizvodnje u novatorsku delatnost, sa stalnim inoviranjem i proizvodnje i potrošnje, kojim se razrešavaju njihove tradicionalne protivrečnosti.

Potrošnja se inovira stalnim kultiviranjem postojećih i izazivanjem novih potreba same proizvodnje, koja se radi toga i radi sopstvenog održavanja i sama stalno inovira. Stvaranjem novih proizvoda stvaralačka proizvodnja povlači i novu potrošnju, stvarajući time stalno novu osnovu i za njihovo međusobno usklađivanje.

Usklađivanje proizvodnje i potrošnje polazna je osnova i za racionalno *usklađivanje proizvodnih činilaca*, s kojima se mora ući u proizvodni proces da bi se dobila određena produkcija prema potrebama potrošnje. Vrsta, kvalitet i obim proizvoda koji treba proizvesti određuju vrstu, kvalitet i obim proizvodnih činilaca, čijim su raspolaganjem, s druge strane, određene mogućnosti proizvodnje, pa se sa glavnim činiocem, koji presudno utiče na mogućnost proizvodnje određenog proizvoda, usklađuju svi ostali činioci.

Kao glavni činilac proizvodnje, *zemlja* je dugo bila i glavni stožer proizvodne organizacije prema kojem su se ravnali ostali činioci, i pre svega radna snaga, s čijim je proizvodnim potrebama, dalje, usklađivano opremanje relativno nerazvijenim oruđima rada. Kad je obradive zemlje bilo previše, robovska radna snaga popunjavana je novim porobljavanjem, a kad je na pretek bilo radne snage, ona je morala da se raseljava na slobodna i nedovoljno obrađena zemljišta.

Ukoliko je s razvijanjem robne proizvodnje kapital postajao glavni proizvodni činilac, koji presudno utiče na mogućnosti proizvodnje, *postojani kapital* umesto zemlje postajao je glavni stožer proizvodne organizacije. Radna snaga je iznajmljivana, a sirovine, pogonska energija i repromaterijal nabavljani prema instaliranim kapacitetima proizvodne tehnike da bi se obezbedilo njeno rentabilno korišćenje.

Dok nedovoljno korišćenje zemlje kao prirodne blagodeti ne košta ništa, nerentabilno korišćenje kapitala kao proizvoda ljudskog rada dovodi u pitanje i sam opstanak njegovih vlasnika. Zato je pri naturalnoj proizvodnji racionalno usklađivanje proizvodnih činilaca motivisano samo interesom za povećanje proizvodnje, dok pri robnoj proizvodnji ono postaje i ekonomska nužda, kojom se motivacija za racionalizaciju znatno pojačava.

Da bi instalirani kapaciteti, radi postizanja optimalne rentabilnosti, bili racionalno korišćeni, ostali činioci proizvodnje moraju da budu spremni za kontinuirano angažovanje u proizvodnom procesu, koji se ne bi smeo prekidati. Oni ni u jednom trenutku ne bi smeli da nedostaju, ali ni pretiču preko potrebnih količina, da bi, pored instaliranih kapaciteta, i sami bili racionalno korišćeni.

Što je proizvodna tehnika razvijenija, i proizvodna organizacija mora da bude savršenija, tako da se sa sve većom mehanizacijom i automatizacijom proizvodnje njeno savršenstvo približava apsolutnoj preciznosti. U automatizovanoj proizvodnji, i organizacija proizvodnog procesa mora pomoću kompjuterizacije do te mere biti automatizovana da se izbegnu sve nepreciznosti i nebudnosti živih organizatora.

Ali ukoliko proizvodnja premašuje potrebe tekuće potrošnje, proizvodni kapital postaje nepouzdan stožer racionalne organizacije, i u toj funkciji mora biti zamenjen *proizvodnim programom* usaglašenim sa postojećim ili novim potrebama potrošnje, u čijem sastavljanju odlučujuću ulogu ima znanje. I proizvodni program se više ne može prilagođavati instaliranim proizvodnim kapacitetima nego se proizvodni kapaciteti moraju prilagođavati proizvodnim programima.

Proizvodni činioci ne mogu se, međutim, uspešno uskladiti bez istovremenog *usklađivanja proizvodnih tokova*, kojim se obezbeđuje kontinuitet proizvodnog procesa. Pošto se razvijanjem proizvodne podele rada proizvodni proces razgranava na sve veći broj i uzastopnih i uporednih tokova, njegovo organizovanje postaje sve složenije.

Organizacija naturalne proizvodnje, koja se zasnivala prevashodno na prirodnim činiocima, bila je relativno jednostavna jer su i proizvodni tokovi bili predodređeni pre svega prirodnim uslovima, a pri još nerazvijenoj podeli proizvodnog rada uporednih tokova u okviru istog proizvodnog procesa nije ni bilo. Pošto su zbog toga mogućnosti racionalnog usklađivanja proizvodnih tokova bile objektivno male, proizvodna organizacija nije mogla mnogo da utiče na produktivnost rada i povećanje proizvodnje.

Prekretnicu donosi industrijalizacija, kada čovek kao glavni tvorac proizvodnih činilaca postaje i glavni dirigent proizvodnih tokova, zbog čega proizvodna organizacija postaje jedan od ključnih faktora produktivnosti. Da bi se povećavala produktivnost, sada mnoštvo međuzavisnih proizvodnih tokova koji se odvijaju i uzastopno i uporedo treba uskladiti i povezivati u jedinstven proizvodni proces, tako da se on odvija sa što više kontinuiteta i što manje diskontinuiteta.

U tom pravcu unapređivanje organizacije proizvodnih tokova išlo je od usklađivanja mikropokreta do usklađivanja čitavih delatnosti. Skraćivanjem prelaza između uzastopnih mikropokreta, pokreta, zahvata, operacija i faza, te postizanjem sve veće vremenske podudarnosti uporednih tokova zajedničke proizvodnje, skraćivano je ukupno vreme proizvodnog procesa, sve do potpunog kontinuiteta koji se ostvaruje njegovom automatizacijom.

Bez potpunog kontinuiteta automatizacija proizvodnog procesa ne bi ni bila moguća jer „u procesu automatizovane proizvodnje mora da postoji potpuna usklađenost toka procesa i faza proizvodnje u svim pogonima preduzeća. Proces ne može uspešno da funkcioniše ako nema i ako nije odgovarajućom, na naučnoj osnovi, organizacijom rada obezbeđen".[1]

U funkciji razvijanja proizvodne organizacije razvijana je i njena institucionalizacija. Svaka radikalna promena načina usklađivanja proizvodnih činilaca i proizvodnih tokova zahtevala je odgovarajuće institucionalno uobličavanje koje je omogućavalo ne samo da se ostvaruje već i da se razvija nova organizacija.

Naturalni način proizvodnje odvijao se u okviru zatvorenog porodičnog gazdinstva, kao prvog i najdugotrajnijeg oblika organizovanja, pre svega poljoprivrednih delatnosti, koje su činile okosnicu celokupne proizvodnje. Pošto je organizovanje proizvodnje bilo determinisano pretežno prirodnim uslovima, na koje se nije moglo mnogo uticati, ovaj oblik organizovanja menjao se veoma sporo sve dok nije znatnije zahvaćen robno-novčanim načinom proizvodnje.

Prerastanje zanatske radnje u manufakturu, manufakture u fabriku i fabrike u proizvodnu korporaciju diktirano je potrebama sve složenijeg organizovanja sve raz-

---

[1.] Teofanija Trivunac, *Automatizacija i kibernetika*, II izd., „Savremena administracija", Beograd, 1974, str. 11.

vijenije robne proizvodnje. Još je manufakturna organizacija počivala na složenom usklađivanju razdvojenih ali neodvojivih proizvodnih tokova koji se odvijaju jedan za drugim i jedan pored drugog. Fabrička organizacija već objedinjuje više tehnološki odvojenih proizvodnih i uslužnih jedinica, dok korporacija predstavlja ceo sistem velikog broja samostalnih ali reprodukciono međuzavisnih proizvodnih i uslužnih jedinica različitih delatnosti.

Porodično gazdinstvo vezano je za zemlju, a preduzeće za instaliranu tehniku, kao glavna sredstva proizvodnje. Pretvaranjem objektiviziranog znanja u glavno sredstvo proizvodnje celokupna organizacija vezuje se za proizvodni program, oko kojeg se okupljaju svi izvršioci, bez obzira na mesto i vreme izvršenja. Zato proizvodni program, za razliku od preduzeća i naročito porodičnog gazdinstva kao krutih organizacionih formi, predstavlja osnovu fleksibilne organizacije koja se menja sa svakom promenom programa, omogućujući punu slobodu uključivanja proizvodnih i stvaralačkih snaga u reprodukcione tokove.

Kao svrsishodno usmeravanje, organizovanje proizvodnje je po svojoj prirodi duhovna aktivnost. Usklađivanje proizvodnih činilaca i proizvodnih tokova usmerava se prema proizvodu kao unapred *zamišljenom* cilju koji predstavlja „zvezdu vodilju" celokupne proizvodne aktivnosti, tako da „na završetku proesa rada izlazi rezultat kakav je na početku procesa idejno već postojao u radnikovoj zamisli".[1]

Organizatorska funkcija stoga je samo na jednom – duhovnom polu proizvodne delatnosti, naspram fizičke aktivnosti kao izvršne funkcije na drugom polu. Kao izraz opšte proizvodne polarizacije na duhovnu i fizičku aktivnost, polarizacija na organizatorsku i izvršnu funkciju karakteristično je obeležje proizvodne delatnosti, izvan koje je praktično i nema, kao što ni proizvodne delatnosti nema bez takve polarizacije.

Takve polarizacije još nema u sakupljačkoj aktivnosti, koju umesto organizovanog usmeravanja odlikuje spontano prilagođavanje prirodnoj stihiji. Dok još nije mogao da proizvodi, čovek nije bio u stanju ni da planira pa ni da organizuje svoju aktivnost, koja stoga još nije mogla da bude izdiferencirana na organizatorsku i izvršnu funkciju.

Ali čim je otpočela ljudska proizvodnja, otpočelo je, pod težom racionalizacije, i njeno polarizovanje na organizatorsku i izvršnu funkciju. Kod individualne proizvodnje one su sjedinjene u delatnosti istog izvršioca, koji u svojoj glavi najpre isplanira šta će, kako i sa čim raditi, a gde su makar i dva izvršioca pojavljuje se tendencija bar za delimičnim razdvajanjem pomenutih funkcija. Što je više izvršilaca, ta tendencija je izraženija, pa je već „u prvobitnoj zajednici glava porodice unapred određivala – planirala – podelu rada između članova plemenske zajednice pri obradi zemlje, lovu, sakupljanju plodova i sl",[2] nadgledala i kontrolisala izvršavanje njihovih radnih obaveza.

---

[1] K. Mrks: „Kapital" I, isto, str. 163.
[2] Dr Vojislav Božić, *Sistem planiranja u udruženom radu*, „Savremena administracija", Beograd, 1980, str.5.

Jednostavnom naturalnom proizvodnjom zatvorenom u relativno mala porodična gazdinstva mogao je da rukovodi sam starešina gazdinstva, bez ičijeg posredovanja u prenošenju radnih naloga neposrednim izvršiocima. To je bio i najracionalniji način organizovanja jer proizvodni rad u kojem preovlađuje fizička aktivnost ne zahteva veliko umno angažovanje ni u njegovom organizovanju.

Što je s razgranavanjem proizvodne podele rada i širenjem industrijskih preduzeća organizacija proizvodnje postajala složenija, broj organizatora je povećavan, najpre kroz narastanje lanca radnika između glavnog organizatora i krajnjih izvršilaca, a potom, prerastanjem *linijskog rukovođenja* u *funkcionalno rukovođenje*, i kroz zamenu inokosnih organizatora kolektivnim telima sastavljenim od organizatora specijalizovanih za pojedine oblasti rukovođenja.

Prerastanjem linijskog rukovođenja u funkcionalno rukovođenje vrši se u stvari istorijska transformacija *autokratskog* organizovanja u *demokratsko* organizovanje proizvodnje. Ukoliko proizvodni rad prerasta u slobodno stvaralaštvo, a proizvodni radnici postaju slobodni stvaraoci, utoliko svi postaju i organizatori i izvršioci svoga posla, čime se postiže najviša moguća racionalizacija proizvodne organizacije.

Ako se autokratsko organizovanje pretežno fizičkog rada većinom oslanja na fizičku prinudu, glavni oslonac demokratskog organizovanja razvijene industrijske proizvodnje jeste ekonomska samoprinuda, dok će se slobodno organizovanje postindustrijske proizvodnje s objektiviziranim znanjem kao glavnim nosiocem sve više oslanjati na stvaralački zanos. A što u izvršavanju radnih obaveza prinudnu disciplinu više zamenjuje dobrovoljna samodisciplina, proizvodna organizacija je sve plodotvornija.

Jednostepeno linijsko organizovanje manjih proizvodnih skupina, gde su organizatori i izvršioci fizički okupljeni, može se efikasno ostvarivati i bez posebnog institucionalizovanja kroz neka pisana pravila, zbog čega se obično naziva neformalnim organizovanjem. Što je, međutim, proizvodno organizovanje složenije, njegovo institucionalizovanje je, kroz uspostavljanje tzv. formalne organizacije, neophodnije. Bez naučno zasnovanih i objektiviziranih normativa i standarda, organizovanje savremene proizvodnje bilo bi nezamislivo i praktično neostvarivo.

Bez institucionalizacije ne bi bilo ni automatizacije kao najsavršenije organizacije bez organizatora. Dostizanjem potpunog savršenstva automatizacijom se organizacija kao posebna funkcija proizvodnje praktično ukida i prenošenjem na proizvodnu tehniku organski sjedinjuje s izvršnom funkcijom. Samo oslobađanjem i od izvršne i od organzatorske funkcije, čovek se u potpunosti oslobađa neposredne proizvodnje, a od jedne funkcije se i ne može sasvim osloboditi ako se ne oslobodi od druge.

3. Unapređivanje ekonomije proizvodnog rada

Zajednički imenitelj unapređivanja tehnologije i organizacije proizvodnje jeste *unapređivanje ekonomije proizvodnog rada*, koja se, u krajnjoj liniji, svodi na *uštedu radnog vremena*. Sve težnje za unapeđivanjem tehnologije i organizacije usmerene su upravo na skraćivanje vremena proizvodnje kao osnovnog merila ekonomije. Nasuprot opštoj težnji za produženjem vremena slobodnog stvaranja, niko ne želi da vreme proizvodnje traje što duže već da je što kraće.

Unapređivanje ekonomije proizvodnog rada izražava se kroz podizanje društvene produktivnosti, koje se u suštini svodi na smanjivanje radnog vremena po jedinici proizvoda ili na povećavanje količine proizvoda u jedinici vremena, što se u najopštijem obliku može izraziti sa $\dfrac{Kp}{T}$, gde K označava količinu proizvoda, a T količinu uloženog rada, koja se meri društveno potrebnim radnim vremenom.

Dok su kao sredstva rada korišćeni neobrađeni prirodni predmeti, produktivnost se mogla povećavati jedino veštijim rukovanjem tim predmetima, i meriti samo odnosom količine proizvoda prema uloženom živom radu, odnosno pomoću $\dfrac{Kp}{Žr}$, kako se u užem smislu inače i definiše. Čim su se, međutim, i sredstva rada počela proizvoditi, produktivnost se mogla povećavati i njihovim usavršavanjem, a meriti odnosom količine proizvoda i prema živom i prema opredmećenom radu, odnosno pomoću $\dfrac{Kp}{Žr + Or}$, kako se ona definiše u širem smislu.

Ali vekovima je glavno sredstvo podizanja produktivnosti predstavljalo ekonomisanje živim radom jer su u vekovnoj manuelnoj proizvodnji sredstva rada koja su se mogla usavršavati igrala relativno malu ulogu. Pošto je zemlja kao prirodno dobro predstavljala glavno sredstvo proizvodnje, prirodni uslovi odlučujuće su uticali na produktivnost, zbog čega je ratnim osvajanjima prirodnih blagodeti pridavan veći značaj nego unapređivanju ljudskih faktora produktivnosti.

Ljudski faktori produktivnosti postaju centar pažnje tek s mehanizacijom proizvodnje, kada umesto zemlje kao prirodnog dobra glavno proizvodno sredstvo postaje proizvodna tehnika kao ljudskim radom proizvedeno dobro. Masovnom primenom mašinske tehnike, koju umesto ljudske energije pokreće mehanička energija, pokrenut je ubzrani rast produktivnosti, koja je za nekoliko decenija povećana više nego za hiljade godina od nastanka ljudske proizvodnje. Dok je „u starom Rimu trebalo obućaru pet i po dana da napravi par cipela, jedna moderna tvornica obuće danas proizvodi po svakom radniku za isto vreme 85 pari, dakle sto puta više... U staroj Atini mogao je rob samleti ručnim mlinom na dan 200–300 kg brašna dosta lošeg kvaliteta”, dok „moderan mlin u Mineapolisu melje po radniku šest miliona kg brašna najboljeg kvaliteta, dakle 20 tisuća puta više”.[1]

Najsnažniji impuls povećanju produktivnosti dala je upravo direktna zamena ljudske energije mehaničkom energijom, koja je omogućila da se radno vreme u industriji za relativno kratko vreme prepolovi. A taj trend sigurno će se još više ubrzavati jer je „u industriji čovek najskuplji izvor energije. Dok cena električne,

---

[1.] Dragutin Nikšić, cit. rad, str 9.

elektronske i atomske energije pokazuje iz godine u godinu tendenciju smanjenja, cena radne snage na čas, uključujući dodatna davanja, ima tendenciju stalnog porasta".[1]

Mehanizacija nije, međutim, značila samo rapidno smanjivanje količine živog rada već i njegovo racionalnije korišćenje u neposrednom procesu proizvodnje. Viši nivo proizvodne tehnologije podrazumevao je i viši nivo obrazovanja sve većeg broja neposrednih proizvođača, uz sve potpunije iskorišćavanje fizičke radne snage, koja je morala da sledi dinamiku mehanizovane tehnike umesto uklapanja tehnike u sporovoznu dinamiku ljudskog organizma pri manuelnoj proizvodnji.

Ekonomisanje manuelnim radom sastojalo se uglavnom u razvijanju *radnih veština* putem uvežbavanja pokreta ljudskog organizma kojim se postižu uštede radnog vremena i energije jer „uvježban čovjek troši manje energije po jedinici radnog učinka, radi uz manji napor i može duže izdržati u poslu".[2] Studijom pokreta, čija je „svrha da se eliminišu svi nepotrebni pokreti i da se ustanovi redoslijed najsvrsihodnijih pokreta radi maksimalnog učinka",[3] radne veštine dovedene su do savršenstva kojim je dostignut najviši mogući nivo ekonomije manuelnog rada.

Krajnjim uprošćavanjem manuelnog rada pretvaranjem u dodatak mašinskom radu potreba za razvijanjem radnih veština je eliminisana, što je značilo nove uštede vremena i napora koje sticanje tih veština iziskuje jer rad na mašinskoj traci ne zahteva gotovo nikakvo obučavanje ni uvežbavanje. Veština struke objektivizirana je i prenesena na još „veštije" mašine radilice, koje dodatni živi rad troše još racionalnije sve dok ga robotizacija ne učini potpuno suvišnim.

U isto vreme, mehanizacija i automatizacija proizvodnje podrazumevaju *visoko obrazovanje* sve brojnijeg tehničkog kadra, koji svojim stvaralaštvom i upravljanjem proizvodnim procesima podizanju produktivnosti doprinosi više i od najveštijih majstora svog zanata. „Sovjetski akademik S.G. Strumilin je između ostalog konstatovao da je korist od obrazovanja, koje doprinosi povećanju produktivnosti rada, veća preko 27 puta nego što su bili izdaci za obrazovanje. Na bazi istraživanja pokazalo se da radnici sa sedmogodišnjom školom na istim radnim mestima postižu u proseku 67% veću produktivnost u odnosu na one koji nisu pohađali nikakvu školu".[4]

S podizanjem obrazovanja, podignut je ukupan *životni standard* sve šireg kruga proizvođača, koji u celini utiče na rast produktivnosti. Prema istraživanju Instituta za socijalni razvoj Ujedinjenih nacija u 18 zemalja u razvoju, „zemlje koje su krajem dekade 1950. godine imale viši nivo životnog standarda, postigle su i brži privredni razvitak u periodu 1950. do 1960. god. Analizom je ustanovljeno da je porast produktivnosti i privrednog razvitka dobrim delom postignut na bazi višeg životnog standarda".[5] Na rast produktivnosti životni standard utiče pre svega preko jačanja

[1.] Bruno, A. Moski, po H. B. Maynardu, cit. rad, 3–38.
[2.] Zoran Bujas, cit. rad, str. 50.
[3.] Ralph M. Barnes, *Studij pokreta i vremena*, „Panorama", Zagreb, 1964, str. 111.
[4.] Radomir Bijelić, *Raspodela prema radu i životni standard*, Beograd, 1966, str. 13.
[5.] Isto, str. 13. i 14.

proizvodne moći proizvođača, ali i preko povećanja lične potrošnje, kojim se podstiče i povećavanje proizvodnje.

Mehanizacija proizvodnje nije izazvala revoluciju samo u ekonomiji živog, već i u *ekonomiji opredmećenog rada.* Pošto je umesto dominacije živog, u neposrednoj proizvodnji uspostavljena dominacija opredmećenog rada, za podizanje ukupne produktivnosti od prvorazrednog značaja postalo je ne samo unapređivanje nego i racionalno korišćenje proizvodnih sredstava.

Dominacija opredmećenog rada nad živim radom zapravo je i uspostavljena zamenom ljudske energije mehaničkom energijom, koja i sama predstavlja opredmećeni rad. Pod dominacijom manuelnog rada tehničke inovacije nisu ni približno omogućavale toliko nagle i česte uspone u podizanju produktivnosti kao što ih omogućavaju pod dominacijom mehanizovanog rada.

Kao rezultat sve većih i sve učestalijih inovacija, automatizacija omogućava najviši mogući nivo produktivnosti, na kojem se utrošak živog rada svodi na minimum i potpunom automatizacijom praktično sasvim ukida. A sa ukidanjem živog rada ukida se i opredmećeni proizvodni rad, čime se pitanje ukupne neposredne produktivnosti ljudskog rada praktično skida s dnevnog reda.

Što je viši organski sastav proizvodnih činilaca, sve oštrije se postavlja problem *rentabilnosti* njihovog korišćenja, koja postaje ključni problem mašinske proizvodnje. Pošto je ekonomska vrednost ručnih alatki relativno mala u odnosu na ukupna ulaganja, njihovom racionalnom korišćenju nije se morala posvećivati tako velika pažnja kao mašinskoj tehnici, čija proizvodnja i održavanje mnogo više koštaju.

Rentabilno i što rentabilnije korišćenje angažovane proizvodne tehnike postalo je ne samo prvorazredni ekonomski interes već i neizostavni uslov opstanka u konkurentskoj industrijskoj proizvodnji. Radi toga se vreme njenog efektivnog korišćenja stalno povećava sve do neprekidne 24-časovne upotrebe, čime se vek amortizacije sve više skraćuje. Na to, pored ostalog, podstiče i sve veće utrkivanje u proizvodnom novatorstvu i racionalizatorstvu, kojim se instalirana tehnika sve brže potiskuje iz upotrebe.

Što rentabilnije korišćenje angažovanih sredstava postalo je i osnovni kriterij efikasnosti organizacije industrijske proizvodnje. Da bi se ostvarila što veća dobit, svi činioci proizvodnje morali su se ravnati prema optimalnom korišćenju angažovanog, pre svega postojanog kapitala kao osnovnog činioca. Neprekidno korišćenje instaliranih kapaciteta, u koje se ulaže najveći, i sve veći deo angažovanog kapitala, postalo je glavni stožer celokupne industrijske organizacije.

Taj problem ne skida se s dnevnog reda već postaje još akutniji i složeniji kada se umesto programiranja i planiranja proizvodnje prema instaliranim kapacitetima proizvodni kapaciteti moraju prilagođavati proizvodnim programima. Da bi se obezbedila optimalna rentabilnost, sada je neophodna daleko veća i sve veća fleksibilnost, i organizacije proizvodnje i politike angažovanja proizvodnih sredstava.

Zato je ne samo interna mikroorganizacija nego i eksterna makroorganizacija masovne industrijske proizvodnje postala jedan od ključnih činilaca ukupne ekonomije proizvodnog rada. Optimalnu rentabilnost angažovanih sredstava i visoku produktivnost ukupnog proizvodnog rada više nije moguće obezbediti bez integralnog usklađivanja i usmeravanaj svih činilaca i tokova društvene reprodukcije, i bez neposrednog angažovanja na tome cele društvene zajednice.

Dok je ekonomija zatvorene naturalne proizvodnje merena naturalnim pokazateljima, ekonomija podruštvljene robne proizvodnje mora se meriti opštim ekonomskim pokazateljima kao društvenim merilima. Umesto odnosom dobijenog naturalnog proizvoda prema neposredno utrošenom radu, efikasnost robne proizvodnje meri se odnosom dobijenih finansijkih sredstava prema utrošenim sredstvima, koji nije određen samo internom već i eksternom ekonomijom, tako da je

$$E = \frac{Up}{Us} = \text{ekonomičnost} = \frac{\text{Ukupan prihod}}{\text{Utrošena sredstva}}$$, ili ako se efikasnost proizvodnje konkretnije meri novodobijenom vrednošću,

$$E = \frac{D}{Us} = \frac{\text{Dohodak}}{\text{Utrošena sredstva}} \ .$$

Time se racionalizovanje proizvodne delatnosti praktično svodi na svoju ekonomsku suštinu – da se sa što manje uloženog rada, bez obzira na različitost njegovih konkretnih oblika, dobije što veća količina proizvoda, bez obzira na njegovu raznovrsnost, jer uložena i dobijena finansijska sredstva samo su opšti – novčani izraz ekonomske – bilo kojim ljudskim radom stvorene vrednosti. Čovek je, naime, u svim proizvodnim delatnostima od početka težio što većoj ekonomskoj racionalnosti kao jedinstvenom cilju, i u tome je glavni zalog ekonomskog progresa.

Tog progresa svakako ne bi bilo bez protivrečne težnje da se sa što manje rada proizvede što više, na čemu se zasniva i protivrečan istorijski proces da se povećavanjem upotrebne, istovremeno smanjuje ekonomska vrednost društvenog proizvoda. Ljudska proizvodnja započela je s najvećim mogućim utroškom ljudskog rada i s najmanjim društvenim proizvodom, a pri potpunoj automatizaciji završava bez neposrednog utroška ljudskog rada i s najvećim društvenim proizvodom.

Samim tim, i ekonomska vrednost stalno je smanjivana, ne samo relativno po jedinici proizvoda već i apsolutno u globalu društvenog proizvoda. I sa potpunom automatizacijom proizvodnje proizvedene uppotrebne vrednosti u potpunosti gube svoju ekonomsku vrednost, čime se u tom pogledu izjednačavaju sa prirodnim dobrima. Što je nekada pružala samo u sirovom obliku, priroda čoveku sada pruža u prerađenom – humanizovanom obliku.

ISTORIJSKI SMISAO DRUŠTVENE PODELE I DRUŠTVENOG POVEZIVANJA RADA

1. Vertikalna podela rada u funkciji razvoja

Generička težnja ljudskog bića za oslobađanjem od proizvodno-fizičke delatnosti radi stvaralačko-duhovne delatnosti, neodoljivo je vodila njihovom podvajanju i razdvajanju na različite izvršioce. Iako potpuno razdvajanje nije moguće, ceo istorijski proces odvija se u pravcu sve većeg *izdizanja* duhovne *iznad* fizičke delatnosti.

Izdizanjem duhovne iznad fizičke delatnosti zapravo i počinje izdizanje ljudskog bića iznad ostalog živog sveta. Iako i u sakupljačkoj i u proizvođačkoj delatnosti čoveka preovlađuje njegova fizička aktivnost, ona se odvija pod apsolutnom komandom njegove duhovne aktivnosti, koja kao promišljanje ljudskih postupaka, po prirodi stvari, ide *ispred*. I kad je svoju egzistenciju obezbeđivao samo sakupljanjem prirodnih dobara, čovek je to, makar i u hodu, činio *prethodnim* promišljanjem kako će najbrže i najlakše doći do plena.

Sakupljačka delatnost nije, međutim, još dozvoljavala i razdvajanje fizičke i duhovne aktivnosti na različite izvršioce, prvo zbog toga što je duhovna aktivnost bila nedovoljno razvijena da bi se mogla izdvojiti kao samostalna delatnost, a drugo što je, radi kolektivnog opstanka, morala da bude raspoređena na sve pripadnike prvobitne zajednice. Određena personalna simbioza fizičke i duhovne aktivnosti morala je, i pri relativno visokoj razvijenosti ove poslednje, da bude zadržana i u proizvođačkoj delatnosti.

Do *izdvajanja* duhovne aktivnosti u *posebnu* delatnost moglo je da dođe tek kad je produktivnost rada dostigla nivo na kojem su od viška proizvoda iznad egzistencijalnog minimuma proizvođača mogli živeti *posebni* nosioci te delatnosti. Već je u funkciji plemenskog poglavice koncentrisan relativno veliki deo duhovne aktivnosti plemenske zajednice, kojom je usklađivana delatnost i usmeravan zajednički život njenih pripadnika, a kad je razvoj proizvodnih snaga omogućio da od tuđeg rada žive cele porodice, ratni zarobljenici pretvarani su u robove kao fizičku radnu snagu, nasuprot njihovim vlasnicima kao duhovnoj eliti.

To je omogućilo da se celokupan ljudski rad podeli na pretežno fizičke proizvodne i pretežno umne duhovne delatnosti, pa da se, na toj osnovi, i ceo ljudski rod podeli na proizvođački i neproizvođački, duhovnim aktivnostima posvećeni deo. Unutarnja polarizacija samog proizvodnog rada iznedrila je tako globalnu polarizaciju društva na proizvođačku i duhovnu sferu.

Ali ona nije odjednom iznedrila, već je postepeno stvarala takvu polarizaciju dok sama nije dostigla krajnju granicu preko koje dalja polarizacija nije moguća. To je dugotrajan istorijski proces od početne neizdiferenciranosti do potpune podvojenosti fizičke i duhovne delatnosti.

Dok se proizvodnja sastojala od obrađivanja prirodnih predmeta i odgajanja pripitomljenih životinja i biljaka, nije bilo osnova za njenu polarizaciju na kreaciju i realizaciju. Fizička i duhovna aktivnost preplitane su i stapane u primitivan proizvodni proces, prožet mistikom i religioznim obredima kao glavnom sadržinom još nerazvijene duhovne aktivnosti.

Prelazak s obrade na preradu prirodne supstancije podrazumevao je i razvijenije duhovno stvaralaštvo i njegovu izdiferenciranost od izvršne fizičke aktivnosti. U manuelnoj proizvodnji kreacija i realizacija su, međutim, još *personalno objedinjeni* u delatnosti istog izvršioca, pa se i u radu zanatlije koji „radi *individualno* po naučenim i stečenim metodima,... još zadržava *jedinstvo pripreme i izvršenja* (intelektualnog i izvršnog rada)".[1]

[1.] Stjepan Holadin, cit. rad, str. 78.

Do personalnog razdvajanja kreacije i realizacije dolazi tek u industrijskoj proizvodnji, kada fizički i umni rad dosežu i krajnju granicu međusobne polarizacije. „Ovaj proces odvajanja započinje u prostoj kooperaciji, gde kapitalista prema pojedinačnim radnicima predstavlja jedinstvo i volju društvenog radnog tela; razvija se dalje u manufakturi, koja radnika obogaljuje u delimičnog radnika, a završava se u krupnoj industriji, koja nauku odvaja od rada kao nezavisnu snagu proizvodnje i silom je stavlja u službu kapitala".[1]

"Nužna posljedica tog odvajanja zamisli od izvršenja jeste da se radni proces sada dijeli na različitim mjestima i među različitim grupama radnika. Na jednom se mjestu obavljaju fizički procesi proizvodnje, a na drugome se prave nacrti, planovi, proračuni i vodi knjigovodstvo... Fizički procesi proizvodnje danas se obavljaju više ili manje naslijepo, i to nije slučaj samo s radnicima koji ih obavljaju već i s nižim slojevima nadglednika. Proizvodne jedinice djeluju kao ruka koju posmatra, ispravlja i kontroliše udaljeni mozak". I u administraciji „mišljenje i planiranje postaju funkcija sve manje grupe unutar ureda, a za masu namještenika ured je postao isto toliko mjesto obavljanja fizičkog rada koliko i tvornički pogon".[2]

Osnovu vertikalne podele ljudskog rada činilo je njegovo diferenciranje po složenosti, čijim je povećavanjem povećavano i njegovo podvajanje. Prost fizički rad, koji se svodi na jednostrano – fizičko angažovanje radne snage, nije pružao osnovu ni za kakvo vertikalno podvajanje, sve dok se nisu pojavili oblici složenog rada, koji pored fizičkog, zahtevaju i umno angažovanje, a pored neposrednog svrsishodnog delovanja, i prethodne pripreme u vidu sticanja neophodnih znanja i veština.

Svaki složeniji oblik rada podrazumeva viši nivo znanja potrebnog za njegovo obavljanje, a nova saznanja za kojima se, u krajnjoj liniji, tragalo radi praktične primene, vodila su sve složenijim oblicima rada, koji se sve više izdizao iznad svog početnog – najjednostavnijeg oblika. Tako je nastala čitava skala složenosti pre svega samog proizvodnog rada, s osnovnim ciljem da se što više podigne njegova produktivnost, ali i da se njegova fizička sadržina što više i što pre zameni umstvenom sadržinom.

Iz istog razloga nastala je i čitava skala odgovarajućih zanimanja, kao osnova vertikalne diferencijacije društva, raslojenog na niže i više klase i slojeve, s odnosima hijerarhijske subordinacije i u zajedničkom radu i u privatnom životu. I da je moguće, izjednačavanje bi pri postojećoj slojevitosti samog rada bilo štetno i retrogradno jer je do raslojavanja zapravo i došlo radi napredovanja u svim sferama društvene reprodukcije.

Razvoj ljudskog rada osnova je razvoja i ljudske jedinke i ljudskog roda, a ljudski rad nije se mogao razvijati drugačije nego od nižih ka višim, ili od prostijih ka složenijim oblicima. I vertikalna slojevitost rada nije nastala pretvaranjem viših oblika u niže već obratno, pa je i društveno raslojavanje rezultat izrastanja viših slojeva

---

[1] K. Makrs: *Kapital* I, isto, str. 322.
[2] Harry Braverman, cit. rad, str. 105. i 261/2.

iz nižih a ne obratno. A glavno tkivo celokupnog razvoja iz kojeg su izrastali i složeniji oblici rada i viši slojevi društva jesu nova saznanja, do kojih se samo umnim radom moglo doći.

Iz samog umnog rada na taj način nastajao je sve umniji rad, sve umniji radnik i sve umnija zajednica rada, čiji se razvoj drugačije nije ni mogao odvijati. Razvoj *umnog* rada stoga je i osnova celokupnog društvenog razvoja, kojeg bez vertikalnog diferenciranja kao razvojnog procesa ne bi ni moglo biti.

Samo isti proces koji je doveo do nastanka vertikalne podele rada može dovesti i do njenog nestanka. Ona se ne može ukinuti ponovnim sjedinjavanjem fizičkog i umnog rada već potpunom zamenom prvog drugim, to jest dovođenjem do kraja istorijskog procesa zamene, čijim je delimičnim ostvarivanjem došlo i do njihove podele. Taj proces se, bar delimično, već privodi kraju tako što „parcijalni i rutinski rad koji nije pretopljen znanjem preuzimaju na sebe mašine – u fabrici i kancelariji – a čovekova delatnost polako ali uporno pomera se u oblast istraživanja, projektovanja, kontrole i upravljanja".[1] Automatizacija već „u velikoj mjeri ukida onaj najnesretniji oblik rada koji je rodila mehanizacija, naime specijalizirani ili priučeni rad uz mehaniziranu proizvodnu traku".[2]

Prevazilaženje vertikalne podele rada započinje, međutim, već s njenim nastajanjem. Najveća polarizacija umnog i fizičkog rada bila je u robovlasništvu, kada se cela proizvođačka klasa bavila uglavnom fizičkom, a ne duhovnom delatnošću, ali je upravo to omogućilo nastanak filozofije, nauke i umetnosti kao posebnih delatnosti, na čijim se začecima zasniva celokupan razvoj duhovnog stvaralaštva. „Bez ropstva ne bi bilo grčke države, grčke umetnosti i nauke, a bez helenstva i Rimske imperije kao temelja ne bi bilo ni moderne Evrope".[3]

Kmet je već delimično, a slobodni seljak i zanatlija potpuno slobodan u kreiranju proizvodnje i vođenju proizvodne ekonomije, dok je mehanizacijom industrijske proizvodnje otvoren proces ubrzanog pretvaranja fizičkih radnika u stvaralačku inteligenciju. „Dekvalifikacioni trend postepeno je u najprogresivnijim proizvodnjama, granama, a onda i zemljama, prekinut". Već „u godinama 1940–1964. krivulja udela kvalifikovanih radnika i majstora u SAD okrenula se prema nagore – od 30,1% na 36% i izgleda da ova nova tendencija dobija sa počecima naučno-tehničke revolucije trajnu prevagu".[4]

Automatizacijom se te promene, i u kvantitativnom i u kvalitativnom pogledu, sve više ubrzavaju, jer se, „zbog brzog napredovanja tehnike i sa prelazom na dublje principe automatizacije, u radu tehničara oseća potreba teoretske, inženjerske kvalifikacije – naročito u takvim strukama kao što su matematika, elektronika i sl.", a „inženjeri, opet, dobijaju sve češće istraživačke zadatke, koji zahtevaju naučnu

---

[1] Miroslav Pečujlić, *Budućnost koja je počela*, Institut za političke studije Fakulteta političkih nauka u Beogradu, bez god. izd., str. 23/4.

[2] Dr Rudi Supek, cit. rad, str. 77.

[3] F. Engels: „Anti–Diring", K. Marks, F. Engels, *Dela*, isto, tom 31, str. 137.

[4] Radovan Rihta i saradnici, *Civilizacija na raskršću*, „Komunist", Beograd, 1972, str. 123. i 124.

pripremu". Pošto automatizovana proizvodnja ne može bez naučne pripreme, „trendovi razvitka pokazuju nesumnjivu tendenciju ka naglom skoku porasta udela zaposlenih u *nauci, istraživanju, razvoju*".[1]

Ukoliko se ukidanjem fizičkog rada ukida jedna strana protivrečnosti ljudskog rada, ukida se i sam rad u tradicionalnom smislu, pa se samim tim ukida i vertikalna podela rada. Prenošenjem izvršenja na automatizovanu tehniku, ljudska zamisao kao suština ljudskog rada oslobađa se od neposrednog fizičkog ispoljavanja, pretvarajući se time u duhovno stvaralaštvo kao autentičnu ljudsku delatnost.

2. Razvojna funkcija horizontalne podele rada

Čovek je po prirodi univerzalno biće; „pojedinac nije svojim poreklom namenjen nekom posebnom pozivu; njegov urođeni sklop ne predodređuje ga nužno za neku isključivu ulogu čineći ga nesposobnim za svaku drugu, nego prima od naslednosti samo najopštije, dakle, veoma gipke sklonosti koje mogu dobijati različite oblike".[2] Dok životinja „proizvodi jednostrano ... samo pod vlašću neposredne fizičke potrebe", čovek „proizvodi univerzalno" i „reprodukuje cijelu prirodu".[3] Širina te univerzalnosti praktično je neograničena pošto su „aktivni radni procesi, potencijalno sadržani u radnoj snazi ljudi toliko raznoliki po tipu, načinu obavljanja itd. da se praktično može reći kako nemaju granica".[4]

Ali čovek iz životinjskog sveta nije izišao s potencijama univerzalne aktivnosti, koje su stvorene i stvaraju se kroz duhovnu aktivnost. Dok se njegova delatnost svodila uglavnom na fizičku aktivnost, ona je bila uglavnom jednoobrazna, ne samo u delovanju ljudske jedinke već i celog ljudskog roda, jer to što čoveka čini univerzalnim bićem, nisu njegove fizičke, nego duhovne potencije.

Raznovrsnost ljudske delatnosti, kao osnova univerzalnosti, mogla je nastati samo s nastajanjem njene složenosti na bazi svrsishodne diferencijacije umne aktivnosti i umnih sposobnosti. „Postojanje mnogobrojnih alatki od kremena i kostiju, strugalica, strugova, dlijeta, blanjalica, sjekira i pila, koji su proizvedeni u prethistorijskim radionicama, pretpostavljalo je razne (umne, a ne fizičke – ŽM) sposobnosti onih koji su ih proizvodili i njima rukovali".[5]

U preistorijsko doba svi su mogli da rukuju svim alatkama i proizvode sve što se proizvoditi moglo jer su za to potrebna znanja i veštine bili relativno lako i brzo savladivi, pa se niko nije morao posvećivati samo jednom pozivu. Zato „divljak ide od posla do posla, prema okolnostima i potrebama koje ga gone",[6] a to je za njega i nužan uslov opstanka jer sve što mu je za život potrebno sam mora da obezbedi.

---

[1] Isto, str. 117.
[2] Emil Dirkem, cit. rad, str. 326.
[3] K. Marks: Ekonomsko-filozofski rukopisi iz 1844, isto, str. 221.
[4] Harry Braverman, cit. rad, str. 51.
[5] Georges Friedmann, *Razmrvljeni rad*, isto, str. 21.
[6] Emil Dirkem, cit. rad, str. 250/1.

Neodoljiva težnja za inventivnom delatnošću i podizanjem produktivnosti ljudskog rada učinila je, međutim, da se svako počne okretati više jednoj nego drugim delatnostima, čime je prećutno u opštem interesu izvršena *horizontalna podela rada.* Taj proces išao je od razdvajanja različitih delatnosti do cepanja radnih operacija na različite izvršioce, dok nije stigao do granice na kojoj horizontalna podela počinje da gubi svoj smisao.

Nije to bila nikakva stranputica, već zakoniti proces u razvoju univerzalnosti ljudskog rada jer je specijalizacija za pojedine delatnosti i radne operacije izvedena produbljivanjem i širenjem njegove generičke osnove. Specijalizacija je u svakom pojedinom slučaju podrazumevala viši nivo znanja i veštine nego svaštarenje, zbog čega je zapravo i predstavljala viši nivo intelektibilnosti ljudskog rada i za rezultat davala veću produktivnost.

Specijalizacija je, međutim, predstavljala razvojni put manuelne proizvodnje, dok mašinska proizvodnja postavlja kategorične zahteve za njeno ukidanje. Odvajanjem kreacije od izvršenja, ona proizvodnu specijalizaciju praktično razara, *„posebna umešnost* radnikova gubi vrednost", a „radnik se pretvara u prostu, monotonu proizvodnu snagu, od koje se ne zahteva ni telesna ni duhovna elastičnost".[1] U poluautomatizovanoj industrijskoj proizvodnji, gde proizvodna podela rada doseže krajnje granice, „isključena je svaka raznolikost, inicijativa, odgovornost, sjedinjavanje u jednu cjelinu, pa čak i smisao".[2]

Takva podela gubi smisao ne samo zato što ljudski rad gubi svoju generičku osnovu već što opada i njegova produktivnost. „Stanovita istraživanja u engleskim tvornicama pokazuju da krajnja repetitivnost smanjuje produktivnost individualnog radnika" i da „on proizvodi više kad u njegovu radu ima neke raznovrsnosti",[3] radi čega se uvodi *„rotacija posla,* pri kojoj radnik povremeno prelazi na drugačiji zadatak, bilo obavezno, bilo dobrovoljno" ili se „više zasebnih poslova spajaju u jedan".[4]

Zato „od trenutka kad prestane svako specijalno razvijanje počinje se osjećati potreba za svestranošću",[5] i "prije ili kasnije će se rad, nakon što se rasparčao, sintetizirati", a „tu sintezu će izvršiti strojevi", jer stroj je, po jednoj definiciji, *„način ujedinjavanja različitih čestica rada* koje je podjela razdvojila".[6]

Ali to više neće biti ljudski, već mehanički rad koji će sintetizovati strojevi, i kojim će proizvodni rad čoveka putem automatizacije biti zamenjen i praktično ukinut. Kako piše Žorž Fridman, „najbolji lek protiv neizbežnih opasnosti koje u sebi nosi lančani rad radikalan je: to je njegovo ukidanje totalnom automatizacijom tih još

[1.] K. Marks: „Najamni rad i kapital", K. Marks, F. Engels, *Dela*, tom 9, isto, str. 350.
[2.] Georges Friedmann, *Razmrvljeni rad*, isto, str. 14.
[3.] Charles R. Walker, *Moderna tehnologija i civilizacija*, „Naprijed", Zagreb, 1968, str. 108.
[4.] Georges Friedmann, isto, str. 49/50.
[5.] K. Marks: „Bijeda filozofije", K. Marks, F. Engels, *Dela*, isto, tom 7, str. 125.
[6.] Pierre Naville, *U susret automatiziranom društvu*, „Školska knjiga", Zagreb, 1979, str. 97.

hibridnih procesa u kojima su sami ljudi pretvoreni u mašine koje neprestano obavljaju isti rad".[1]

A ukidanjem proizvodnog rada oslobađaju se sve ljudske potencije za stvaralački rad, koji po svojoj prirodi predstavlja raznovrsnu delatnost. Ceo razvoj horizontalne podele rada odvijao se, u stvari, u tom pravcu, stvarajući sve širu osnovu vertikalne podele rada, kojom je umni rad ne samo sve više odvajan od fizičkog rada nego i sve više razvijan na račun njegovog smanjivanja.

Horizontalna diferencijacija proizvodnog rada pretpostavljala je i podrazumevala, kao svoju osnovu, horizontalnu diferencijaciju stvaralačkog rada. Bez specijalizacije inventivne delatnosti u razvijanju proizvodnih tehnologija ne bi bilo ni specijalizacije proizvodnih delatnosti.

Iako je izvedena pod dominantnim uticajem proizvodne diferencijacije, diferencijacija stvaralačke delatnosti nije bila samo u funkciji razvoja proizvodnje već i u funkciji razvoja samog stvaralaštva. Bez razgranavanja stvaralačke delatnosti na mnoštvo naučnih i umetničkih disciplina ne bi bilo tako raznovrsnog stvaralaštva, kojim se bavi sve širi krug stvaralaca sve raskošnijih talenata.

Specijalizacija i univerzalizacija samo su različite strane jedinstvenog i nedeljivog razvojnog procesa stvaralačkog rada. Što se dublje ulazi u pojedine tajne prirode, celina prirode postaje manje tajanstvena, i što se više ovladava posebnim prirodnim silama, lakše se vlada celom prirodom.

Čovek po svojoj prirodi teži univerzalnosti, ali univerzalno biće postaje kroz specijalizaciju. I sve dok pojedinci deluju samo kao specijalisti, samo cela ljudska zajednica deluje kao univerzalni pojedinac, a kad pojedinac postane univerzalno biće, on će delovati kao što deluje cela zajednica.

3. Društveno povezivanje ljudskog rada kao generička osnova razvoja

Kao svrsishodna aktivnost, ljudski rad je po svojoj prirodi društvena delatnost, jer niko nije u stanju da sam i nezavisno od društva izvede bilo koju radnu operaciju, niti je bilo koji proizvod ljudskog rada rezultat individualnog angažovanja samo jednog izvršioca. Zato nije kolektivni rad mogao nastati niti je nastao iz individualnog rada, nego je individualni rad nastao iz kolektivnog rada, pa ni „kolektivni život nije nastao iz individualnog života, nego je, naprotiv, ovaj drugi nastao iz prvoga".[2]

Kolektivni život primitivnih zajednica zasniva se upravo na kolektivnom radu, u kojem neki samostalni individualni rad još nije izdiferenciran. To je i osnovni uzrok što je „po mističnoj participaciji za primitivca sve povezano; individualno se ne da odeliti od kolektivnoga, već se, nasuprot nama, pod individualnim, bez ikakvih teškoća, vidi ujedno i kolektivno, i obratno".[3]

---

[1] *Kuda ide ljudski rad*, isto, str. 256.
[2] Emil Dirkem, cit. rad. str. 326.
[3] Slobodan Žarković, *Primitivni mentalitet*, „Privredni pregled", Beograd, 1945, str. 27.

Izjednačavanje individualnog i kolektivnog proističe otuda što u primitivnim zajednicama ni individualni ni kolektivni rad još nisu jasno uobličeni ni izdiferencirani. To iz čega je nastao individualni rad bio je u stvari sam embrion ljudskog rada, koji je koliko društven toliko i individualan jer stvarne društvenosti ne može biti bez individualnosti, baš kao ni individualnosti bez društvenosti.

Samo pod tim uslovom mogu se izvesti i društvena podela i društveno povezivanje kao neodvojive i međusobno zavisne strane razvojnog procesa ljudskog rada, jer se deliti može samo ono što je povezano, a povezivati ono što je podeljeno. Ta međuzavisnost toliko je sudbonosna da se ljudski rad utoliko čvršće povezuje ukoliko se više deli.

Vezivno tkivo ljudskog rada nije njegova fizička nego njegova duhovna komponenta, koja celokupnu delatnost čoveka vezuje za određene, unapred postavljene ciljeve. U toj funkciji, duhovna delatnost glavna je poluga i osnovno tkivo celokupnog razvoja i ljudske jedinke i ljudske zajednice.

To je najizrazitije kod vertikalnog povezivanja kao noseće poluge celokupnog razvoja. Svako novo saznanje predstavlja novu generičku „ciglicu" i novu generičku „kopčicu" velike duhovne građevine, koja čini okosnicu generičkog razvoja čoveka i čovečanstva. Vekovne naslage saznanja su samovezujući materijal tog večitog ljudskog zdanja bez krova, koje se stalno nadograđuje novim saznanjima, bez čega razvoja čovečanstva ne bi bilo.

Već ostvarena saznanja predstavljaju polaznu osnovu i osnovno sredstvo novih istraživačkih poduhvata, kojima se razvoj nastavlja. Zato je svako novo saznanje rezultat istraživačkih napora ne samo istraživača koji su do njega neposredno došli nego i svih prethodnih generacija koje su svojim saznanjima tome doprinele.

Vertikalno povezivanje stvaralačkog jeste generička osnova vertikalnog povezivanja proizvodnog rada. Polarizacija proizvodnog rada na umnu i fizičku aktivnost podrazumeva njihovo povezivanje, koje se može izvesti samo umnom aktivnošću jer fizička aktivnost sama po sebi nema svojstvo samovezivanja, zbog čega mora spolja *biti povezivana.*

Problem povezivanja fizičkog i umnog rada nije se postavljao do njihove diferencijacije, dok su predstavljali još amorfnu delatnost, kao što „nam daljnja, predurbana i arhajska urbana prošlost pokazuje da se umjetnost, religija i znanost ne samo jedva razlikuju jedna od druge u praksi, već da se one, po svojoj namjeni, teško mogu razlikovati od tehnologija proizvodnje, rata i liječenja".[1]

Povezivanje fizičkog i umnog rada postalo je aktuelno kad je počelo odvajanje izvršenja od kreacije, što se moglo dogoditi tek kad se stvaralačka aktivnost po svojoj kreativnosti izdigla iznad fizičke aktivnosti i uobličila u posebnu delatnost koja se mogla obavljati nezavisno od izvršnih operacija. Izvršenje se po prirodi stvari moralo vezivati za kreaciju i stavljati u funkciju njene realizacije, bez čega nikakva proizvodnja ne bi bila moguća.

[1.] Charles R. Walker, cit. rad, str. 428.

Kad je nosilac kreacije i realizacije isti izvršilac, problem povezivanja svodi se na ostvarivost kreacije kao osnovnog uslova realizacije. Ako je neka zamisao neostvariva, dolazi do konflikata pri pokušaju njene realizacije, ali to nisu društveni, nego lični konflikti izvršioca sa samim sobom, koji se razrešavaju preinačavanjem ili potpunim napuštanjem zamisli. U svakom slučaju, izvršna funkcija je pod apsolutnom dominacijom kreatorske funkcije i kad se pronalaze prava rešenja i kad se greši.

Razdvajanjem kreacije i realizacije na različite izvršioce interni lični konflikti prerastaju u društvene konflikte, koji se umesto ličnom samoprinudom razrešavaju društvenom prinudom, kojom se izvodi i samo povezivanje izvršne i kreatorske funkcije. Podređivanje realizacije kreaciji ostvaruje se podređivanjem realizatora kreatorima. Prinudna subordinacija između starešine i ostalih članova porodičnog domaćinstva; majstora, kalfe i šegrta u zanatskoj radionici; direktora, poslovođa, brigadira i krajnjih izvršilaca, odnosno tehničke inteligencije i fizičkih radnika u fabrici, nužan je uslov povezivanja vertikalno podeljenog proizvodnog rada.

Zato se prinudno povezivanje može ukinuti i zameniti slobodnim povezivanjem, samo ukidanjem samog proizvodnog rada i njegovim zamenjivanjem slobodnim stvaralaštvom, kojem je slobodno povezivanje imanentno svojstvo. Ukoliko se proizvodnja mehanizuje, polarizacija na fizičku i umnu delatnost nestaje, pa samim tim nestaje i povezivanje suprotstavljenih polova.

Pošto se, za razliku od proizvodnog rada, društvena podela tekućeg stvaralačkog rada ne izvodi po vertikali, njegovo vertikalno povezivanje ostaje samo kao istorijski proces stalnog produbljivanja i proširivanja ljudskih saznanja na bazi stvaralačkih tekovina. Takvo povezivanje predstavlja osnovnu pretpostavku i samu osnovu *horizontalnog povezivanja* i stvaralačkog i proizvodnog rada.

Da nije bilo produbljivanja i proširivanja ljudskih saznanja, nikada ne bi moglo doći do horizontalnog razgranavanja ni stvaralačke ni proizvodne delatnosti, a s razgranavanjem moralo se vršiti i povezivanje. Kao i kod vertikalne podele, glavnu polugu horizontalnog povezivanja, ne samo stvaralačkih već i proizvodnih delatnosti, predstavlja duhovna aktivnost, kojom se smisao njihovog razdvajanja svodi na njihovo spajanje radi postizanja osnovnih ciljeva opstanka i razvoja ljudske jedinke i ljudske zajednice.

Pošto je čovek po svojoj prirodi univerzalno biće, povezivanje svih njegovih delatnosti u jedinstvenu celinu neizostavni je uslov njegovog opstanka. Ono upravo omogućava da težnje univerzalnosti koje još ne može da ostvari kao jedinka – čovek ostvaruje kao vrsta.

Ali horizontalno povezivanje nije samo uslov generičkog već i fizičkog opstanka čoveka. Ukoliko se bavi samo jednom vrstom delatnosti, on svoj rad mora da razmenjuje s drugima jer su i njegove fiziološke a ne samo duhovne potrebe univerzalne, i ne može da zadovolji jednu a da ne zadovoljava ostale.

Stoga horizontalno povezivanje proizvodnog rada ne samo istog nego i različitih izvršilaca nema prisilni već ekonomski karakter, i ne obezbeđuje se spoljašnjom nego unutarnjom prinudom, odnosno samoprinudom. U tom pogledu, prelazak sa naturalne proizvodnje na robnu proizvodnju, zasnovanu na razvijenoj podeli i razmeni podeljenog rada, značio je veliki napredak u razvoju ljudske zajednice. Robna proizvodnja je horizontalnu podelu na različite delatnosti produbila manufakturnom i fabričkom podelom na različite operacije, ali je i njihovo povezivanje putem robne razmene produbila povezivanjem radnih operacija u jedinstveni proces *zajedničke* proizvodnje. U preduzeću „proces proizvodnje teži da ujedini", tako da „ljudi koji tu rade moraju da djeluju kao da je sve predviđeno – inače se sve ruši".[1]

Što se podela proizvodnog procesa na različite faze, operacije, zahvate, pokrete i mikropokrete više razgranava, povezivanje njegovih delova sve je čvršće i sve neophodnije. Ispitivanja montažne trake pokazala su da se „važan učinak novog sistema radnog toka na međuljudske odnose sastojao u povećanju broja horizontalnih kontakata kao posljedica tehničkih promjena u radnom procesu; horizontalne „spone organizacije" postale su jače. Zahtjevi radnog mjesta uključivali su sada povećanu suradnju između radnika i onih koji se nalaze do njega uzvodno i nizvodno", a „ista je suradnja bila potrebna između poslovođa susjednih odsjeka uzduž radnog toka".[2]

U visokomehanizovanom i poluautomatizovanom sistemu proizvodnje uspostavlja se organska međuzavisnost kako automatizovanih, tako i još neautomatizovanih delova proizvodnog procesa, čiji prekid samo na jednom mestu izaziva zastoj celog sistema. Kako piše Naville, „u savršeno integrisanom ciklusu, gdje svako mjesto ima sasvim određeno značenje u odnosu na ostala, …ako je neki radnik odsutan, ako ne obavlja tačno svoj posao, posljedice toga trpi čitava ekipa", i „dovoljno je da nedostaje jedan operator, na bilo kojoj tački, pa da niko ne može „krenuti".[3]

S produbljivanjem i širenjem proizvodne podele rada tehnološko-ekonomsko povezivanje proizvodnje se učvršćuje i sa pojedinih proizvodnih jedinica širi na njihove asocijacije i celu svetsku zajednicu. „Sve veća povezanost uvjetuje i sve veću međuzavisnost, a proizvodne snage i komunikacije dostižu razmjere kojima postaju pretijesne nacionalne granice".[4] Ono što, prema Pulankasu, „karakteriše sadašnju fazu imperijalizma jeste stvaranje, pod jedinstvenim ekonomskim vlasništvom, zaista složenih proizvodnih jedinica sa usko povezanim i integrisanim procesima rada – integrisanom proizvodnjom – čija se razna preduzeća nalaze u više zemalja".[5]

Bez tehnološko-ekonomskog povezivanja podeljenog i specijalizovanog rada ne bi bilo revolucionarnih promena u povećanju produktivnosti, jer samo „u planskoj saradnji s drugima radnik briše svoje individualne granice i razvija moć svoga rada", pošto „kombinovani ili ukupni radnik ima ruke i oči i spreda i pozadi, i u izvesnoj meri svugde je prisutan".[6]

---

[1] Georges Friedmann – Pierre Naville, *Sociologija rada*, „Veselin Masleša", Sarajevo, 1972, str. 709.

[2] Pierre Naville, cit. rad, str. 70.

[3] Isto, str. 165.

[4] Dr Adolf Dragičević, cit. rad, str. 138

[5] Nikos Pulancas, *Klase u savremenom kapitalizmu*, „Nolit", Beograd, 1978, str. 63

[6] K. Marks: „Kapital", III, isto, str. 223.

Kad se u drobljenju ljudskog rada, radi podizanja njegove produktivnosti, dosegne krajnja granica iza koje se dalje povećavanje proizvodnje može obezbediti samo njenom mehanizacijom, i povezivanje mehanizovane proizvodnje mora se mehanizovati. Integraciona funkcija koju je u ljudskoj proizvodnji vršio ljudski intelekt, mora se sada preneti na veštačku inteligenciju, zbog čega je potpuna mehanizacija proizvodnog procesa nemoguća bez potpune automatizacije.

Pošto mu je integrativnost imanentno svojstvo, stvaralački rad će se, oslobođen proizvodnih stega, bez ikakve (nasilne ili ekonomske) prinude, sam od sebe povezivati. Posebne stvaralačke discipline mogu se razvijati samo kroz međusobno povezivanje, jer se ni u jednoj oblasti stvaranja ne može ići u dubinu ako se ukupnim stvaralačkim radom ne ide u širinu. Kroz međusobno diferenciranje i povezivanje stvaralačkih napora, jedinstvo raznovrsnosti i raznovrsnost jedinstva se u stvaralačkoj delatnosti najneposrednije i najizrazitije ispoljava.

Da bi davala rezultate, traganja za novim saznanjima u bilo kojoj oblasti zahtevaju sve širi oslonac u saznanjima iz drugih oblasti, radi čega su interdisciplinarna i multidisciplinarna istraživanja sve neophodnija. Stoga je ,,naučni rad dobio nove organizacione oblike, čija je najglavnija karakteristika što se od pojedinačnog, solističkog prešlo na grupni, timski rad i na rad u istraživačko-razvojnim laboratorijama i institutima".[1]

RAD I DRUŠTVENA REPRODUKCIJA

1. Proizvodnja i potrošnja

Potrošnja je prvi i neizostavni uslov reprodukcije svakog živog bića. Da bi živeo, čovek mora stalno da troši određene materije neophodne za obnavljanje i funkcionisanje ljudskog organizma. Stoga je potrošnja večiti uslov reprodukovanja ljudske jedinke, a time i ljudske zajednice. Čovek može i da ne proizvodi, ali da troši mora neprekidno sve dok postoji i gde postoji jer je to neizostavni uslov njegovog postojanja.

Prvobitno se reprodukcija čovekova, kao i drugih živih bića, zapravo i sastojala samo od potrošnje prirodnih dobara, tako da je bilo Re = Po. Čovek na predmetima prirode nije činio nikakve fizičke ni hemijske promene pre nego što ih je upotrebljavao za ishranu, odevanje ili zaštitu. U tom pogledu, on se u suštini nije odvajao od ostale žive prirode.

Razlika je, međutim, postojala u načinu pribavljanja životnih sredstava. Dok su druge životinje u tome koristile uglavnom svoju fizičku snagu, čovek se sve više koristio lukavstvom svog uma. Pa ukoliko je i samo pribavljanje životnih sredstava predstavljalo svrsishodnu aktivnost koja je za osnovnu svrhu imala sirove proizvode

---

[1.] Teofanija Trivunac, cit. rad, str. 72.

prirode, utoliko bi se već ona mogla uslovno označiti kao prvobitna, od potrošnje još neizdiferencirana proizvodna aktivnost, gde je Pr = Po.

Proces diferencijacije otpočeo je kad je čovek pre same potrošnje načinio određene promene na proizvodima prirode, koji su samim tim postajali i proizvodi njegovog rada. Time je i proces reprodukcije ljudske jedinke i ljudske zajednice dobio složeniji olik od dva sukcesivna čina – Pr $\rightarrow$ Po, od kojih je proizvodnja određenih životnih sredstava prethodila njihovoj potrošnji, ali je i potrošnja uopšte morala da prethodi proizvodnji, da bi se uopšte moglo proizvoditi.

S diferenciranjem proizvodnje načinjeno je i diferenciranje potrošnje na proizvodnu i ličnu potrošnju, kao sukcesivne činove same potrošnje u lancu Pp $\rightarrow$ Lp. Pre lične potrošnje prirodni predmeti sada moraju da prođu kroz proizvodnu potrošnju, u kojoj se ljudskim radom preoblikuju u *proizvedene* predmete kao upotrebna dobra.

U tom preoblikovanju proizvodnja se podudara sa proizvodnom potrošnjom, pa je Pr = Pp. Nijedan proizvod ne može se stvarati i stvoriti bez trošenja supstance od koje se stvara i sredstava kojima se stvara, zbog čega nikakve proizvodnje ne može biti bez proizvodne potrošnje.

Ali u procesu proizvodnje ne troše se samo materijalna sredstva nego i radna snaga proizvođača, pa se i lična potrošnja u funkciji njenog reprodukovanja može smatrati proizvodnom potrošnjom, tako da je Lp = Pp. A ukoliko je rad lična potreba čovekova, i proizvodna potrošnja može se smatrati ličnom potrošnjom, pa je utoliko i Pp = Lp.

Između proizvodnje i potrošnje postoji, prema tome, opšta podudarnost, tako da „bez proizvodnje nema potrošnje", bez potrošnje nema proizvodnje, proizvodnja je neposredno potrošnja, potrošnja je neposredno proizvodnja", te je Pr = Po, a Po = Pr, i „svaka se pojavljuje kao sredstvo one druge, posredovana je njome, što se izražava kao njihova uzajamna zavisnost ... Svaka od njih nije samo neposredno ona druga, niti samo posreduje drugu, nego svaka od njih, izražavajući sebe, stvara drugu, sebe kao drugu".[1]

Ali proizvodnja i potrošnja su i suprotnosti koje se međusobno ograničavaju i poništavaju. Proizvodnja je granica potrošnje, a potrošnja granica proizvodnje", trošiti se može što je proizvedeno, a proizvoditi samo ako se u procesu proizvodnje troši. Potrošnjom se proizvedena dobra troše i poništavaju, kao što se proizvodnjom troše i poništavaju dobra koja u proizvodnju ulaze.

Ta protivrečnost između proizvodnje i potrošnje razrešava se tako što se razvijanjem jedne razvija i druga. „Proizvodnja proizvodi potrošnju" time što „proizvodi predmet potrošnje, način potrošnje, pobudu potrošnje", a „potrošnja proizvodi proizvodnju 1) time što proizvod tek u potrošnji postaje zbiljski proizvod" i 2) time što potrošnja stvara pobudu *nove* proizvodnje, dakle onaj idealni, unutrašnji motiv proizvodnje koji je njena pretpostavka".[2]

[1.] K. Marks: „Osnovi kritike političke ekonomije", K. Marks, F. Engels, *Dela*, isto, tom 19, str. 11. i 12–13.
[2.] Isto, str. 11. i 12.

Kao neposredno zadovoljavanje egzistencijalnih potreba, lična potrošnja glavni je motiv proizvodnje, za koju predstavlja kategorični imperativ jer se ne proizvodi samo zato što se hoće već što se *mora*. Iako je u početku živeo od blagodeti prirode, čovek ne bi mogao da opstane bez prelaska sa sakupljačke na proizvođačku aktivnost, kojom je obezbeđivao ne samo obilnija nego i kvalitetnija sredstva egzistencije.

Ali čak i da mu priroda pruža večito izobilje životnih sredstava, čovek se ontološki mora razvijati kao stvaralačko biće, a proizvodnja je prvi istorijski stupanj njegove stvaralačke delatnosti, kojom se izdvaja iz ostalog životinjskog sveta i ulazi u sopstveni svet duhovnog stvaranja. Kao svako živo biće, čovek se mora razvijati jer je razvoj neizostavni uslov njegovog opstanka, a osnovu razvoja ljudskog bića čini duhovni razvoj. Stoga se društvena reprodukcija mora posmatrati pre svega kao stvaralački proces od nižih ka višim oblicima duhovnog stvaranja.

Reprodukcija čoveka u osnovi je reprodukcija ljudskog uma, pa je i reprodukcija društva u osnovi reprodukcija kolektivnog uma kao objektivizacije i socijalizacije individualnog uma izvan kojeg nekog drugog uma i nema. Ta objektivizacija neizostavni je uslov reprodukovanja i kolektivnog, i samog individualnog uma, koji kao svoj reprodukcioni materijal koristi duhovne tekovine društva, odnosno podruštvljene proizvode duhovne delatnosti individualnih umova.

Kao tekovina ljudskog uma, stečena znanja su reprodukciona osnova za sticanje novih znanja, kojima se lanac generičke reprodukcije čoveka produžava unedogled. Taj proces ne samo što se nikada ne obrće unazad, nego se nikada i ne ponavlja, on je u suštini uvek stvaralački i novatorski, jer istraživanje i spoznavanje nečeg što je već istraženo i spoznato ne bi imalo nikakvog smisla.

Proces duhovne reprodukcije razvija se po dubini i po širini, i ne može se razvijati po jednoj ako se ne razvija po drugoj dimenziji. Poniranje u dubinu omogućava da se osvetli širina prirode, i obratno, saznanjima u jednoj oblasti dolazi se do saznanja u drugim oblastima.

Stečena znanja neuništiva su tekovina čovečanstva, koja predstavlja okosnicu njegovog istorijskog kontinuiteta, jer je znanje kao emanacija ljudskog uma okosnica samog čovečanstva. Kao delatnost ljudskog uma, duhovna reprodukcija čini suštinu društvene reprodukcije jer je kolektivni um suština društvene zajednice, baš kao što je individualni um suština ljudske jedinke.

Duhovna reprodukcija osnova je materijalne reprodukcije društva, koja samo na toj osnovi nastaje i razvija se. Zato se porušena materijalna baza može relativno brzo obnoviti, dok bi se rušenjem duhovne baze čovečanstvo vratilo na sam početak ako bi to uopšte bilo moguće.

Razvoj materijalne proizvodnje kretao se upravo u zavisnosti od sposobnosti ovladavanja prirodom i prirodnim silama, prošavši do sada tri karakteristične faze. U *prvoj fazi* preovlađivalo je korišćenje sredstava društvene reprodukcije u njihovom prirodnom obliku, *drugu fazu* karakteriše obrada, a *treću* prerada prirodnih predmeta.

Čovek je počeo s korišćenjem prirode u njenom izvornom obliku. U sakupljanju prirodnih plodova služio se *neobrađenim* predmetima, koje je pokretao isključivo sopstvenom snagom. Početkom ljudske proizvodnje može se označiti momenat kada je čovek prvi put, makar i sasvim primitivno, *obradio* neki predmet da bi se lakše domogao prirodnih plodova (dohvatio plod, iskopao koren biljke, ulovio divljač i sl.).

Trebalo je, međutim, mnogo vremena i umnog napora da izrada i stalna upotreba oruđa za rad, uz delimično korišćenje prirodne energije (životinjske vuče, vode, vetra, sunca i vatre) u obradi prirode postane preovlađujući način reprodukcije. Morale su biti razvijene i veština izrade i veština rukovanja proizvodnim oruđima da bi se priroda sve svrsishodnije oblikovala prema ljudskim potrebama.

Zamena proizvodnih veština tehnološkim znanjima omogućila je da se sa obrade pređe na *preradu* sirove prirode. Umesto fizičke snage proizvođača i sirove prirodne energije, prirodnih sirovina i obrađenih prirodnih predmeta kao oruđa rada, koriste se veštačka energija, sintetički materijali i tehničke naprave izrađene od veštačkih materijala.

S menjanjem tehnologije menjan je i društveni karakter proizvodnje. Zavisno od toga kako su proizvodili, ljudi su se u procesu proizvodnje tako i povezivali, jer je proizvodno povezivanje po svojoj prirodi i funkciji proizvodnje.

Sakupljačkoj aktivnosti je, i radi uspešnijeg ulova i radi veće bezbednosti, odgovarao *čoporativni način života*. Bez ikakvog oruđa, divljač je teško mogla biti savladana zasebnim individualnim naporom, a ni pojedinačno suprotstavljanje neprijatelju nije davalo nikakvog izgleda na uspeh.

Izrada i rukovanje ručnim alatkama u obradi prirodnih predmeta podrazumevali su *individualnu proizvodnju*, koja se više zasnivala na veštinama stečenim ličnim iskustvom, nego na tehnološkim znanjima stečenim od drugih. Dosta dugo je svaki pojedinac ne samo sam lovio, stočario ili ratario nego je sam za sebe izrađivao i odgovarajuća oruđa.

Zasnovana na tehnološkim znanjima i pojedinačnoj podeli rada, industrijalizacija je umesto individualnog uspostavila *kolektivni način proizvodnje*, ne samo time što je industrijske radnike na zajedničkim poslovima zbila u fabričke radionice već i što je u jedan reprodukcioni lanac povezala sve proizvodne i neproizvodne delatnosti. Te veze već su toliko razvijene da je praktično ceo svet zbijen u jednu radionicu.

Prema načinu proizvodnje menjao se i način potrošnje. Proizvodnja je diktirala odgovarajuće promene ne samo u proizvodnoj već i u ličnoj potrošnji. Individualizacija i socijalizacija proizvodnje i ukupne potrošnje predstavljale su stoga jedinstven istorijski proces.

Čoporativno pribavljanje životnih sredstava podrazumevalo je i *čoporativnu potrošnju*. Ukoliko su ubrani plodovi prirode odmah trošeni, individualna potrošnja zajedničkog ulova bila je, bar u društvenom smislu, isključena. Pošto je zajednički život predstavljao prirodnu nuždu, takva potrošnja nije bila ni potrebna ni moguća.

Individualna potrošnja omogućena je tek individualnom proizvodnjom, jer pojedinci nisu mogli sami za sebe da troše dok nisu postali sposobni da sami proizvode.

Ipak, takva potrošnja je i pri individualnoj proizvodnji predstavljala izuzetak jer se, po pravilu, trošilo u porodičnom krugu zajedno s članovima koji nisu proizvodili. Čak i pri samačkom načinu života, neka čisto individualna potrošnja, baš kao ni čisto individualna proizvodnja, nikada nije postojala kao društveni fenomen.

S razvojem kolektivne industrijske proizvodnje, i *kolektivna potrošnja* se razvija u sve dominantniji oblik potrošnje. Ne samo što se zajednička potrošnja povećava unutar preduzeća, nego se i izvan preduzeća „sve veći deo nacionalnog produkta troši društveno umesto individualno".[1]

Savremena, sve društvenija proizvodnja zahteva i savremenu, sve društveniju potrošnju, čiji se „ubrzani ritam može smatrati opštom tendencijom savremenog sveta".[2] Kako primećuje Frank H. Najt, današnje „društvo u sve većoj meri nalazi da je potrebno ili korisno da reguliše sređivanje zadovoljavanja sopstvenih potreba jednog pojedinca, da nametne životni standard zajednice",[3] pa u industrijski razvijenim zemljama još šezdesetih godina XX veka „oko polovinu svoje dobiti preduzeća daju fiskusu za finansiranje opštih potreba".[4]

Društvena potrošnja ne isključuje, nego podrazumeva individualnu potrošnju jer je društvo zajednica ljudskih jedinki. Prvobitna, čoporativna potrošnja nije bila u pravom smislu ni društvena ni individualna, već embrionalna, jer ljudi još nisu živeli kao samostalne jedinke, pa je prvobitna horda bila bliža životinjskom čoporu nego ljudskoj zajednici. Društvena potrošnja u pravom smislu predstavlja u suštini *zajedničko* zadovoljavanje *individualnih* potreba, koje se razvija kroz prevazilaženje suprotnosti između individualnog i nadindividualnog ili paradruštvenog odnosno etatističkog zadovoljavanja. Postojeća kriza etatizma podjednako je rezultat nesposobnosti otuđene autokratske države da organizuje kako društvenu proizvodnju, tako i društvenu potrošnju.

U funkciji zadovoljavanja *ljudskih potreba*, i proizvodnja i potrošnja razvijale su se prema tim potrebama, ali su i ljudske potrebe rasle razvijanjem proizvodnje i potrošnje, koje kao sredstvo njihovog zadovoljavanja, i same za sebe predstavljaju nasušnu ljudsku potrebu. A razvoj svih ljudskih potreba tekao je od dominacije fizioloških ka dominaciji duhovnih potreba, i od životinjskog ka sve humanizovanijem načinu njihovog zadovoljavanja. To je i osnovni tok reprodukovanja kako ljudske jedinke tako i ljudske zajednice.

Ceo razvoj društvene reprodukcije počiva na *sukobu fizioloških i duhovnih potreba,* te *fizičke i duhovne aktivnosti čoveka.* Pošto su fiziološke potrebe i fizička aktivnost ograničavajući faktori duhovnih potreba i duhovne aktivnosti, celokupna delatnost čoveka usmerena je na njihovo prevladavanje.

[1] Branislav Šoškić, *Savremeni kapitalizam,* „Rad", Beograd, 1976, s. 35.
[2] Ivan Maksimović, *Politička ekonomija socijalizma,* „Savremena administracija", Beograd, 1984, str. 229.
[3] *Teorija o društvu,* sv. I, „Vuk Karadžić", Beograd, 1969, str. 437.
[4] Vladislav Milenković, *Rad i kapital na zapadu,* „Sedma sila", Beograd, 1965, str. 74.

Budući da je prva i najznačajnija potreba čoveka ljudski rad, osnovu razvoja celokupne društvene reprodukcije predstavlja prevladavanje fizičkog umnim, i proizvodnog stvaralačkim radom. Neposrednu proizvodnju materijalnih sve više zamenjuje neposredna „proizvodnja" duhovnih dobara, rad se iz sredstva reprodukcije pretvara u svrhu reprodukcije, i od životne nužde postaje smisao života.

Samim tim, i proizvodnu potrošnju zamenjuje duhovna „potrošnja", umesto materijalnih činilaca proizvodnje, koji se troške, upotrebljava se ljudsko znanje, koje se ne troši. Za razliku od materijalne proizvodnje, u duhovnoj „proizvodnji" *znanje* je *glavni* ulazni i izlazni činilac, ono je i predmet i osnovno sredstvo, i sam proizvod stvaralačkog rada.

Zajedno sa proizvodnom, menja se u istom smislu i lična potrošnja. Ukoliko se duhovna „proizvodnja" širi na račun materijalne proizvodnje, i korišćenje duhovnih dobara relativno se brže širi od potrošnje materijalnih dobara. Duhovni život sve više dominira nad fiziološkim životom, a duhovna uživanja nad fiziološkim uživanjima. Ali ne menja se samo obim, nego se menja i kvalitet zadovoljavanja, i fizioloških i duhovnih potreba, čime se menjaju i same potrebe.

Prvobitno zadovoljavanje fizioloških potreba čoveka bilo je na nivou ostalog životinjskog sveta. Ukoliko nije bio u stanju da prirodu oblikuje prema svojim potrebama, čovek nije mogao da menja ni način njene upotrebe. Produhovljavanje fizioloških potreba moglo se izvesti samo kao duhovna potreba, a čovek je otpočetka težio za kultivizacijom svoje egzistencije. Uz pomoć duhovnih delatnosti, on se po načinu ishrane, odevanja, stanovanja i zdravstvene zaštite već visoko izdigao iznad ostalog životinjskog sveta, a njegove fiziološke potrebe sve više se prožimaju duhovnim potrebama.

Ali ubrzano se razvijaju i duhovne potrebe, čije se zadovoljavanje iz zabavne sve više pretvara u stvaralačku igru. Dok je u početku stvaralaštvo predstavljalo retku delatnost izuzetno nadarenih pojedinaca, danas sve veći broj ljudi oseća potrebu ne samo da uživa u stvaralaštvu drugih, već i da sam stvara. Stvaralačka delatnost se iz relativno retke profesije ubrzano pretvara u slobodno zanimanje celog čovečanstva, koje se samo time može izdići do svoje generičke suštine.

To je put da se i društvena reprodukcija izdigne do svoje suštine – duhovne reprodukcije. Duhovnim stvaranjem ukida se istorijska protivrečnost proizvodnje i potrošnje, jer se i proizvodnja i potrošnja ukidaju kao osnovni činioci društvene reprodukcije i kao neposredne društvene aktivnosti čoveka. Automatizacijom se proizvodnja i potrošnja iz osnovnih i neposrednih pretvaraju u sporedne i posredne činioce društvene reprodukcije, bez kojih se ne može, ali koji više nisu centralni već periferni činioci.

U *stvaralačkoj delatnosti*, kao generičkoj osnovi društvene reprodukcije, proizvodnja i potrošnja sjedinjuju se i nestaju kao posebni i međusobno suprotstavljeni činioci reprodukcije. Ukoliko stvaralački rad (ne samo kao generička težnja već i kao njeno ostvarenje) postaje neposredna životna potreba, utoliko u njemu i proizvodnja i potrošnja dostižu svoj zenit: prva zato što proizvodi generičku osnovu same proizvodnje, a druga što se pretvara u najsvrsishodnije – samosvrsishodno trošenje ljudske energije.

Ljudska zajednica može se iz proizvođačkog razviti u stvaralačko društvo samo ako se sve njene snage usmere na stvaralačku delatnost, što podrazumeva da se proizvođačka reprodukcija transformiše u stvaralačku reprodukciju, bez koje se ni proizvodnja ne bi mogla dalje razvijati. Posle sakupljačke i proizvođačke faze, slobodno stvaralaštvo jedina je moguća perspektiva njenog daljeg reprodukovanja.

2. Raspodela i prisvajanje

Dok je čovek živeo od blagodeti prirode, njihova raspodela na različite korisnike pre je predstavljala prirodni nego društveni odnos, koji je nastajao samo u slučaju sukobljavanja oko ograničenog plena. I prisvajanje je više predstavljalo odnos između čoveka i prirode nego između samih ljudi, koji su upotrebna dobra prisvajali od prirode a ne jedan od drugog.

Raspodela i prisvajanje su prirodan odnos proizvođačkog društva, u kojem čovek sredstva svoje egzistencije sam proizvodi, ali ih niko ne proizvodi sam za sebe već zajedno s drugima i za druge. Zato oni ne predstavljaju više slučajan nego nužan odnos među samim ljudima, koji ono što su zajednički proizveli moraju na neki način raspodeliti i raspodeljenim raspolagati da bi se i kao jedinke i kao zajednica održali i reprodukovali.

Stoga *raspodela* čini nužnu kariku između proizvodnje i potrošnje, tako da lanac reprodukcije proizvođačkog društva dobija oblik Pr – Ras – Po. Da bi ušlo u ličnu ili proizvodnu potrošnju, ono što se proizvede mora se na učesnike u društvenoj reprodukciji najpre raspodeliti, bez obzira da li su oni neposredno učestvovali u samoj proizvodnji.

Nužnost raspodele i prisvajanja proističe iz relativne ograničenosti proizvodnje u odnosu na ljudske potrebe. Dok se ništa nije proizvodilo, nije se imalo šta ni raspodeljivati i prisvajati, a ukoliko se proizvodi prema potrebama, društvena raspodela i prisvajanje postaju bespredmetni. Zato raspodela i prisvajanje kao društveni odnos i nastaju i nestaju s nastankom i nestankom ograničene ljudske proizvodnje, jer neograničena automatizovana proizvodnja omogućava potrošnju prema stvarnim fiziološkim čovekovim potrebama.

Društvena raspodela i prisvajanje bitan su činilac ne samo ostvarivanja nego i razvijanja neposredne ljudske proizvodnje sve dok ona postoji. Svaki napredak u načinu raspodele i prisvajanja deluje kao stimulator proizvodne mobilnosti i društvene produktivnosti, podstičući razvoj tehnologije, organizacije i ekonomije proizvodnje, koji, opet, sa svoje strane, zahteva da se raspodela i prisvajanje dalje unapređuju.

Da bi se uopšte proizvodilo, sam proizvodni rad mora se, pre svega, deliti na *proizvodnju sredstava proizvodnje* i *proizvodnju sredstava lične potrošnje*:

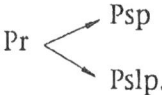

Prva je u funkciji reprodukovanja materijalnih činilaca proizvodnje, druga u funkciji reprodukovanja proizvođača, a ni bez jednog ni bez drugog nema obnavljanja ni same proizvodnje.

Shodno tome, i proizvodi rada dele se na *sredstva proizvodnje* i *sredstva lične potrošnje*, od kojih prva neposredno, a druga preko obnovljene radne snage, ulaze u novi proizvodni ciklus:

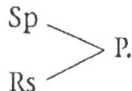

Deljenje proizvodnog rada na reprodukovanje živih i materijalnih činilaca proizvodnje vrši se tako radi njegovog ponovnog sjedinjavanja u kontinuiranom procesu proizvodnje kao materijalnoj osnovi društvene reprodukcije.

Ali ljudski rad se ni u funkciji same proizvodnje ne usmerava samo u reprodukovanje neposrednih proizvodnih činilaca, već i u stvaranje opštih uslova proizvodnje, čime se obavlja i podela na *proizvodni i neproizvodni rad*, koja za rezultat ima odgovarajuću podelu na *materijalna dobra* i *društvene usluge*. I ta podela se, opet, vrši radi ponovnog sjedinjavanja u kontinuiranom procesu društvene reprodukcije, u kojem proizvodni i neproizvodni rad čine organsku celinu.

Zbog toga se i sredstva lične potrošnje moraju deliti na neposredne proizvođače i neproizvođače iako su u funkciji nedeljive društvene reprodukcije, u kojoj i proizvođači i neproizvođači obavljaju određene organski povezane društvene funkcije. Raspodela sredstava ljudske egzistencije stavlja se time u funkciju društvene raspodele ljudskog rada, koji je i sam u funkciji ljudske egzistencije.

Unapređivanje ljudske egzistencije i ukupne reprodukcije proizvođačkog društva obezbeđuje se, međutim, odnosima raspodele u kojima *opredmećeni rad dominira nad živim radom*. Da bi se društvo ubrzano razvijalo, mora se u globalu više ulagati u materijalnu proizvodnju nego u životni standard, zbog čega se živi rad mora podređivati opredmećenom radu.

Za ubrzani razvoj proizvođačkog društva nisu, međutim, dovoljna samo veća ulaganja u materijalnu proizvodnju, već je neophodna i *društvena koncentracija* proizvodnih činilaca na razvojnim punktovima. Da bi se obezbedila kritična masa razvojnih činilaca, moraju se minorni viškovi proizvoda mnogih proizvođača koncentrisati na jedno mesto, odakle se mogu planski usmeravati.

To je moguće samo ako se višak proizvoda koji pretiče iznad egzistencijalnog minimuma oduzme od brojnih proizvođača i stavi na raspolaganje malobrojnim vlasnicima zainteresovanih za njegovo dalje uvećavanje. Prisvajanje je zapravo i nastalo kao istorijska nužda i preka potreba društvenog razvoja, koji se ni na koji drugi način nije mogao obezbediti nego *svojinskom monopolizacijom* i društvenom centralizacijom ostvarenog viška proizvoda kao materijalnom osnovom razvoja.

Celokupan razvoj proizvođačkog društva počiva upravo na otuđivanju viška proizvoda od neposrednog proizvođača, koji je sve vreme opstajao na *egzistencijalnom minimumu*. Pa i u kapitalizmu, kao najvišoj fazi proizvođačkog društva, „egzistencija radnika svedena je na uvjet egzistencije svake druge robe", tako da „radniku pripada najmanji i najneophodniji dio proizvoda, samo toliko koliko je potrebno da egzistira, ali ne kao čovjek, nego kao radnik, da ne razmnožava čovječanstvo, nego robovsku klasu radnika".[1] Kako primećuju Fridman i Navil, „plate su uvijek obuhvatale minimume ispod kojih nije više bilo moguće ni zaposlenje ni konkurencija",[2] a prema konstataciji Mera, „tokom čitave prve faze kapitalizma nadnica kojom se kupovala radna snaga jedva je bila dovoljna da, često, i na bedan način izdržava radnika i njegovu porodicu".[3]

Otuđivanje viška proizvoda, na jednoj, vrši se njegovim prisvajanjem na drugoj strani, čime se društveni proizvod cepa na dva međusobno suprotstavljena dela, na čijem se razdvajanju i ponovnom spajanju zasniva celokupno reprodukovanje proizvođačkog društva. Čim se moglo proizvoditi više nego što je bilo potrebno za prosto reprodukovanje radne snage, nastala je težnja za prisvajanjem i koncentrisanjem potencijalnog viška proizvoda, koje se nije moglo izvesti bez prisvajanja materijalnih sredstava proizvodnje i samog proizvođača. Zato „rodovske starješine i vjerski poglavari grabe sebi najbolje oranice, livade i primjerke zajedničke stoke", pa „u ratu zarobljenog neprijatelja više ne ubijaju, već ga upošljavaju na tim imanjima, što su narasla do te mjere da ih njihovi vlasnici više ne mogu sami obrađivati".[4]

U uslovima naturalne proizvodnje, kada se proizvodi samo za sebe, prisvajanje se i ne može vršiti drugačije nego ratovanjem i porobljavanjem *pomoću fizičke sile*, na kojoj prevashodno počiva i sama proizvodnja. Zato i tu dolazi do striktne podele proizvoda na potreban proizvod i višak proizvoda, koji se pomoću sile mora ne samo prisvajati već, kao privatno vlasništvo, i štititi. Kao proizvođači viška proizvoda, i rob i kmet bili su pravno zaštićeni samo kao objekt vlasništva s neograničenim pravom raspolaganja njihovih gospodara.

Iako je ne ukida, robna proizvodnja fizičku silu kao oslonac svojinskog monopola potiskuje u drugi plan jer, kao sopstveni oslonac, u drugi plan potiskuje i fizičku snagu proizvođača. Kao što se u proizvodnji fizička snaga proizvođača sve više zamenjuje mehaničkom snagom, tako se u prisvajanju viška proizvoda fizička prinuda zamenjuje *ekonomskom prinudom*.

Dok su rob i kmet silom vezivani za zemlju da bi radili za svog gospodara, industrijski radnik sam se prodaje i predaje svom poslodavcu, s kojim prema tržišnim

---

[1] K. Marks: Ekonomsko-filozofski rukopisi iz 1844, isto, str. 185 i 188.
[2] Georges Friedman, Pierre Naville, cit. rad, str. 483.
[3] Edmon Mer, *Samoupravljanje sutrašnjica*, „Radnička štampa", Beograd, 1977, str. 29.
[4] Adolf Dragičević, *Robovlasništvo*, „Znanje", Zagreb, 1958, str. 7.

uslovima ravnopravno ugovara visinu najamnine i uslove vlastite eksploatacije. Da bi opstao, on se u korist poslodavca dobrovoljno odriče svog viška proizvoda jer je, bez sopstvenih sredstava egzistencije, na to objektivno prinuđen.

Sav smisao zadržavanja neposrednog proizvođača na egzistencijalnom minimumu jeste u tome da se ceo *višak proizvoda* koncentriše u rukama malobrojnih vlasnika, i jednim delom usmeri u razvoj proizvodnje, a drugim delom posluži za izdržavanje samih vlasnika i razvijanje slobodnog stvaralaštva, kojim se oni ili njihovi plaćenici bave. A to je i osnovni uslov ubrzanog ostvarivanja istorijske težnje čovečanstva za oslobađanjem od proizvodnog rada i za slobodnim stvaralaštvom, uz istovremeno podizanje materijalnih uslova egzistencije do životnog izobilja.

Društveni razvoj ubrzava se i sve većom *centralizacijom viška proizvoda* u posedu samih vlasnika. Međusobnom eksproprijacijom samih vlasnika društveno bogatstvo nagomilava se u rukama sve manjeg broja posednika, čime se uvećava potencijal razvojnih činilaca i olakšava njihovo društveno usmeravanje.

Centralizacija društvenog bogatstva vršena je pri naturalnoj proizvodnji prevashodno silom, pre svega ratnim osvajanjima putem kojih su od malih državica stvarane moćne imperije sa velikom koncentracijom ekonomske i društvene moći. Njihov domet je, međutim, bio regionalna centralizacija, i težnja za stvaranjem jedne svetske imperije nije pomoću sile nikada mogla biti ostvarena.

Svetska centralizacija može se, na osnovama robne proizvodnje, ostvariti samo putem ekonomske koncentracije, u kojoj fizičku silu kao sredstvo centralizacije zamenjuje tržišna konkurencija. Preko tržišne razmene obavlja se prelivanje ekonomske vrednosti od manje produktivnih ka produktivnijim robnim proizvođačima, putem kojeg jači kapitali, i bez neposredne upotrebe sile, „gutaju" slabije kapitale, tako da u bezobzirnoj konkurenciji opstaju samo najmoćniji i najproduktivniji.

Tržišna konkurencija vodila je na taj način koncentraciji kapitala u posedu sve manjeg broja vlasnika s tendencijom da se konačno koncentriše u posedu države kao jednog jedinog depersonalizovanog vlasnika. Podržavljenje kapitala ubrzano je još više političkim merama nacionalizacije koje su preuzimanjem vlasti preduzimale centralistički orijentisane snage, posebno fašistički, komunistički, socijalistički i nacionalno-oslobodilački pokreti. To je za rezultat imalo da se veliki ili najveći deo kapitala za relativno kratko vreme stekao u posedu nacionalnih država kao najmoćnijih vlasnika.

Razvoj međunarodne podele rada, razmene i kooperacije vodi, međutim, stvaranju sve moćnijeg svetskog kapitala, koji se koncentriše u posedu *multinacionalnih kompanija* i *transnacionalnih korporacija*. Svojom ekonomskom snagom pojedine svetske korporacije nadilaze mnoge, naročito ekonomski zaostale države, i predstavljaju vodeću razvojnu snagu savremenog sveta.

Monopolizacija društvenog bogatstva u posedu malobrojnih vlasnika značila je društvenu *polarizaciju izobilja, na jednoj, i nemaštine, na drugoj strani*. Na nacionalnom planu ona je podrazumevala klasnu polarizaciju eksploatatorskih i eksploatisanih klasa, a na međunarodnom planu nacionalnu polarizaciju eksploatatorskih i eksploatisanih nacija.

Kao karakterističan izraz razvoja proizvođačkog društva, ta polarizacija istovremeno je predstavljala i njegovu smetnju, koju je trebalo stalno otklanjati da bi se krčio put daljem razvoju. Ta smetnja ogledala se naročito u nedovoljnoj zainteresovanosti eksploatisanih klasa i nacija za veću proizvodnju, i ograničenim mogućnostima njihove potrošnje, kojima su ograničavane i mogućnosti proizvodnje.

Izgleda paradoksalno da najveći problem proizvođačkog društva predstavlja *nedovoljna motivacija za proizvodnju.* On, međutim, proističe iz same prirode proizvodnog rada, koji sam po sebi ne motiviše ljudsko biće, zbog čega ono zapravo i teži da ga se što pre oslobodi. To što može da ga motiviše nije sam proizvodni rad već proizvod rada kojim može da zadovolji svoje egzistencijalne potrebe.

Ukoliko se, međutim, proizvod rada otuđuje od proizvođača, utoliko njegova motivacija slabi, a produktivnost pada. Zato je tokom istorije problem proizvodne motivacije rešavan pr svega menjanjem svojinskih odnosa i načina raspodele, kojim je podstican interes proizvođača za povećanje proizvodnje.

Najveći stepen eksploatacije i najslabija motivacija za proizvodni rad bili su u robovlasništvu, kada je neposredni proizvođač i *de facto* i *de jure* tretiran kao tegleća marva bez ikakvih ljudskih prava. Zato se s pravom smatra da je „najbitniji uzrok rasula Rimskog carstva, pre svega, u...ogromnom udelu robovske snage u proizvodnji", budući da su „robovi, već samim svojim statusom, bili nezainteresovani za rad, pa su, umesto da podižu proizvodnju, dizali ustanke i time potresali temelje Carstva".[1]

Problem je rešavan davanjem sve većih ustupaka pripadnicima proizvođačke klase, pa „ako se još u starobabilonskom carstvu ponekad rob otpuštao da sam zarađuje i da zasniva svoje domaćinstvo (naravno pod kontrolom gospodara)", kasnije „taj sistem...postaje veoma rasprostranjen. Rob koji ima vlastitu radionicu ili trgovinu obavezan je da uplaćuje gospodaru 1/5 svoje vrijednosti godišnje, ne računajući i izvestan dio zarade. U povoljnoj situaciji takav rob se obogaćivao, imao je čak i pravo da ima vlastite robove, a „imao je i neka prava građanina", pa je „mogao da vodi sudske sporove i zaključuje ugovore sa slobodnim licima, iako je i dalje ostajao u punoj vlasti gospodara, koji ga je mogao u svako vrijeme prodati ili podvrći kažnjavanju".[2]

Na liniji takvih ustupaka nastao je i novi – feudalni poredak, pa su se, na primer, „antički robovi, koloni i pripadnici slobodnih seoskih zajednica „barbarskih naroda" s vremenom oblikovali u seljački sloj",[3] koji je dobio znatno veću ekonomsku i društvenu samostalnost nego što su je imali robovi. Uvođenjem *radne rente*

[1] A. Bulek, Dž. Bari, Dž. Branovski, Dž. Tičer, Dž. Haksli, *Istorija od početka civilizacije do danas,* „Vuk Karadžić" – „Mladinska knjiga", Beograd – Ljubljana, 1969, str. 71.
[2] D.G. Reder, E.A. Čerkasova, *Istorija staroga vijeka,* dio I, Zavod za izdavanje udžbenika, Sarajevo, 1972, str. 235.
[3] *Povijest svijeta,* zbornik, „Naprijed", Zagreb, 1977, str. 351.

višak rada potpuno je odvojen od potrebnog rada, čime je kmetu prepušteno da za svoje potrebe radi kako zna i ume, i on je za sebe radio mnogo bolje nego za vlastelina, što je predstavljalo dovoljan uput za uvođenje stimulativnije *naturalne rente*, dok je još stimulativnijom *novčanom rentom* kmetu pružena mogućnost i za potpuno oslobađanje od feudalne zavisnosti.

Kapitalizam je uspostavio pravni subjektivitet *najamnog radnika* nad sopstvenom radnom snagom, ali je u fabričke hale uveo moderno ropstvo, koje se, međutim, ne bi moglo održati bez vezivanja najamnine za radni učinak putem *akorda* ili *radne norme*, i uvođenjem *naučne organizacije rada*, kojom se proizvodnoj motivaciji posvećuje izuzetna pažnja. U razvijenom kapitalizmu konačno se već napušta egzistencijalni minimum proizvođača, koji posredno ili neposredno sve više sudeluje i u raspodeli viška proizvoda.

Ali najamni položaj proizvođača ni uz maksimalnu stimulaciju ne omogućava takvu proizvodnu motivaciju kakvu zahteva savremena tehnologija da radnik bude zainteresovan ne samo za svoj lični učinak već i za rezultate rada i poslovanja celog preduzeća, što pretpostavlja da ono ne predstavlja tuđe, nego njegovo sopstveno vlasništvo, i da lična primanja zaposlenih ne zavise samo od njihovog ličnog učinka već i od ukupnih rezultata rada i poslovanja preduzeća.

Razvoj proizvodnih tehnologija, koji je vodio sve većem podruštvljavanju proizvodnje, uslovljavao je i sve veće *podruštvljavanje proizvodnih odnosa* koje je vršeno kroz *istovremenu individualizaciju i kolektivizaciju svojine*. Prvobitno plemensko vlasništvo isključivalo je individualno prisvajanje jer pojedinac još nije bio sposoban da samostalno proizvodi, pa takvo prisvajanje ne bi ni imalo nikakvog smisla. Proces *diferencijacije svojinskih odnosa* otpočeo je kad su porodična domaćinstva, zahvaljujući napretku proizvodne tehnologije, postala sposobna da samostalno privređuju, radi čega je i njihovo samostalno raspolaganje proizvodnim sredstvima postalo neophodno.

Dok je pri naturalnom načinu proizvodnje individualizacija svojine dovedena do starešine porodičnog gazdinstva kao legitimnog vlasnika celokupne porodične imovine, na osnovama robne proizvodnje uspostavljeno je opšte individualno vlasništvo svih punoletnih članova društvene zajednice. Ako ništa drugo, bar je svaki proizvođač postao legitimni vlasnik svoje radne snage, koju je mogao slobodno iznajmljivati i dobijenom najamninom samostalno raspolagati.

Ali što se više individualizuje, svojina se istovremeno sve više kolektivizuje. Iako nisu svi pravni vlasnici, članovi porodičnog domaćinstva su kolektivni korisnici porodične imovine, koja kao upotrebno dobro pripada svima. Najamni radnik je legitimni vlasnik svoje radne snage, ali je njen neposredni korisnik poslodavac, kao što je pri robnom načinu proizvodnje svaki potrošač, po pravilu, korisnik tuđeg proizvoda.

Tehnološkom kolektivizacijom proizvodnje industrijalizacija je nametnula potrebu i za odgovarajućom kolektivizacijom svojine. U fabrici koja pravno pripada samo fabrikantu, rade i od rada njenim postrojenjima žive svi zaposleni, ali ta suprotnost između pravnog individualiteta i ekonomskog kolektiviteta mora se prevazići da bi se i proizvodnja i proizvodni odnosi dalje razvijali.

Prevazilaženje je praktično započelo već s nastajanjem same suprotnosti, ali ga je robna proizvodnja putem tržišne konkurencije strahovito ubrzala. U bezobzirnoj borbi za opstanak propadali su usamljeni individualni, a na ekonomsku scenu stupali kolektivni vlasnici kapitala. Umesto mnoštva neorganizovanih i međusobno suprotstavljenih individualnih vlasnika, tržište su sve više okupirali dobro organizovani *akcionarski i državni monopoli*, u kojima se individualni svojinski subjektivitet sjedinjavao u kolektivni, ili se u državnom vlasništvu pravno čak i gubio.

Savremena masovna proizvodnja sve teže podnosi neorganizovano tržište, zbog čega *uticaj države* „na celokupne društvene i ekonomske tokove savremenih kapitalističkih zemalja izvanredno brzo raste, naročito posle velike ekonomske krize 30-ih godina, i drugo, posle II svetskog rata, a naročito od kraja 50-ih godina, ona sve manje *interveniše* u privredi, a sve pretežnije istupa kao faktor integralnog državnog kapitalističkog *regulisanja* i *planiranja* privrede visokorazvijenih kapitalističkih zemalja".[1] Dok se „u klasičnom kapitalizmu ekonomska uloga države iscrpljivala, uglavnom, u posrednom uticaju političke sile na ekonomsko kretanje kapitalističkog društva, dotle taj uticaj u savremenom kapitalizmu postaje *neposredan*. Država preko svog aparata, neposredno upravlja privredom, angažujući se na direktnom rešavanju osnovnih ekonomskih problema, na organizovanju proizvodnje i usmeravanju privrednog razvitka. Državni aparat velikim delom postaje istovremeno i privredni aparat, odnosno on se razgranava i dopunjuje za potrebe usmeravanja privrednog razvitka, a ekonomska politika države postaje osnovni regulator proizvodnje i ekonomskog razvoja".[2]

Ta „naglo rastuća uloga države dobro se iskazuje udjelom budžetske potrošnje u bruto nacionalnom proizvodu. Na prijelomu stoljeća taj je udio dostizao 5–10 posto u naprednim kapitalističkim zemljama" i „prije svjetske krize nije značajno porastao. Međutim, od onda se naglo povećavao, i 1970-tih godina obuhvatao je trećinu ili čak 40 do 50 posto, kao u Skandinaviji i Nizozemskoj.[3]

Podržavljavanjem društvenog proizvoda znatno je ubrzan privredni rast i razvijenih i nerazvijenih zemalja. U razvijenim zapadnim zemljama „monopolska struktura i državna intervencija omogućile su da se stopa akumulacije u posleratnom periodu poveća dva do dva i po puta u poređenju sa stopom između dva rata"[4] i da država postane najveći investitor, pa su, na primer, u Engleskoj državne investicije 1970-ih iznosile 50% ukupnih investicija.[5]

---

[1] Dr Stojan Jankov, *Savremeni privredni sistemi*, „Savremena administracija", Beograd, 1972, str. 70.

[2] *Politička ekonomija socijalizma*, „Savremena administracija", Beograd, 1984, str. 184.

[3] Branko Horvat, cit. rad, str. 29.

[4] Vladislav Milenković, cit. rad, str. 25.

[5] Silvester Zavadski, *Država blagostanja*, „Radnička štampa", Beograd, 1975, str. 132.

Koncentracija proizvodnih potencijala u posedu države omogućila je i nerazvijenim zemljama da dirigovanom mobilizacijom proizvodnih snaga znatno ubrzaju svoj privredni razvoj. „Drakonskim metodama i ogromnim ulaganjima SSSR je postao industrijska velesila u periodu od samo deset godina – i to je postigao mnogo brže no i jedna druga zemlja u istoriji Evrope",[1] a na sličan način ubrzavan je i privredni razvoj Kine, Jugoslavije i nerazvijenih zemalja Azije, Afrike i Latinske Amerike nakon njihovog političkog osamostaljivanja i nacionalizacije privatnog kapitala.

Ukoliko je, međutim, podržavljavanjem svojinskih odnosa ukidan individualni svojinski subjektivitet, utoliko je smanjivana i ekonomska motivacija, što je za posledicu imalo neracionalno korišćenje proizvodnih kapaciteta i usporavanje privrednog rasta. Zemlje tzv. državnog socijalizma pretrpele su zbog toga privredni krah, a neiskorišćeni kapaciteti u američkoj industriji povećavali su se ovako: 1954. godine 10%, 1958. godine 20%, početkom 1961. godine 23%,[2] dok se „u Japanu zbog velikih gubitaka iz godine u godinu, koji se pokrivaju iz državnog budžeta, željeznice u javnim raspravama navode kao primjer neuspjeha državnog upravljanja privredom".[3]

Ukidanjem individualnog subjektiviteta podržavljene svojine apsolutizovan je kolektivni subjektivitet države, čime je praktično ukinut i stvarni kolektivni subjektivitet, kojeg ne može biti bez individualnog subjektiviteta, baš kao što stvarnog kolektiva nema bez konkretnih individua. Zato je podržavljavanjem svojine umesto kolektivnog ekonomskog subjektiviteta demokratski organizovanih individua uspostavljen autoritarni politički subjektivitet hijerarhijski organizovane državne birokratije, u kojem politički voluntarizam dominira nad ekonomskom logikom.

Time je stvoren snažan socijalni bastion stvarnom podruštvljavanju svojine, koje podrazumeva i stvarnu demokratizaciju, a time i debirokratizaciju od naroda otuđene države. Preimenovanje državne svojine u društvenu ili opštenarodnu svojinu nije samo po sebi moglo imati nikakvog uticaja na promenu njene suštine, zbog čega je monopol državne birokratije ostao praktično neokrnjen, a ideje samoupravne demokratije i opštenarodne države neostvarene.

Proces stvarnog podruštvljavanja nije do sada uz blagoslov birokratije tekao preko, već uporedo i nasuprot podržavljavanju svojine. Dok je podržavljavanje putem oporezivanja i nacionalizacije vršeno pomoću državne prinude, *zadrugarstvo i akcionarstvo* nastajali su i razvijali se putem dobrovoljnog udruživanja rada i kapitala, nad kojima udružioci nisu gubili, već su zadržavali individualni svojinski subjektivitet.

"U suštini akcije" – kako je još Marks pisao – „već postoji suprotnost protiv starog oblika, u kome se društveno sredstvo za proizvodnju ispoljava kao individualna svojina", zbog čega „kapitalistička akcionarska preduzeća treba smatrati isto kao kooperativne fabrike kao prelazne oblike iz kapitalističkog načina proizvodnje u udruženi, samo što je u jednima suprotnost ukinuta negativno, a u drugima pozitivno".[4]

---

[1]. *Savremeni svet*, „Narodna knjiga" – „Vuk Karadžić"–"Rad", Beograd, 1983, str. 274.
[2]. Vladislav Milenković, cit. rad, str. 20.
[3]. Drago Buvač, *Anatomija japanskog uspeha*, „Globus", Zagreb, 1982, str. 89.
[4]. K. Marks: „Kapital", tom III, isto, str. 373.

Akcionarstvo je u samom jeku razvoja kapitalizma nastalo kao način prevazilaženja suprotnosti između tehnološkog kolektivizma i svojinskog individualizma industrijske proizvodnje. Još „krajem XIX i početkom XX veka akcionarski oblik svojine postao je preovlađajući u većini grana krupne industrije. Već 1929. godine u SAD 48,3% svih preduzeća imala su akcionarski oblik i ona su zapošljavala 89,9% celokupne radne snage, i davala 92,1% celokupne proizvodnje prerađivačke industrije".[1]

Dok se putem akcionarstva udružuje samo kapital, putem zadrugarstva udružuju se i rad i kapital, čime se postiže najviši mogući stepen proizvodne motivacije. Zato je zadrugarstvo obično nastajalo kao spasonosni izlaz iz teških ekonomskih i socijalnih kriza, i razvijalo se kroz uspešnu konkurenciju sa privatnim kapitalom. Poljoprivredne zadruge daju u SAD, Kanadi, Evropi, Japanu, Indiji, Brazilu, Argentini i Africi preko 50% potrošnih dobara.[2]

Nasuprot etatizaciji, putem koje se vrši opšta uzurpacija i individualnog i kolektivnog vlasništva, kroz akcionarstvo i zadrugarstvo ostvaruju se istovremeno i opšta kolektivizacija i opšta individualizacija vlasništva. Akcionarima postaje sve veći broj i krupnih i sitnih vlasnika kapitala, i nezaposlenih i zaposlenih, a zadrugarstvo zahvata sve veću masu i proizvođača i potrošača, i davalaca i korisnika usluga. „Od 144 kompanije, za koje je bilo moguće dobiti informacije od ukupno dve stotine velikih kompanija (1930. godine) samo dvadeset imalo je ispod 5.000 akcionara, dok je 71 imala između 20.000 i 500.000 akcionara".[3] Do 1995. godine broj zadrugara u svetu dostigao je brojku od oko 800 miliona, ne računajući oko sto miliona zaposlenih u zadrugama. S članovima porodičnih domaćinstava zadrugara broj ljudi koji se koriste ekonomskim pogodnostima zadrugarstva čini oko tri milijarde, ili polovinu stanovništva. U zemljama u razvoju zadrugari čine oko 20% stanovništva između 15 i 60 godina, u zemljama u tranziciji oko 39%, a u zemljama sa razvijenom tržišnom ekonomijom oko 33%.[4]

Ukoliko svi postaju vlasnici, svako prestaje da bude apsolutni vlasnik, apsolutni svojinski monopol zamenjuje se *relativnim svojinskim monopolom*. Time se individualni svojinski subjektivitet ne sužava i ne slabi, nego se širi i jača jer svako postaje suvlasnik svega što ljudskom rodu stoji na raspolaganju. I kao što reče Čarls Furije, „siromah u Harmoniji, ako posjeduje samo djelić dionice, jednu dvadesetinu, vlasnik je, *kao sudionik*, čitavog kantona", jer „on može reći: naše zemlje, naša palača, naši dvorci, naše šume, naše tvornice, naše radionice; sve je njegovo vlasništvo".[5]

---

[1] Dr Stojan Jankov, cit. rad, str. 21.
[2] XXXI ICA Congress, Manchester 1995, Agenda & Reports, Manchester, 20–23 september 1995, str. 22.
[3] Erih From, *Zdravo društvo*, „Rad", Beograd, 1983, str. 118.
[4] XXXI ICA Congress, isto, str. 21.
[5] Čarls Furie, cit. rad, str. 166.

Kao prototip opšte individualizacije i kolektivizacije svojine putem dobrovoljnog udruživanja i živog i opredmećenog rada, zadrugarstvo pokazuje put svojinske transformacije i akcionarstva i državnog vlasništva. Ukoliko i zaposleni postaju akcionari, podrazumeva se da se prisvajanje vrši i po osnovu rada a ne samo po osnovu uloženog kapitala, bez čega oni ne bi ni mogli postati akcionari. I državno vlasništvo može se u društvenu ili opštenarodnu svojinu transformisati samo putem opšte individualizacije po zadružnim principima, bez čega se ni birokratska država ne može transformisati u demokratsku državu.

To je jedini put da se i prisvajanje po osnovu same svojine transformiše u *prisvajanje po osnovu rada* kao osnovnog izvora svekolike svojine. A ukoliko se vrši takva transformacija, svojina kao društveni odnos nestaje jer prisvajanje sopstvenog postaje besmisleno. Da taj proces već teče, svedoči i činjenica da je „danas zanimanje, prije nego vlasništvo, izvor dohotka većine onih koji imaju neki direktan prihod, a mogućnosti prodavanja svojih usluga na tržištu rada, prije nego unosna kupoprodaja vlasništva i onoga što se proizvodi na njemu, određuju sada izglede na uspjeh u životu većeg dijela srednje klase".[1]

To je i razumljivo jer umesto kapitala sada znanje postaje glavno sredstvo proizvodnje, a ono se, kao opštedruštveno dobro, ne može prisvajati. Automatizacija i kompjuterizacija proizvodnje nisu mogući bez objektiviziranog znanja, koje se javlja kao najznačajniji činilac reprodukovanja tzv. informativnog društva, dok posedovanje materijalnih dobara gubi na značaju. Stoga je već „danas malo ostalo od" ranijeg „osećanja prema svojini" kada je „čovek osećao izvesnu ljubav prema svome vlasništvu,... bio ponosan zbog poseda,... brinuo se o njemu" i osećao „bol kada se morao rastati od njega", dok danas „voli novinu stvari koje kupuje i spreman da je odbaci kad se pojavi nešto novo".[2]

Transformisanje prisvajanja po osnovu svojine u prisvajanje po osnovu rada podrazumeva da se raspodela prema svojinskom monopolu transformiše u *raspodelu prema radu*. A raspodelom prema radu ne rešava se samo problem proizvodne motivacije već i *masovne potrošnje* proizvedenog jer ona podrazumeva prevazilaženje egzistencijalnog minimuma proizvođača kao najmasovnije kategorije potrošača.

Savremena industrijska proizvodnja ne može bez raspodele prema radu kao osnovne pretpostavke masovne potrošnje ne samo zbog neophodnosti sopstvene realizacije već i zbog sopstvene tehnologije kojoj je raspodela prema radu neophodna kako radi veće proizvodne motivacije tako i radi višeg životnog standarda proizvođača. „Institut za socijalni razvoj Ujedinjenih nacija, na bazi istraživanja u 18 zemalja u razvoju, konstatovao je da su one zemlje koje su krajem dekade 1950. godine imale viši nivo životnog standarda postigle i brži privredni razvitak u periodu 1950. do 1960. godine", a „analizom je ustanovljeno da je porast produktivnosti i privrednog razvitka dobrim delom postignut na bazi višeg životnog standarda".[3] I ako je

---

[1] Wright Mills, cit. rad, str. 79.
[2] Erih From, *Zdravo društvo*, isto, str. 143.
[3] Radomir Bijelić, cit. rad, str. 14.

„ranije uslov opšteg rasta bilo stešnjavanje potrošnje masa u granice reprodukcije radne snage, sada, nasuprot tome, ono postaje smetnja tog rasta", pa „izvesna mera proširivanja potrošnje (čak i potrošnje masa) nastupa na njegovo mesto kao bezuslovni uslov savremenog rasta".[1]

Kao imperativ industrijalizacije, rast životnog standarda proizvođača naglo je krenuo još od Bizmarkovih socijalnih reformi, i to više preko društvene nego preko individualne potrošnje, što je diktirano pre svega potrebama podruštvljavanja same proizvodnje. Naglo iskrsle potrebe masovnog obrazovanja, socijalne i zdravstvene zaštite, te ubrzane urbanizacije i opšte socijalizacije života, zahtevale su da se sve veći deo sredstava lične i opšte potrošnje obezbeđuje preko društvenih fondova, i pre svega preko državnog budžeta, odakle se planski usmerava za njihovo zadovoljavanje.

Time individualizacija prelazi u *socijalizaciju lične potrošnje*, individualna raspodela u koncentraciju sredstava životne egzistencije, a raspodela prema svojinskom monopolu i radu u *tehničku raspodelu prema ličnim potrebama*. Sredstva koja se u fondove opšte i zajedničke potrošnje ulažu prema mogućnostima koriste se prema potrebama nezavisno od ulaganja korisnika, čime se i u ličnoj potrošnji, a ne samo u proizvodnji, prevazilazi klasna polarizacija proizvođačkog društva.

Već dosadašnje iskustvo pokazuje da podruštvljavanje sredstava proizvodnje mora da bude praćeno *podruštvljavanjem sredstava lične potrošnje*, te da podruštvljavanje jednog dela ne može teći bez podruštvljavanja cele reprodukcije ljudskog života. A to znači da svojinska individualizacija podrazumeva svojinsku socijalizaciju u sferi lične potrošnje, baš kao i u sferi proizvodnje.

Kao i socijalizacija proizvodnje, stvarna socijalizacija lične potrošnje do sada je tekla uporedo i nasuprot njenoj etatizaciji. Potrebe koje nisu mogle biti zadovoljene fiskalnim zahvatanjem, zadovoljavane su samodoprinosom, odnosno dobrovoljnim udruživanjem rada i sredstava preko lokalne samouprave, dobrovoljnih radnih akcija, samoupravnih fondova i drugih oblika samoorganizovanja građana.

Ukoliko svoju aktivnost u zadovoljavanju zajedničkih potreba građana zasnivaju na samodoprinosu, *mesne zajednice* u jugoslovenskoj praksi funkcionišu kao autentični oblik slobodne inicijative u ostvarivanju lokalne samouprave. A *samoupravne interesne zajednice* kao zamišljeni oblik integralne samouprave u sferi zadovoljavanja zajedničkih potreba, nisu opravdale svoju samoupravnu formu pre svega zato što su funkcionisale na bazi fiskalne koncentracije sredstava.

Transformacija fiskalnog sistema u integralni sistem *samoupravnog zadovoljavanja zajedničkih potreba* jedini je put prevazilaženja njegove ekonomske neracionalnosti, društvene neefikasnosti i otuđenosti od onih kojima zapravo služi. O zajedničkim potrebama građana niko ne može brinuti bolje nego što mogu oni sami, zbog čega i državna prinuda u toj funkciji postaje besmislena.

[1.] Radovan Rihta, cit. rad, str. 35.

3. Društvena reprodukcija i društvena diferencijacija

U embrionalnom stadijumu društvo se, kao svaki živi organizam, nalazilo još u amorfnom stanju. Jednolična fizička aktivnost u funkciji sakupljanja prirodnih dobara nije pružala nikakvu osnovu za unutarnju diferencijaciju prvobitnih ljudskih skupina, koje se ni međusobno nisu mnogo razlikovale.

Do diferencijacije ljudske zajednice moglo je doći samo na bazi diferencijacije ljudskog rada kao generičke osnove društvene reprodukcije. A diferencijacija ljudskog rada nastala je na bazi njegove intelektualizacije, kojom je jednolična fizička aktivnost preobražena u složenu, ljudskom biću svojstvenu delatnost.

Čim su se fizička i umna aktivnost počele međusobno razlikovati, morala se kod čoveka pojaviti generička težnja da se jedne oslobodi, a drugoj posveti. I pošto je ta težnja bila ostvariva samo za pojedince, moralo je doći do društvene polarizacije na manjinu koja je za sebe *monopolisala umnu aktivnost*, i većinu osuđenu na pretežno fizičku, proizvodnu aktivnost.

Pri ograničenim proizvodnim mogućnostima, društvena monopolizacija umne aktivnosti bila je moguća samo na bazi *monopolizacije proizvodnih sredstava*, koja podrazumeva *klasnu polarizaciju* na vlasnike tih sredstava i obezvlašćene proizvođače, čiji je opstanak moguć jedino uz podvrgavanje klasnoj eksploataciji, koje ih srozava na poziciju građana drugog reda sve do potpunog lišavanja građanskih prava i izjednačavanja sa samim sredstvima proizvodnje. I „dokle god ukupan društveni rad daje samo produkt koji tek nešto malo prelazi ono što je potrebno za oskudnu egzistenciju svih, prema tome, dokle god rad zahteva sve ili skoro sve vreme velike većine članova društva, dotle se društvo nužno deli na klase".[1]

Pošto se vlasništvo na sredstvima proizvodnje ne može reprodukovati bez reprodukovanja samih sredstava, ono je praktično neodrživo bez *vlasništva na proizvođaču* kao aktivnom činiocu ukupne reprodukcije. Zato se po Mojsijevim zakonima, „robovi klasifikuju kao potpuno vlasništvo gospodara i svrstavaju u isti red sa volovima, magarcima i novcem, tj. sa osnovnim oblicima pokretne imovine",[2] koju vlasnik može ne samo otuđiti već i uništiti a da za to nikome ne odgovara. I kmet je, u posedu svog vlastelina, od zemlje neodvojivi inventar feuda, pa je, na primer, u Rusiji sve vreme „bio skoro kao rob: radio je, ženio se i putovao po nalogu gospodara, a mogao je biti prodan i odveden na imanje novog gospodara bez svoje porodice".[3] Proleter se od roba i kmeta razlikuje samo utoliko što sam može da menja poslodavca, ali da bi opstao, mora kao najamna radna snaga stalno da bude u nečijem posedu.

---

[1] F. Engels: „Razvitak socijalizma od utopije do nauke", K. Marks, F. Engels, *Dela*, isto, tom 30, str. 184.

[2] D.G. Reder, E.A. Čerkasova, *Istorija staroga vijeka*, dio I, Zavod za izdavanje udžbenika, Sarajevo, 1972, str. 209.

[3] *Svet u ekspanziji*, „Narodna knjiga"–"Vuk Karadžić"–"Rad", Beograd, 1983, str. 168.

Ali obezvlašćeni proizvođač nije pasivni, već *aktivni objekt vlasništva*, i nije samo objekt, nego potencijalni i stvarni subjekt vlasništva, te ne proizvodi samo materijalna dobra već i proizvodne odnose, koji se upravo pod njegovim uticajem menjaju i razvijaju. Stoga klasna polarizacija nije puki proizvod, nego *pokretačka snaga društvene reprodukcije*, u kojoj se kroz međusobnu borbu smenjuju samo različiti subjekti klasne polarizacije, pa je „istorija svakog dosadašnjeg društva istorija *klasnih borbi*" (podv. ŽM), u kojoj su „slobodan čovek i rob, patricij i plebejac, baron i kmet, esnafski majstor i kalfa, ukratko – ugnjetač i ugnjeteni stajali jedan prema drugom u stalnoj suprotnosti, vodili neprekidnu, čas skrivenu, čas otvorenu borbu, borbu koja se završavala revolucionarnim preuređenjem celog društva ili zajedničkom propašću klasa koje su se borile".[1]

U toj borbi su na jednoj strani nastojanja eksploatatorskih klasa da zadrže monopol na sredstvima proizvodnje, pa time i monopol na umnu aktivnost, a na drugoj strani težnje proizvođačkih klasa da se prisvajanjem proizvodnih sredstava i oslobađanjem od eksploatacije oslobode i od prinudnog proizvodnog rada. Tako suprotstavljeni interesi mogli su se ostvarivati samo klasnom borbom, u kojoj su korišćena sva raspoloživa sredstva, a osnovno sredstvo bila je fizička i duhovna prinuda, kao što se, uostalom, cela društvena reprodukcija zasnivala na fizičkoj i duhovnoj snazi čovečanstva.

Glavna *sredstva fizičke prinude* su, na jednoj strani država kao aparat monopolisane vlasti eksploatatorskih, za ugnjetavanje eksploatisanih klasa, a na drugoj strani oružane pobune eksploatisanih, protiv vladajućih eksploatatorskih klasa.

Ali čovek ipak nije tegleća marva koja se samo fizičkom silom može prinuditi da bi proizvodila, zbog čega je pored fizičke neophodna i *duhovna prinuda* kojom bi se, i putem ideoloških ubeđenja, privolela na proizvodni rad. Fizička i duhovna prinuda su komplementarna, i praktično neodvojiva sredstva društvene prinude kojima se u ostvarivanju svoje klasne funkcije bez ustručavanja služe i crkva i država.

Ako fizičku prinudu uslovljavaju nepomirljive klasne suprotnosti, duhovna prinuda svoje društveno uporište ima u određenoj *podudarnosti polarizovanih klasnih interesa*, koja suprotstavljene klase upućuje na pomirenje ukoliko jedna bez druge ne mogu. Na osnovu toga interesi vladajućih klasa predstavljaju se kao interesi celog društva, što oni stvarno i jesu ukoliko se društvo izopštavanjem eksploatisanih proizvođačkih klasa praktično izjednačava s vladajućim eksploatatorskim klasama.

U ostvarivanju svojih funkcija, država se neposredno oslanja na *pravne norme*, kojima se u ime društva štite interesi vladajuće klase, i pre svega privatno vlasništvo, što je i razumljivo jer pravne norme utvrđuje sama vladajuća klasa, a, kao što je još Platon pisao, „svaka vlast postavlja zakone za svoju korist",[2] dok, po Veberu, „pojam pravnog lica uopšte ne mora da postoji tamo gde nekoj organizovanoj grupi ne pri-

---

[1] K. Marks, F. Engels: „Manifest Komunističke partije", *Dela*, tom VII, isto, str. 380.
[2] *Država*, knjiga I, Matica hrvatska, Zagreb, 1942, str. 46.

pada nikakva imovina".[1] A to što štite pravne, štite kao oblici otuđene društvene svesti i religijske i moralne norme.

Religija „gotovo uvijek opravdava, prihvata ili podnosi društveni poredak". U Indiji „sistem kasta, zasnovan na hijerarhijskom suprotstavljanju čistoga i nečistoga, religiozan je u svojoj biti"; po Manuovu zakoniku, „četiri su kaste božanskog porijekla", a „hrišćanstvo je dugo vremena prihvatalo ili zastupalo tezu da svaki čovjek treba da ostane u staležu u kojem se rodi".[2] Po Veberu, „tradicionalna vlast zasniva se na veri u svetost oduvek postojećeg poretka i najviše vlasti", a „harizmatska vlast na predanosti ličnosti vođe i njenim božanskim svojstvima (harizma)".[3]

U funkciji klasnog potčinjavanja, religija u stvari služi klasnom izrabljivanju radi sticanja materijalnog bogatstva kao očekivanog „poklona" božje milosti. „Zaratustra za sebe i svoje verne pristalice očekuje da božja milost donese pre svega *bogatstvo*; kao nagradu za moralno ponašanje, budizam obećava svetovnjacima častan i dug život i *bogatstvo*...; bog *bogatstvom* blagosilja pobožnog Jevrejina, a kod asketskih pravaca protestantizma (kalvinista, baptista, menonita, kvekera, reformisanih pijetista, metodista), *bogatstvo* je – ukoliko je stečeno racionalno i legalno – i jedan od simptoma „potvrde" stanja milosti".[4] Kod Indoiranaca „seljaci se nisu nadali zagrobnom životu", jer je i „raj, obasjan suncem, bio samo za moćne i bogate ljude, za sveštenike i vladare".[5]

Kao pravo i religija, zaštitom privatnog vlasništva preokupiran je i *moral*. Krasti se može samo od onoga ko nešto poseduje, a zabrana krađe glavni je postulat i pravnih i religijskih i etičkih kodeksa. „*Građanska etika* je po svojoj biti *etika privatnog vlasništva*", a „građanski moral je moral licemerja, jer ako je privatno vlasništvo proglašeno „prirodnim i svetim pravom", onda, npr., moralni postulat „ne kradi" ne znači ništa drugo nego zahtjev da se ne narušava sistem *utemeljen na krađi*, na *prisvajanju tuđeg rada*".[6]

U funkciji otuđivanja ljudskog rada i reprodukovanja otuđenog privatnog vlasništva, i pravo i religija i moral javljaju se kao *otuđena društvena svest* koja dominira nad individualnom svešću pojedinaca i usmerava njihovo ponašanje, delujući tako kao integrativna duhovna snaga klasno polarizovanog i atomiziranog proizvođačkog društva. Kako piše Dirkem, to „društvo zahteva da, zaboravivši svoje interese, postanemo njegove sluge i primorava nas na sve vrste muka, lišavanja i žrtava bez kojih bi društveni život bio nemoguć", te „smo tako u svakom trenutku primorani da sebe potčinimo pravilima ponašanja i mišljenja koja nismo ni stvarali ni hteli i koja su čak, ponekad, suprotna našim sklonostima i našim najosnovnijim nagonima".[7]

[1.] Maks Veber, *Privreda i društvo*, tom I, „Prosveta", Beograd, 1976, str. 591.
[2.] *Sociologija* (Gabriel Le Brac), red. Georges Gurvitch, sv. II, „Naprijed", Zagreb, 1966, str. 95.
[3.] *Teorije o društvu*, sv. II, isto, str. 226. i 228.
[4.] Maks Veber, *Privreda i društvo*, tom I, isto, str. 444.
[5.] *Religije svijeta*, „Kršćanska sadašnjost" – Grafički zavod Hrvatske, Zagreb, 1987, str. 84.
[6.] Jovan Mirić, *Sistem i kriza*, Centar za kulturnu djelatnost, Zagreb, 1984, str. 207.
[7.] *Teorije o društvu*, sv. II, isto, str. 686.

Pošto se tim pravilima, jednostranim oslanjanjem na podudarnost klasnih interesa, interesi vladajućih klasa predstavljaju kao interesi celog društva, pa time i potčinjenih klasa, ona predstavljaju iskrivljenu, samo delimično istinitu, i utoliko lažnu društvenu svest, koja služi zaštiti, ali ne može da služi i menjanju društvenog poretka.

Zato su *filozofija, nauka i umetnost* kao oblici progresivne svesti u stalnom sukobu s pravnim, religijskim i moralnim dogmama kao oblicima konzervativne svesti. I sukob je neizbežan ukoliko jedan oblik svesti teži menjanju, a drugi zadržavanju postojećeg društvenog stanja.

Iz tog sukoba nastao je i *ateizam*, kojim je vera u boga zamenjena verom u čoveka kao jedinog stvarnog subjekta društvene reprodukcije. Ako su još stari grčki filozofi „verovali da čovek može svojim razumom da reši probleme ovoga sveta i pronikne u njegove tajne",[1] naučna revolucija je počev od XVII veka, „kada su ljudi prvi put počeli da posmatraju, mere, analiziraju i izvode zakone o svetu oko sebe",[2] stala naglo da osvešćuje ljudski rod, doprinoseći da se on umesto izmišljenim bogovima i onozemaljskom svetu sve više okreće samome sebi i ovozemaljskom svetu, menjajući ga prema sopstvenim zamislima.

Dok se ranije samo maštalo o humanijem društvu, sada se uz pomoć naučnih saznanja sve organizovanije radi na njegovom stvaranju. Ohrabren sve uspešnijim ovladavanjem prirodnim silama, čovek se sve odlučnije bori i za ovladavanje otuđenim društvenim silama. U središtu te borbe upravo su nastojanja za prevazilaženje klasne polarizacije kao neposrednog izraza društvenog otuđenja.

Pod uticajem suprotstavljenih klasnih interesa ta nastojanja do sada su išla u dva različita smera: ka *klasnom pomirenju* ili ka *potpunom ukidanju klasa* i klasne vladavine. Rezultanta je delimično ostvarivanje i jednog i drugog: postepeno prevazilaženje klasne polarizacije uz istovremeno ublažavanje klasnih sukoba.

Kao izraz reprodukovanja proizvođačkog društva, klasna polarizacija prevazilazi se ukoliko se prerastanjem u slobodno stvaralaštvo prevazilazi samo proizvođačko društvo, a proces prevazilaženja započinje već njenim nastajanjem. Najoštrije je polarizovano robovlasničko društvo, u kojem je proizvođačka klasa u potpunosti lišena ljudskih sloboda, kmetovi su već poluslobodni, a najamni radnici, bar pravno, potpuno slobodni građani.

Proces klasne *depolarizacije* naglo je ubrzan scientizacijom tehnologije i organizacije industrijske proizvodnje, čiji su neposredni nosilac tzv. „srednji slojevi" ("nova srednja klasa", ili „međuklasa") u koje se „ubraja inženjerski, tehnički i znanstveni kadar, niži slojevi nadglednika i uprave, znatan broj specijaliziranih namještenika i „stručnjaka" koji su zaposleni u administraciji u okviru marketinga, finansija i organizacije i slično, kao i, izvan kapitalističke privrede u užem smislu, u bolnicama, školama, državnoj administraciji, itd."[3]

[1.] *Istorija od početka civilizacije do danas*, isto, str. 32.
[2.] *Savremeni svet*, isto, str. 17.
[3.] Harry Braverman, cit. rad, str. 334.

Dok je „stara srednja klasa zauzimala taj položaj na temelju svog mjesta izvan polarizovane klasne strukture" i „posjedovala osobine koje nisu imali ni kapitalist ni radnik" jer „nije imala nikakvu izravnu ulogu u procesu akumulacije kapitala, ni na jednoj od spomenutih strana, suprotno tome, spomenuta „nova srednja klasa" ne zauzima središnji položaj zato što je *izvan* procesa uvećanja kapitala, već zato što, kao dio tog procesa, poprima obilježja s *obiju strana*", pa „ne samo što uživa svoj sitni udio u povlasticama i nagradama kapitala, već također nosi obilježja stanja u kojemu se nalazi proletarijat".[1] I „dok je stari srednji sloj, sastavljen od farmera, samostalnih preduzetnika i slobodnih profesija, ranije činio 85% celokupnog srednjeg sloja, sada čini samo 40%, a „novi srednji sloj se u tom periodu povećao od 15% na 56 procenata", i to menadžeri od 2% na 6%, nameštenici od 4% na 14%, trgovci od 7% na 14% i činovnici od 2% na 22%.[2]

Preuzimajući odlučujuću ulogu u društvenoj reprodukciji, novi srednji slojevi iznutra razaraju staru klasnu strukturu društva, stvarajući njegovu novu, besklasnu strukturu. Kako piše Andre Gorc, „tehnologija po samoj svojoj funkciji teži da se postavi „iznad klasa", da negira nužnost njihove borbe, da se nametne kao posrednik i kao arbitar i da tim putem sa njima stupi u protivurječnost".[3]

Ukoliko umesto kapitala i fizičkog rada znanje postaje osnovni činilac proizvodnje, a njegovi nosioci glavna proizvodna snaga društva, koja istovremeno i proizvodi i upravlja proizvodnim procesima, te po tom osnovu učestvuje u raspodeli i prisvajanju celokupnog društvenog proizvoda, utoliko se polarizovane klase najamnih fizičkih radnika i njihovih poslodavaca privatnih vlasnika kapitala potiskuju u pozadinu i gubljenjem odlučujuće uloge u društvenoj reprodukciji praktično odumiru.

Već sada su „u sistemu korporacija vlasniku industrijskog bogatstva ostavljeni samo simboli vlasništva, dok se moć, odgovornost i imovina, koje su ranije bile sastavni delovi vlasništva, prenose na posebne grupe u čijim se rukama nalazi kontrola". Stoga je „stav „vlasnika" velike korporacije prema „njegovoj" svojini... stav gotovo potpunog otuđenja. Njegovo se vlasništvo sastoji od parčeta hartije koje predstavlja izvesnu koleblju količinu novca", jer „on nema odgovornosti prema preduzeću i nikakav konkretan odnos prema njemu".[4] I „mobilizovanje kapitala pretvara u sve većoj meri kapitalističku svojinu u uputnice na prinos i usled toga čini kapitalistički proces proizvodnje u sve većem obimu nezavisnim od kretanja kapitalističke svojine".[5]

Kao izraz svojinske monopolizacije, klasna polarizacija nestaje s njenim nestajanjem. Ukoliko sa svojinskom demonopolizacijom svi postaju legitimni vlasnici

---

[1] Isto, str. 337.

[2] Erih From, *Zdravo društvo*, isto, str. 118.

[3] *Radnička strategija i neokapitalizam*, „Komunist", Beograd, 1970, str. 105.

[4] Erih From, *Zdravo društvo*, isto, str. 138.

[5] Rudolf Hilferding, *Finansijski kapital*, „Kultura", 1958, str. 168.

sredstava društvene reprodukcije, stvara se osnova *opšte društvene jednakosti*, pri kojoj nijedan deo društva ne može da napreduje bez napredovanja celog društva.

Sa nestajanjem klasne polarizacije nestaje i potreba za otuđenim društvenim silama u funkciji njenog održavanja. Ukoliko se scientizacijom proizvodnje i ukupne društvene reprodukcije integracija stvaralačkog društva uspostavlja iznutra, spoljašnja integracija pomoću fizičke i duhovne prinude postaje suvišna, pa i sami nosioci i oblici društvene prinude – država, crkva, pravo, religija i moral gube smisao svog postojanja.

Društvo koje će, prema predviđanjima F. Engelsa, „organizovati proizvodnju na osnovu slobodne i jednake asocijacije proizvođača, premestiće celu državnu mašinu tamo gde će joj tada biti mesto: u muzej starina, pored kolovrata i bronzane sekire", jer „čim nema nijedne društvene klase koju treba držati u ugnjetenosti, čim su zajedno s klasnom vladavinom i s borbom za individualni opstanak zasnovanom na dosadašnjoj anarhiji proizvodnje uklonjeni konflikti i ekscesi koji otuda proističu, onda više nema ko da se potlačuje, što je činilo nužnim posebnu represivnu silu, državu".[1]

O sudbini religije Emil Dirkem piše da ona „obuhvata sve manji i manji deo društvenog života" i da se „malo–pomalo, političke, privredne i naučne funkcije oslobađaju religijske funkcije, organizuju posebno i dobijaju sve jače izraženo svetovno obeležje. Bog, ako se tako može izraziti, koji je u prvo vreme bio prisutan pri svim ljudskim odnosima, postepeno se iz njih povlači; ostavlja svet ljudima i njihovim svađama, ili bar, ako i dalje vlada njima, to čini s visine i izdaleka, a dejstvo koje vrši, postajući opštije i neodređenije, ostavlja više mesta slobodnoj igri ljudskih sila".[2]

Ni moralne pridike neće imati nikakvog smisla kad nestane nemorala. Bilo bi sasvim bespredmetno zabranjivati nešto čega nema, a nemoralnih postupaka u potpuno humanom društvu, kakvim u suštini treba da postane ljudska zajednica, ne može biti. Kad sve bude pripadalo svima i svako postane zavisan od svih, krađa „tuđeg" značila bi isto što i krađa sopstvenog, a zločin prema drugome bio bi ravan zločinu prema samome sebi.

Takav nivo razvijenosti ljudske zajednice pretpostavlja, međutim, potpuno *prevazilaženje* ne samo *klasne* već i *profesionalne diferencijacije društva.* Diferencijacija ljudskog rada imala je za rezultat i klasnu i profesionalnu diferencijaciju društva izraženu i kroz horizontalno i kroz vertikalno raslojavanje.

Horizontalna diferencijacija povlačila je za sobom i *vertikalnu diferencijaciju* jer je obavljanje složenijih i važnijih poslova samo po sebi pružalo i viši društveni status. Dok su lov i stočarstvo predstavljali glavna zanimanja, kojim su se uglavnom bavili muškarci, žena je objektivno morala da brine o domaćinstvu i samim tim zauzima povlašćeni položaj u *porodici*, a čim je glavno zanimanje postala zemljoradnja,

---

[1.] "Poreklo porodice ..." i „Razvitak socijalizma...", isto, tom 32, str. 136. i tom 30, str. 184.
[2.] *O podeli društvenog rada*, isto, str. 194.

matrijarhat je morao ustupiti mesto *patrijarhatu* jer je umesto žene muškarac zagospodario porodičnim domaćinstvom, u kojem je sada svakodnevno boravio i praktično raspolagao celokupnim porodičnim imetkom. „Muškarac je prigrabio krmu u kući, žena je bila lišena svog dostojanstva, podjarmljena, pretvorena u robinju njegove pohote i prosto oruđe za rađanje dece", a „ukoliko su bogatstva rasla, ona su davala muškarcu važniji položaj u porodici nego ženi".[1]

Svojinski monopol, uslovljen porodičnom podelom rada, stvorio je tako oštru klasnu polarizaciju najpre u osnovnoj ćeliji društva. „Prva klasna suprotnost koja se javlja u istoriji poklapa se s razvojem antagonizma između muža i žene u monogamiji, a prvo klasno ugnjetavanje – s ugnjetavanjem ženskog pola od strane muškog... Moderna inokosna porodica osnovana je na otvorenom ili prikrivenom domaćem ropstvu žene, a moderno društvo je masa koja se sastoji samo od inokosnih porodica kao svojih molekula".[2]

Zanatskom podelom rada vertikalna diferencijacija proširena je i van porodičnog domaćinstva tako da je u zanatskoj radionici majstor obavljao najsloženije, kalfa jednostavnije, a šegrt najjednostavnije poslove. Industrijalizacijom su i vertikalna i horizontalna diferencijacija dovedene do krajnjih mogućnosti i povezane u jedinstven sistem međusobno zavisnih delatnosti u kojem su kreativni i izvršni poslovi i njihovi izvršioci konačno sasvim razdvojeni.

Industrijalizacijom profesionalna diferencijacija društva sa gotovo nepreglednom skalom zanimanja, od izvršilaca najjednostavnijih fizičkih operacija na fabričkoj traci do izvođača najsloženijih naučnoistraživačkih projekata, i po vertikali i po horizontali, dovedena je do maksimuma preko kojeg je svaka dalja diferencijacija praktično nemoguća. Dalji tok promena može, na bazi prevazilaženja društvene podele rada, ići samo u pravcu prevazilaženja profesionalne diferencijacije, koja se scientizacijom i automatizacijom proizvodnje praktično svodi na transformaciju proizvodnih u stvaralačka zanimanja.

Profesionalna diferencijacija podrazumeva odgovarajuću *socijalnu integraciju*, zasnovanu na društvenom povezivanju podeljenog rada i ekonomskoj međuzavisnosti nosilaca različitih zanimanja. Društvo se, naime, „definiše kao kolektivitet, to jest kao sistem konkretnih međusobno delujućih pojedinaca", čiji „različiti dijelovi u isto vrijeme preuzimaju raznovrsne djelatnosti", koje „nisu samo naprosto različite, već su razlike tako međusobno vezane da jedna drugu omogućavaju", te „zbog takve recipročne pomoći dolazi do uzajamne zavisnosti dijelova, a uzajamno ovisni dijelovi, koji žive jedan od drugoga i jedan za drugoga, formiraju agregat po istom općem principu po kojem je formiran i pojedinačni organizam".[3]

Integracija i diferencijacija stoga su samo različite strane društvenog organizma, i što je diferencijacija razvijenija, integracija je čvršća jer „svako zavisi utoliko više od društva ukoliko je rad više podeljen,... individualnost celine raste sa indivi-

---

[1] F. Engels: „Poreklo porodice, privatne svojine i države", isto, s. 32. i 50.
[2] Isto, str. 56. i 62.
[3] *Teorije o društvu*, sv. I (Emil Dirkem), isto, str. 47. i 141.

dualnošću delova", a „društvo postaje sposobnije da se kreće s celinom, u isto vreme kada svaki od njegovih elemenata ima više sopstvenih kretanja". Stoga i „razvitak jednog organizma, bilo društvenog ili fizičkog, uključuje veću potpodelu funkcija između pojedinačnih delova, s jedne strane, i bliže veze između njih, s druge strane". Pritom i „svaki deo postaje sve manje i manje samodovoljan, njegov napredak sve više zavisi od drugih delova, tako da nikakva promena ne može da se dogodi u bilo kom delu visokorazvijenog organizma a da ne utiče na druge delove".[1] I „pojedinac može da postane ono što jeste samo preko drugog pojedinca; sama njegova egzistencija sastoji se u njegovom „bivanju" za – drugog".[2]

Kao osnova društvene integracije, individualnost ljudske jedinke određena je sposobnošću samostalnog individualnog delovanja, a dok se takva sposobnost nije razvila povezivanje u jedinstvenu zajednicu obezbeđivano je prirodnim vezama – krvnim srodstvom. Stoga su *prvobitne horde* predstavljale malobrojne, krvno povezane i samodovoljne skupine, sposobne da se same odbrane od neprijatelja i pribave potrebnu hranu.

Horda se u širu zajednicu mogla razviti tek kada se umesto sakupljačke počela baviti proizvođačkom aktivnošću, od koje se mogao izdržavati veći broj njenih pripadnika, ali od tada je započela i njena unutarnja diferencijacija, putem koje je ona iz proste skupine prerasla u složenu zajednicu. „U epohi mezolita *pleme* (podv. ŽM) se već sastojalo od nekoliko *rodova"*, koji su se „u neolitu objedinjavali u *fratrije* ili bratstva" u sastavu plemena,[3] a sam rod ili „gens činilo je nekoliko porodica, i bogatih i siromašnih, za koje se smatralo da potiču od zajedničkog pretka".[4]

Kao osnovno sredstvo proizvodnje, „zemlja je bila vlasništvo plemena" i „odjeljivala se od teritorije drugog plemena ničijim (neutralnim) pošumljenim pojasom", dok su se „plemenska zemljišta dijelila između rodova, a rodovska – između kućnih zajednica". Umesto horde rod je, u sastavu plemena, postao *osnovna* ljudska zajednica, čija su „zajednička radna aktivnost, zajednička nastamba i relativna trajnost obitovanja na jednom mjestu doveli do povezivanja i shvatanja rodovske veze članova kolektiva". U rodu su „rezultati zajedničkog rada pripadali čitavom kolektivu, i njima su se svi zajednički koristili", a glavni stub roda bila je žena, na koju je „padalo sve što je bilo vezano za duže boravljenje na jednom mjestu: briga za nastambu, za ognjište, djecu, čuvanje proizvoda, pripremanje hrane, odjeće itd.; žene su bile unutar roda i gospodarice u zajedničkim nastambama".[5]

U početku su plemena živela izolovano i nezavisno jedna od drugih, ali je razvoj poljoprivrede vremenom vodio njihovom sve tešnjem povezivanju, sve do sjedinjavanja u *narode* kao oblik šireg i mnogoljudnijeg zajedništva. To povezivanje išlo je uglavnom iznutra putem proizvodnog udruživanja porodičnih domaćinstava, koja

[1.] Isto, str. 204. i 461.
[2.] Hegel, po Herbertu Markuzeu, *Um i revolucija*, „Veselin Masleša", Sarajevo, 1987, str. 105.
[3.] Reder, Čerkasova, cit. rad, str. 57. i 58.
[4.] *Stari svet*, „Narodna knjiga" – „Vuk Karadžić" – „Rad", Beograd, bez god. izd., str. 113.
[5.] Reder, Čerkasova, cit. rad, str. 57, 45. i 48/9.

su sa razvojem proizvodnje postala osnovne proizvodne i društvene jedinice. Radi irigacionih i drugih poljoprivrednih radova, porodice se udružuju nezavisno od rodbinskih veza, a „zemlja se raspodjeljuje po parcelama i zajednički se obavljaju opšteobavezni poslovi (izgradnja nasipa, kopanje kanala, kasnije izgradnja brana, mjere protiv solinizacije zemljišta itd.)".[1]

Krvno srodstvo je kao oblik društvenog povezivanja na taj način potiskivano *proizvodnim i teritorijalno-političkim povezivanjem.* „Rodovske i plemenske veze na bazi krvnog srodstva počinju se gubiti", i „pošto je iščezla rodovska organizacija, počinje se stvarati politička organizacija društva u obliku jedne centralne vlasti s posebnim organizacijama za upravljanje društvenim poslovima, za proizvodnju i razmjenu robe (cehovi i trgovci), kao i materijalna sila vlasti u obliku vojske", a „stvaranje narodne zajednice povezano je i sa stvaranjem jednog narodnog jezika"[2] kao nasušnog sredstva međusobnog komuniciranja njenih pripadnika.

Centralizacija vlasti unutar jednog naroda sadržavala je u sebi tendenciju proširivanja i na druge narode, koja je predstavljala izvor nezajažljivih osvajačkih ambicija i ratnih sukoba. Vođeni prvenstveno radi širenja ekonomske, političke i društvene moći, ratovi su u uslovima naturalne proizvodnje predstavljali najmoćnije sredstvo povezivanja različitih naroda u velike *imperije,* kao što su u antičko doba bila egipatsko, asirsko, persijsko, rimsko i druga poznata carstva. U vreme kad se zajedništvo naroda održavalo nasilnim potčinjavanjem jedne od strane druge klase, i višenarodno zajedništvo moglo se održavati samo nasilnim potčinjavanjem jednih od strane drugih naroda.

Ali kao što su brzo spajani, narodi su silom brzo i razdvajani, jer na osnovama naturalne proizvodnje nije bilo takvih spona koje bi ih iznutra trajno povezivale. Pri naturalnom načinu proizvodnje, jedinu čvrstu zajednicu, koja se nikakvom silom nije mogla razbiti jer je neraskidivim egzistencijalnim nitima iznutra povezivana, predstavljalo je *porodično domaćinstvo,* koje je u osnovnim uslovima egzistencije bilo gotovo samo sebi dovoljno, a za širu društvenu zajednicu vezivali su ga uglavnom opšti uslovi proizvodnje i odbrane. Još „u početnom stadijumu industrijskog kapitalizma obitelj je imala središnje mjesto u proizvodnim procesima društva,... bila je ekonomska zajednica i na njoj se osnivao cjelokupni sistem proizvodnje".[3]

Ako se shvati u najširem smislu, porodično domaćinstvo je od početka bilo glavno utočište ljudske jedinke, izvan kojeg ona ne bi ni mogla opstati. Čak bi se i prvobitna horda mogla smatrati embrionalnim oblikom takvog domaćinstva, iako u njoj porodični odnosi još nisu bili izdiferencirani jer je vladalo stihijno polno opštenje „gde ljudi žive u poligamiji, a njihove žene u poliandriji, i zajednička deca su stoga i smatrana kao zajednička deca svih njih",[4] ali su se ona rađala, živela, odgajala,

---

[1.] Isto, str. 112.
[2.] Rudi Supek, cit. rad, str. 118/9.
[3.] Harry Braverman, cit. rad, str. 226.
[4.] F. Engels: „Poreklo porodice, privatne svojine i države", isto, str. 32.

61

starila i umirala u tom zatvorenom krugu izvan kojeg nikakvog drugog i drugačijeg života nije ni bilo.

U tom smislu, prvobitna zajednica istovremeno je predstavljala i prvobitnu porodicu, još neodređenu ali nastajuću, iz koje je tek trebalo da se razvije autentična porodica kao društvena ćelija. Prvi začetak takve ćelije, koja svojim obrisima počinje da se izdvaja iz amorfne ljudske skupine, nastaje sa prvim *ograničavanjem polnog opštenja*, a njen razvoj odvija se tako što se „krug koji obuhvata zajednička bračna veza i koji je prvobitno bio vrlo širok, sve više i više sužava, dok najzad ne obuhvati samo pojedinačni par".[1]

U tom procesu *razvoj porodice* prošao je četiri osnovne faze, kojima odgovaraju i četiri istorijska oblika porodice: porodica krvnog srodstva, porodica punalua, sindijazmička i monogamska porodica. U *porodici krvnog srodstva* iz kruga polnog opštenja isključeni su samo roditelji i deca, a u *porodici punalua* još i braća i sestre, dok se u *sindijazmičkoj porodici* bračni krug sa ženske strane već maksimalno sužava i ograničava na jednog muškarca, koji „živi s jednom ženom, ali tako da poligamija i prigodna neverstva ostaju pravo muškarca, ... dok se od žene, za sve vreme trajanja zajedničkog života, najčešće zahteva najstroža vernost i njeno brakolomstvo okrutno se kažnjava".[2]

Zabrana polnog opštenja među krvnim srodnicima direktno je vodila internoj diferencijaciji plemenske zajednice, unutar koje su *gensovi* oformljeni kao posebne zajednice vezane krvnim srodstvom, jer „čim je jednom utvrđena zabrana polnih odnosa između sve braće i sestara, čak najdaljih kolateralnih rođaka s majčine strane, pretvorila se gornja grupa u gens, tj. konstituisala se kao postojan krug krvnih srodnika po ženskoj lozi koji ne smeju stupati u međusobne brakove, a taj se krug od sad sve više i više učvršćuje drugim zajedničkim ustanovama društvenog i religijskog karaktera i razlikuje od ostalih gensova istog plemena".[3]

Razvoj proizvodnih snaga omogućavao je samostalan opstanak sve manjih skupina, što je uticalo da se „patrijarhalne zajednice raspadaju na manje porodice koje samostalno vode gospodarstvo", a „izlazeći iz svoje zajednice, male porodice često se naseljavaju u drugom mestu, ponekad čak zajedno s članovima drugih zajednica. Rezultat toga bio je da se narušavala cjelovitost kolektiva krvnih srodnika i njihovo teritorijalno jedinstvo", a „uz postojanje ropstva, siromašnih i bogatih, srodništvo prestaje da veže porodice, među kojima se javlja čak i antagonizam", pa se „rodbinske veze sada zamjenjuju teritorijalnim, susedskim".[4]

Karakteristično je da *razvoj porodice* u osnovi *protivreči razvoju šire zajednice*, jer što se porodični krug više sužavao, globalna zajednica postajala je sve mnogoljudnija. Prvobitna zajednica (u obliku horde) bila je najmalobrojnija kada je sama sobom predstavljala jednu „porodicu", a čim se porodični krug počeo sužavati,

---

[1.] Isto.
[2.] Isto, str. 43.
[3.] Isto, str. 40.
[4.] D.G. Reder, E.A. Čerkasova, cit. rad, str. 71.

istovremeno je otpočelo i njeno širenje, sve dok se nije razvila do velike nacionalne i višenacionalne zajednice sa *monogamnom porodicom* kao osnovnom ćelijom u svom sastavu.

U isto vreme, *što su porodične veze postajale čvršće, vanporodično povezivanje bivalo je sve labilnije.* Prvobitna horda je po nuždi same prirode predstavljala najmonolitniju zajednicu, čiji su članovi praktično bili nerazdvojni, dok se porodični život u svom embrionalnom obliku svodio na povremeno polno opštenje. Porodice krvnog srodstva i punalua imale su za društveno-ekonomsku pretpostavku komunističko gazdinstvo cele zajednice, pa čak ni „sindijazmička porodica, koja je i sama suviše slaba i nestalna da bi imala potrebu ili bar želju za sopstvenim gazdinstvom, nikako ne rastura komunističko gazdinstvo nasleđeno iz ranijeg doba".[1]

Što se proizvodna snaga rada više povećavala i što su, zahvaljujući tome, manje ljudske skupine postajale sposobnije za samostalno privređivanje, i vođenje domaćinstva prelazilo je sa širih na uže zajednice, što je upravo i uticalo na jačanje užih i slabljenje širih društvenih veza. „U početku su gospodarstvo vodili članovi čitavog roda zajedno, a u periodu kasnog neolita to čine članovi porodica po majci ili ukućani rodovskih zajednica, jer je s porastom proizvodnih snaga i s povećavanjem proizvodnosti rada otpala neophodnost da gospodarstvo vodi čitav rod zajedno".[2]

Jačanje malih porodičnih gazdinstava rezultat je razvoja naturalne poljoprivredne proizvodnje, a čim je tu proizvodnju počela da potiskuje robna industrijska proizvodnja, porodične ekonomije našle su se na udaru *nacionalnih ekonomija*, zbog čega su i tradicionalne porodične veze morale početi da slabe za račun jačanja širih društvenih veza. U isto vreme dok je doživljavala svoj najveći uspon, porodica se i sama pripremala za sopstveni pad, koji se približavao kao rezultat njene sopstvene težnje za još većim, pre svega ekonomskim usponom.

Na vrhuncu svoje moći *patrijarhalna monogamska porodica* je u sebi sjedinjavala četiri najznačajnije društvene funkcije – biološku, ekonomsku, socijalnu i obrazovno-vaspitnu – koje su je činile osnovnom, i u velikoj meri zatvorenom ćelijom društva, sposobnom da samostalno egzistira. Čim je umesto zemlje novac postao njena glavna preokupacija, ona je te funkcije, malo-pomalo, počela da gubi ustupajući ih široj društvenoj zajednici, čime je u istoj meri gubila i tradicionalnu ulogu osnovne ćelije društva, koju su sve više preuzimale samostalne proizvodne organizacije, bez kojih se industrijska proizvodnja ne bi mogla ni zamisliti.

Izvlačenjem proizvodnje iz porodičnog kruga, industrija je od početka razarala pre svega ekonomsku funkciju porodice, a „otkako je krupna industrija premestila ženu iz kuće na tržište rada i u fabriku i načinila je često hraniteljkom porodice, potpuno je uklonjen u proleterskom stanu poslednji ostatak vladavine muškarca osim, možda, nešto brutalnosti prema ženi, koja je uzela maha otkako je uvedena monogamija", tako da „proleterska porodica nije više monogamska porodica u strogom

---

[1.] F. Engels: „Poreklo porodice, privatne svojine i države", isto, str. 44.
[2.] D.G. Reder, E.A. Čerkasova, cit. rad, str. 56.

5*

smislu".[1] Prema Harry Bravermanu, „osim svoje biološke funkcije, obitelj je bila ključna institucija *društvenog života, proizvodnje i potrošnje*", a „od ta tri aspekta kapitalizam ostavlja samo poslednji, i to u oslabljenom obliku, jer se čak i kao potrošačka jedinica obitelj obično raspada na osnovne dijelove koji odvojeno sudjeluju u potrošnji".[2]

Zajedno s ekonomskom, porodica neizbežno gubi i socijalnu i obrazovno-vaspitnu funkciju, jer sa podruštvljavanjem proizvodnje „pojedine članove porodice sada neposredno socijalizuju u još većoj meri vanporodične instance, samo društvo".[3] Obrazovanje i socijalnu zaštitu već su uveliko preuzele obrazovne i socijalne organizacije, a socijalni milje je i u celini sa porodičnog kruga proširen na širu zajednicu, jer se interesne sfere i međusobno komuniciranje ljudskih jedinki sve više šire.

Sve to utiče da se i *biološka funkcija porodice* širi na celo društvo, i da normativno oktroisane bračne odnose sve više zamenjuje *slobodna polna ljubav*, koja ne „priznaje" nikakve društvene granice. Umesto spolja nametnutih ili ekonomski motivisanih bračnih veza i odnosa, kakvi su preovlađivali u prošlosti, već sada se brakovi sve više sklapaju i održavaju na bazi slobodnog izbora iz emotivnih pobuda, a kad uzajamni afinitet bračnih drugova prestane, oni se sporazumo raskidaju, pa kad ne bi bilo socijalno-ekonomskih obaveza koje iz porodičnih odnosa nastaju, pravna zaštita braka gotovo da ne bi ni bila potrebna.

Porodica se tako ubrzanim koracima približava stanju u kojem će se po svojoj društvenoj ulozi, samo u sasvim drugačijim uslovima i na daleko višem društvenom nivou, ponovo izjednačiti s celom društvenom zajednicom. S nastajanjem ljudske proizvodnje ona se iz embriona društvene zajednice iskristalisala kao njena osnovna ćelija, a sa nestajanjem ljudske proizvodnje u razvijenoj društvenoj zajednici ponovo se rastvara.

Porodična organizacija društva odgovara naturalnom načinu proizvodnje, a čim naturalna proizvodnja počne prerastati u robnu proizvodnju, odmah otpočinje i funkcionalno prerastanje porodične organizacije u *nacionalnu organizaciju društva*, koja odgovara robnom načinu proizvodnje. Funkcije koje je pri naturalnoj proizvodnji obavljala porodica, najpre preuzima nacionalna država dok ih najzad ne preuzme jedinstvena svetska zajednica kao najšira ljudska porodica.

Čim se već u krilu feudalizma počela razvijati šira podela rada, otpočeo je razvijanjem robno-novčanih odnosa i proces čvršćeg unutarnjeg povezivanja naroda i njegovog prerastanja u *naciju*. Presudnu ulogu u tome imalo je stvaranje jedinstvenog tržišta kao preke potrebe razvijene podele rada i ubrzane industrijalizacije proizvodnje.

Ekonomsko povezivanje praćeno je i potpomagano *političkom centralizacijom*. „Buržoazija sve više savlađuje rasparčanost sredstava za proizvodnju, poseda i stanovništva. Ona je nagomilala stanovništvo, centralizovala sredstva za proizvodnju

---

[1] F. Engels: „Poreklo porodice, privatne svojine i države", isto, str. 61.
[2] Cit. rad, str. 229/30.
[3] Jirgen Habermas, *Javno mnjenje*, „Kultura", Beograd, 1969, str. 198.

i koncentrisala svojinu u malo ruku, a „nužna posledica toga bila je politička centrali-zacija. Nezavisne, samo labavo povezane provincije s različitim interesima, zakoni-ma, vladama i carinama sabijene su u *jednu* naciju, *jednu* vladu, *jedan* zakon, *jedan* nacionalno-klasni interes, *jednu* carinsku granicu".[1]

Sve je to uticalo i na stvaranje posebnog načina života, odnosno posebne – *na-cionalne kulture* svakog pojedinog naroda, jer se „unutar svake od tih cjelina očituju moćne snage sjedinjavanja. Ne samo što se oblikuju prostrana vjerska područja – što je najneposrednije očita pojava – koja više ili manje potpuno ujedinjuju zajedništvo vjere i obreda, pa čak i zajedništvo struktura, nego se zbog tehničkog napretka, de-mografskog porasta i razvitka razmjene odnosi među ljudima ostvaruju sasvim no-vom brzinom i učestalošću. Istina je da se na mnogim mjestima rađanje kolektivne svijesti koje iz toga slijedi izrazilo kao poticaj za stvaranje „nacionalnih" kultura koje posebice insistiraju na osobitosti i posebnosti svakog pojedinog naroda".[2]

Koncentracija zanatstva i trgovine, a zatim industrije i kulture na određenim punktovima, predstavljala je osnovu razvoja *gradova* i polarizacije naroda na grad-sko i seosko stanovništvo. „Ne samo što su osnovani novi gradovi u skoro svim de-lovima Evrope već su se i mnogi stari gradovi, veliki i mali, proširili izvan svojih zidina". Već u ranom srednjem veku „veliki gradovi imali su svoju upravu", a „nji-hovi stanovnici, naročito zanatlije i trgovci, uživali su veću slobodu nego seljaci".[3]

Sukobom naturalnog i robno-novčanog načina proizvodnje *suprotnosti između sela i grada*, koje su postojale od samog nastanka gradova, još više su zaoštrene. Iako su „gradovi severne Evrope mogli posredno kontrolisati seosku privredu preko svojih tržišta, u političkom pogledu bila su to dva sveta, jer gradovi su, za razliku od sela, uspevali da se oslobode zavisnosti od feudalnih gospodara. Nemoćni da potisnu vlast feudalnog plemstva na selu, gradovi su često s njim bili u sukobu".[4]

Bio je to sukob starog i novog sveta, različitih kako po načinu proizvodnje tako i po načinu života, čije je suprotstavljanje od svetsko-istorijskog značaja jer je usme-reno ka stvaranju *jedinstvene svetske zajednice* bez globalnih društvenih podela i bez frontalnih sukoba polarizovanih delova. Industrijalizacija proizvodnje od početka je vodila ne samo sve većoj dominaciji grada nad selom, nego i sve većem pre-vazilaženju njihove podvojenosti, izraženom pre svega kroz industrijalizaciju poljo-privrede i urbanizaciju seoskog načina života, koji je već uveliko izgubio svoja tradicionalna obeležja.

Ali industrijalizacija ne briše samo podelu nacije na grad i selo, već i podelu na same nacije. Stvaranjem nacionalnih tržišta, ona je stvarala i nacije, koje internacio-nalizacijom tržišne razmene istovremeno i razara. Marks i Engels su još u vreme rađanja nacionalnih država pisali da je „buržoazija eksploatacijom svetskog tržišta

[1.] K. Marks, F. Engels, *Dela*, tom VII, isto, str. 384.

[2.] Vadim Jelisejev, Jean Naudon, Gaston Wiet, Philippe Wolf, *Velike civilizacije srednjeg vijeka*, „Naprijed", Zagreb, 1972, str. 3.

[3.] *Rani srednji vek*, IZ „Jugoslavija", Beograd, 1976, str. 74.

[4.] *Srednji vek i renesansa*, isto, str. 163.

dala kosmopolitski karakter proizvodnji i potrošnji svih zemalja", i „izvukla nacionalno tlo ispod nogu industrije", da su „uništene prastare nacionalne industrije", koje „potiskuju nove industrije, čije uvođenje postaje životno pitanje za sve civilizovane nacije, industrije koje više ne prerađuju domaće sirovine, već sirovine koje dolaze iz najudaljenijih oblasti i čiji se fabrikati ne troše samo u zemlji već u isto vreme u svim delovima sveta", te da „na mesto stare lokalne i nacionalne samodovoljnosti i ograđenosti – stupa svestrani saobraćaj, svestrana uzajamna zavisnost nacija".[1]

Tendencija stvaranja *jedinstvene ljudske zajednice* imanentna je celokupnom razvoju ljudskog roda, i ona ga je sve vreme vodila upravo u tom pravcu, a idejno je izražena u teorijskim projekcijama najvećih umova. Kako piše Herbert Markuze, „postoji nužan prelaz od Kantove analize transcendentalne svijesti do njegovog zahtjeva za zajednicom jednog Weltburgerreich-a (svjetskog građanskog carstva), od Fihteovog pojma čistoga ja do njegove konstatacije jednog totalno jedinstvenog i regulisanog društva (der geschlassene Hondelsstaat – zatvorena trgovinska država); i od Hegelove ideje uma do njegovog označavanja države kao jedinstva zajedničkog i pojedinačnog interesa i time kao ozbiljenje uma".[2] U „Marksovoj viziji komunizam je ostvariv samo u svjetskim razmjerama – kao zajednica svestrano integrisanih i univerzalno samodjelatnih individua, jer ima za pretpostavku univerzalna sredstva za proizvodnju koja se mogu koristiti samo u zajedničkoj i istovremenoj globalnoj upotrebi".[3] I masovna religijska svest počiva na predstavi o *jedinstvenom* (ovozemaljskom i onozemaljskom) svetu koji je po jedinstvenoj zamisli stvorio *jedan* božanski um.

U praksi je proces stvaranja jedinstvene ljudske zajednice, zavisno od razvoja proizvodnje, tekao od minijaturne horde preko sve mnogoljudnijih zajednica i njihovog povezivanja u još šire zajednice. „Potrebe odbrane i životne nužnosti zahtijevale su *okupljanje ljudi u zajednice* čiji je kvantitativni i strukturalni razvoj ipak bio ograničen mogućnostima pribavljanja hrane, to jest, kako privredno-tehničkim tako i prirodnim uvjetima", jer je, na primer, „uspješan lov bio moguć samo kao učinak zajednica u kojima se nalazio dovoljan broj za to sposobnih pojedinaca".[4] Tek je nastanak i razvoj ljudske proizvodnje otvorio perspektive i za kvantitativni i strukturalni razvoj ljudske zajednice, koji je vodio njenoj sve većoj integraciji i transformaciji u jedinstvenu svetsku zajednicu.

Osnovu integrisanja ljudske zajednice od početka činilo je integrisanje ljudskog rada, i sve dok se ono izvodilo putem spoljnje prinude, na sličan način odvijalo se i integrisanje same zajednice. A pošto se iznuđeno zajedništvo moglo održavati samo dok se održavalo samo iznuđivanje, to što je i posle raskida trajno ostajalo bile su uglavnom *duhovne veze* kao sredstvo unutarnjeg povezivanja, koje je činilo istorijsku prethodnicu ekonomskih integracija kao osnove spoljnjeg i unutarnjeg povezivanja zajednice.

---

[1] "Manifest Komunističke partije", isto, str. 383.
[2] Cit. rad, str. 31.
[3] Dr Adolf Dragičević, *Ekonomsko oslobađanje rada*, isto, str. 203.
[4] *Povijest svijeta*, isto, str. 65.

U tom pogledu, najznačajniju istorijsku tekovinu međunarodnih ratova predstavlja upravo *širenje duhovnog stvarlaštva*, koje je bez prinude prihvatano ukoliko je imalo univerzalne vrednosti, pa nisu samo osvajači duhovno uticali na pokorene narode nego su i sami podlegali njihovim uticajima, što je za rezultat imalo mešanje, preplitanje i delimično *internacionalizovanje različitih kultura*. Za vreme Aleksandra Velikog i njegovih osvajanja, „grčki jezik i grčka kultura, a prije svega specifični grčki oblik gradskog načina života, odomaćili su se u cijeloj Maloj Aziji, Mesopotamiji i na obalama Sredozemnog mora, sve do Egipta", ali Aleksandrovo kraljevstvo nije prouzrokovalo samo grecizaciju Istoka; ono je istovremeno omogućilo starim istočnjačkim kulturama da djeluju na grčku kulturu", a u „starim rimskim provincijama varvari su se mešali sa romanizovanim stanovništvom, kopirajući njegove običaje i podstičući svoj sopstveni narod da uči, da čita i piše".[1]

Zbog nasilničkog i osvajačkog karaktera, ratovi, međutim, nikada nisu predstavljali pogodno sredstvo za širenje duhovnog stvaralaštva, pa se u vreme nasilnog povezivanja različitih naroda nije ni mogla stvoriti neka univerzalna internacionalna kultura. „Od prvih civilizacija, oko 3500. godine pre n.e., pa sve do oko 1500 n.e. istorija je u stvari povest o posebnim kulturama koje su se razvijale u različitim delovima sveta", jer su „narodi jedne kulture malo znali ili nisu uopšte znali o narodima drugih kultura", pa „čak i ako su znali jedni za druge, često su bili razdvojeni ogromnim prirodnim preprekama, te su se tako njihove kulture razvijale uglavnom nezavisno jedna od druge".[2]

Tek je intenzivniji razvoj trgovine, pri zalasku srednjovekovne civilizacije, uticao na *trajno povezivanje različitih kultura* i na rađanje univerzalne internacionalne kulture, čemu je posebno doprineo nagli prodor evropske trgovine i kulture u različite delove sveta. „Sa stanovišta svetske istorije ekspanzija Evrope predstavljala je glavnu odliku razvoja čitavog perioda od 1500. do 1700. Do početka XVI veka stanovništvo je živelo u regionalnoj izolaciji, a Evropa je bila okružena, izolovana i ranjiva islamskom civilizacijom, velikim muslimanskim carstvima i osvajačima iz azijskih stepa", a „posle 1500. proces je promenio smer i Evropa je počela da deluje na svet novom silom, nesmanjenom sve do 1947... Putovanja u XVII veku radi otkrića i trgovine ili samo istraživanja utrla su put kolonizaciji u pravom smislu reči i tada je uspostavljeno holandsko, francusko i britansko carstvo", a „uporedo s tim tekla je velika ruska ekspanzija u Sibiru".[3]

Evropska civilizacija je na taj način „postala podloga *svjetske civilizacije*" jer je „zahvaljujući svojoj materijalno-tehničkoj i znanstvenoj nadmoći bijelim narodima uspjelo evropeizirati zemlje", pošto su „svojim otkrićima Evropljani čitavo čovječanstvo doveli u uzajamni dodir", a „povijesno značenje istraživačkih putovanja valja uočiti u činjenici da se s tim otkrićima svijet počeo stapati u jednu cjelinu. S *Kolumbom* i *Vaskom de Gamom* dotadašnja se povijest zasebnih skupina naroda

---

[1] *Istorija od početka civilizacije do danas*, isto, str. 73.
[2] Isto, str. 208.
[3] *Svet u ekspanziji*, isto, str. 76.

pretvorila u *svjetsku povijest*: budući da su se uspostavili dodiri među kontinentima, od tada traje jedinstvenost svjetskog zbivanja".[1]

S prerastanjem naturalne proizvodnje u robnu proizvodnju, ulogu povezivanja naroda od međunarodnih ratova sve više preuzimala je *međunarodna trgovina*, koja je zbog miroljubivog kontakta i obostrane zainteresovanosti poslovnih partnera, pogodnije sredstvo razmene i za nacionalne kulture. Ali dok se robna proizvodnja još nije razvila, ratovi su, pre svega kao sredstvo kolonijalnih osvajanja, stavljani u funkciju njenog razvoja, te „najvažnijom posljedicom kolonizacije valja smatrati svjetsku trgovinu što je obuhvatila čitavu zemaljsku kuglu".[2]

Na prelazu iz naturalne u robnu proizvodnju *kolonizacija* se sastojala pre svega u zaposedanju poljoprivrednih od strane industrijskih zemalja, s osnovnim ciljem eksploatacije prirodnih bogatstava radi obezbeđenja industrijskih sirovina. „Sredinom XIX veka otprilike polovina svetskog stanovništva živela je u Aziji. To su uglavnom bili seljaci, a azijska industrijska proizvodnja bila je ograničena na ručno izrađivanu robu. Do kraja XIX veka polovina azijskog stanovništva potpala je pod evropsku i američku vlast".[3]

Pošto se, pretežno naturalne, poljoprivredne zemlje još nisu mogle ekonomski podjarmiti, glavno sredstvo njihovog potčinjavanja bila je *nasilna kolonizacija*. Stoga je „prvi dodir Evropljana s „novim" svetovima bio grub sudar; evropske vojske su brutalno i varvarski razorile stare civilizacije u Africi, Aziji i zemljama Amerike. A vodenom brazdom osvajačkih brodova došli su guverneri koji su, u ime svojih vladara, izrabljivali njihove neevropske podanike".[4]

Nasilnim osvajanjima, industrijski zahuktala Evropa je relativno brzo kolonizovala ostali deo sveta. „Do 1876. godine bio je okupiran samo deseti dio Amerike, a početkom dvadesetog stoljeća gotovo devet desetina njene teritorije već se nalazi pod stranom dominacijom".[5] Francuska je 1830 „zagospodarila Alžirom, a 1882. Tunisom; Tripolis s Kirenaikom osvojila je Italija u ratu 1911–1912; Engleska je učvrstila svoj uticaj u Egiptu, naročito posle zaposedanja 1882. godine". Slično su prošle Azija i Amerika. „Oko 1850. godine, cela jugoistočna Azija brzo se pretvarala u mozaik država pod dominacijom evropskih sila", a Španija i Portugalija su „vremenom izgubile svoj monopol na vlast u Srednjoj i Južnoj Americi" jer su se „među njih probili Britanci, Holanđani i Francuzi".[6]

Brzom nasilnom kolonizacijom ubrzavane su ekonomske, društvene i kulturne promene koloniziranih zemalja kojima je krčen put za njihovo ekonomsko podređivanje metropolama. Pretvaranjem u sirovinsku bazu industrijaliziranih metropola, kolonije su praktično već uvlačene u svetske ekonomske tokove, a od početka su im

---

[1] *Povijest svijeta*, isto, str. 422.
[2] Isto, str. 486.
[3] *Savremeni svet*, isto, str. 160.
[4] *Istorija od početka civilizacije do danas*, isto, str. 208.
[5] Lucio Colletti, *Ideologija i društvo*, „Školska knjiga", Beograd, 1982, str. 72.
[6] *Istorija od početka civilizacije do danas*, isto, str. 211, 219. i 223.

nametani novi sistemi vladavine, uz unošenje i dobrodošlih tekovina evropske civilizacije, koje su, pored ostalog, donosile „poboljšanje uslova života domorodaca; sprečavanje bolesti lekovima sa Zapada i uklanjanje vekovnih posledica gladi boljim sistemima komunikacija, gradnjom novih puteva i železničkih pruga, sistema za navodnjavanje, brana i kanala".[1]

Do izvojevanja političke nezavisnosti kolonije su već duboko uvučene u ekonomsku zavisnost, kojom su više izgubile nego što su političkom nezavisnošću dobile jer je jedan pogubni oblik otvorenog kolonijalizma zamenjen još pogubnijim prikrivenim kolonijalizmom. „Na mjesto kolonijalizma došao je *neokolonijalizam* kao skup različitih ekonomskih, političkih i ideoloških sredstava kojih je cilj da formalno nezavisne nove zemlje zadrže u zavisnosti od međunarodnog kapitala".[2]

Uprkos političkoj nezavisnosti, koja je krvavo izvojevana, ekonomska zavisnost opojnom snagom reprodukcije samog kapitala dolazi gotovo neprimetno. Nedovoljno funkcionalno kretanje sirovina i finalnih proizvoda na velike udaljenosti nadopunjava se i zamenjuje funkcionalnijim kretanjem novčanog kapitala koji je, u potrazi za činiocima svoje reprodukcije, kao podmukla bujica neosetno preplavio ceo svet. I dok je klasični kolonijalizam silom nametan, *neokolonijalizam je dobrovoljno prihvatan* kao izgledna šansa otrzanja iz ekonomske nerazvijenosti iako je sprovođen u interesu najrazvijenijih.

Kao ekonomski oblik eksploatacije, neokolonijalizam se zasniva pre svega na razlikama u ekonomskoj razvijenosti, koje, po sistemu spojenih sudova, čine da se kapital iz razvijenih zemalja i regiona preliva u nerazvijene, ali da višak vrednosti koji on isisava teče u suprotnom smeru, tako da jednoj strani stalno pritiče uloženi, a drugoj oplođeni kapital, pa se razlika u nivou razvijenosti na taj način automatski održava i uvećava. Taj automatizam oslanja se na nekoliko moćnih poluga koje deluju u obostranom interesu, ali više u interesu jače strane.

1. Pre svega, sama *trgovinska razmena* obezbeđuje opstanak i jednoj i drugoj strani, ali dobit izvlači jača strana. „Kao što u okviru jedne zemlje postoji određen odnos kvalifikovanog prema nekvalifikovanom radu, isto tako ... i u okviru svetskog tržišta dolazi do odnosa zemalja s produktivnijim radom i onih čiji je rad manje produktivan i do eksploatacije siromašnijih zemalja, nezavisno od toga da li i siromašnija zemlja ima relativne prednosti u datoj robnoj razmeni".[3] Uz to se „neekvivalentnost robne razmene između nerazvijenih i kapitalističkih razvijenih zemalja obezbeđuje (i) mehanizmom monopolskih cena, čime se još više zaoštrava inače neravnomerni razvitak ubrzanja produktivnosti rada u razvijenim zemljama i zaostajanje povećanja produktivnosti rada u zemljama u razvoju".[4] Monopolske cene koriste se naročito u razmeni sirovina jer „transnacionalne kompanije imaju potpun mono-

---

[1] Isto, str. 270.
[2] *Povijest svijeta*, isto, str. 727.
[3] *Politička ekonomija socijalizma*, isto, str. 618.
[4] Dr Ljubiša Adamović, *Međunarodni ekonomski odnosi*, „Savremena administracija", Institut za ekonomska istraživanja, Beograd, 1974, str. 179.

polski položaj u eksploataciji mnogih vitalnih sirovina", koji omogućava da se „sirovine matičnoj kompaniji prenesu po unutarkompanijskim cenama, određenim administrativno, što maksimalizuje globalni profit transnacionalne korporacije a umanjuje fiskalne dobiti zemalja u razvoju".[1]

2. *Kreditiranje* je takođe u interesu nerazvijenih, ali je ono dobro isprobani instrument razvijenih kako bi isisali njihov višak vrednosti, što se ogleda i u činjenici da „proces ubrzanja ekonomskog razvoja u nekim nerazvijenim zemljama, naročito onim koje su u razdoblju posle Drugog svetskog rata dostigle znatne uspehe u oblasti industrijalizacije, gotovo po pravilu potvrđuje rastuću zaduženost tih zemalja u inostranstvu".[2] Sedamdesetih godina izvoz zemalja u razvoju rastao je po stopi od 6% godišnje, dok se finansijska zaduženost povećavala po stopi od 14%.[3]

3. *Neposredna ulaganja stranog kapitala* možda su najprivlačnija za nerazvijene zemlje jer im omogućavaju razvoj bez zaduživanja, ali „angažovanje inostranog kapitala pod uslovima koje danas nameću transnacionalne korporacije, osuđuje zemlje u razvoju da budu privezak privrede razvijenih zemalja, istovremeno uskraćujući im mogućnost da raspolažu svojim prirodnim bogatstvom, čak i svojim suverenitetom... U traganju za najvećim mogućim profitima, vodeći monopoli nalaze naročito povoljne uslove za investiranje u pojedinim zemljama u razvoju", gde „pored jeftine radne snage, inostrani investitori uživaju mnoge pogodnosti i olakšice (rastuća tržišta, obilje radne snage, slabi ili ugašeni sindikati, niski porezi itd.). Tako transnacionalni monopoli izvlače višak vrednosti, na temelju proširivanja kapaciteta i povećanja broja zaposlenih, proletarizovanja masa širom sveta, povećanja i apsolutnog i relativnog viška vrednosti... Podaci Međunarodnog monetarnog fonda o platnim bilansima zemalja u razvoju pokazuju da je priliv direktnih investicija u zemlje u razvoju bio 6,7 milijardi u 1973. godini, dok je odliv iz ovih zemalja iznosio u vidu dobiti transnacionalnih korporacija 12,6 milijardi dolara".[4]

4. *Uvoz tehnologija* nasušna je potreba nerazvijenih zemalja, a razvijene zemlje izvoze uglavnom zastarele tehnologije po restriktivnim uslovima za uvoznike, čime se obezbeđuju od njihove konkurencije, stavljajući ih u nepovoljniju poziciju. „Ugovori o prenosu tehnologije vrlo često sadrže određene restrikcije. Prva vrsta restriktivnih klauzula jeste ona kojom se zabranjuje izvoz preduzeću koje je primilo tehnologiju, ili se dozvoljava samo u određene susedne zemlje. Druga vrsta klauzula u ugovorima o prodaji tehnologije obavezuje primaoca da kupuje mašine, opremu, polufabrikate i čak sirovine od firme koja prodaje tehnologiju". Na taj način „transfer tehnologije ne samo što omogućava prikriveni odliv profita matičnim korporacijama, već takođe vodi povećanoj zavisnosti industrija u zemljama u razvoju prema transnacionalnim kompanijama".[5]

---

[1] Dr Milan Vojinović, *Transnacionalne kompanije*, „Privredni pregled", Beograd, 1977, str. 75. i 196.

[2] Dr Ljubiša Adamović, cit. rad, str. 261.

[3] *Povijest svijeta*, isto, str. 748.

[4] Dr Milan Vojinović, cit. rad, str. 254, 65. i 200.

[5] Isto, str. 182.

5. Nerazvijene zemlje šalju svoje *kadrove* na školovanje u razvijene zemlje, gde oni često i ostaju ili posle izvesnog boravka u matičnoj zemlji odlaze uglavnom u razvijene zemlje, što je i najdragocenija investicija nerazvijenih u razvijene. „Činjenica je da se u svetskoj privredi... zapaža kretanje radne snage, pre svega naučnih kadrova, prema SAD. U tom pogledu zapaža se odliv i iz nerazvijenih zemalja i iz razvijenih zemalja, ali onih koje su manje razvijene od SAD". Dok se od 1945. do 1951. godine u SAD godišnje useljavalo 1000 inženjera i 300–500 naučnika, u periodu od 1962 do 1966. godine te brojke povećane su na 4011 inženjera i 1601 naučnih radnika.[1]

Zamena nasilnog kolonijalizma ekonomskim kolonijalizmom nesumnjivo doprinosi razvoju nerazvijenih agrarnih zemalja jer ih uvlači u razvojne tokove industrijske proizvodnje, ali se razvijene industrijske zemlje još brže razvijaju, zbog čega se razlike u razvijenosti ne smanjuju nego povećavaju. One su se „pedesetih godina našeg veka izražavale u jazu između prosečnog dohotka po glavi stanovnika u razvijenim zemljama od 2000 dolara i dohotka po glavi stanovnika u zemljama u razvoju od 175 dolara", a „sredinom sedamdesetih godina dohodak po glavi stanovnika u razvijenim zemljama povećao se sa 2000 na 4000 dolara, a u zemljama u razvoju sa 175 na 300 dolara", tako da je „stanovnik u razvijenim zemljama, kroz tu jednu generaciju od 25 godina, dobio 2000 dolara, a njegov brat u zemlji u razvoju svega 125 dolara.[2] Dok je „jaz između bogatih i siromašnih zemalja – mjeren u *per capita* proizvodu – bio prije dva stoljeća manji od 2:1, danas je on 39:1 i još se produbljuje".[3]

To očigledno pokazuje da se razvojem industrijske robne proizvodnje savremeni svet ekonomski povezuje u *jedinstvenu*, ali duboko *polarizovanu zajednicu*, unutar koje se kontinuirano odvija ne samo ekonomska eksploatacija, nego i društveno potčinjavanje njenog najvećeg dela od strane nekolicine najrazvijenijih zemalja, čime interna klasna polarizacija nacija prerasta u njihovu eksternu, međunacionalnu polarizaciju. Kako piše Palloix, „internacionalizacija kapitala označava svjetski hegemonistički postupak koji nekoliko nacionalnih sila prvog reda (centar) vrši prema ostatku svijeta (periferija)".[4]

Sa stanovišta dugoročnih istorijskih trendova, podela na „kapitalistički" i „socijalistički" blok imala je sekundarnu ulogu jer se nije zasnivala na ekonomskoj nego na ideološko-političkoj polarizaciji. Polarizacija, sa svim karakterističnim (ekonomskim, političkim i drugim) suprotnostima između centra i periferije, zahvatila je i „socijalistički" blok, samo što se u njemu održavala na administrativnim umesto na ekonomskim merama, zbog čega se ceo blok morao raspasti čim je centar pod

---

[1] Dr Ljubiša Adamović, cit. rad, str. 116.
[2] Dr Janez Stanovnik, *Kriza kapitalizma i novi međunarodni ekonomski poredak*, Centar za marksističko obrazovanje OSK Beograda, Beograd, 1977, str. 2.
[3] Branko Horvat, cit. rad, str. 406.
[4] *Svjetska kapitalistička privreda i multinacionalne kompanije*, „Stvarnost", Zagreb, 1980, str. 145.

pritiskom svetskih ekonomskih tokova oslabio. Ekonomska polarizacija u stvari je samo porušila veštačke političke barijere koje su stajale na putu njene internacionalizacije.

Gotovo je evidentno kako *multinacionalni kapital* pod svoju komandu stavlja sve potencijalne rezerve svoje reprodukcije, samo je pitanje dokle će se polarizacija koja je na toj osnovi nastala produbljivati i kada će otpočeti obrnuti proces depolarizacije, kojim će se razlike između razvijenih i nerazvijenih smanjivati umesto da se povećavaju. Sve govori ne samo da se ona u globalu približava svojim krajnjim granicama, već da na pojedinim punktovima otpočinje i njeno prevazilaženje jer je sve više nerazvijenih zemalja koje, brže ili sporije, prelaze u tabor razvijenih, a dubinska kretanja u tom pravcu sve više zahvataju ceo svet.

Izražavajući nesumnjive tendencije razvoja same proizvodnje, ta dubinska kretanja teku ispod nivoa nacionalnog grupisanja i mimo teritorijalno-administrativnih granica. Ako je još na samom početku morala probiti pretesnu ljušturu porodične ekonomije, kapitalistička proizvodnja pri svom završetku probija i već pretesnu ljušturu nacionalne ekonomije. „Razvitkom transnacionalnih korporacija kapitalizam se prilagođava nivou razvoja modernih proizvodnih snaga, što sve pokazuje da je nacionalna privreda, ako ne sasvim prevaziđena, ono svakako preuzak okvir za razvoj savremene tehnologije i optimalan tempo ekonomskog razvoja".[1] Još početkom sedamdesetih godina vrednost proizvodnje koju su podružnice nacionalnih preduzeća ostvarile u inostranstvu iznosila je 1,33 vrednosti izvoza, dok je za SAD bila četvorostruko, a za Veliku Britaniju i Švajcarsku više nego dvostruko veća.[2]

Ako je porodično gazdinstvo uglavnom već zamenjeno nacionalnim preduzećem, ovo se sve više zamenjuje *multinacionalnom kompanijom* „kao velikim nacionalnim poduzećem, koje ima ili kontroliše više proizvodnih podružnica u više zemalja", odnosno *transnacionalnim preduzećem*, koje „nema nikakve veze s matičnom zemljom" i čije autonomne jedinice „određuju svoju strategiju i organiziraju svoju proizvodnju neovisno o nacionalnim granicama".[3] Još sedamdesetih godina inostrana proizvodnja transnacionalnih korporacija rasla je po stopi od 10% godišnje, odnosno dva puta brže od rasta svetskog bruto nacionalnog proizvoda i 40% brže od rasta svetskog izvoza,[4] a vrednost celokupne godišnje proizvodnje multinacionalnih kompanija iznosila je preko petsto milijardi dolara, ili 20% svetske proizvodnje, dok se njihova likvidnost cenila na 200 milijardi dolara, što je bilo više od ukupnih monetarnih rezervi svih nacionalnih banaka sveta.[5]

Multinacionalne kompanije i transnacionalne korporacije su oblik nadnacionalne centralizacije kapitala, ali upravo zbog toga i uslov *nadnacionalne decentrali-*

[1] Dr Milan Vojinović, cit. rad, str. 251.
[2] Vidi: Charles – Albert Michalet, *Svjetski kapitalizam*, „Školska knjiga", Zagreb, 1980, str. 27.
[3] Isto, str. 30. i 35.
[4] Vidi: Dr Milan Vojinović, cit. rad, str. 48.
[5] Vidi: Dr Janez Stanovnik, cit. rad, str. 28.

zacije njegovim raspolaganjem. Iako „uprava multinacionalne kompanije ostaje vrlo centralizovana, ... prihvatanje svjetske (Worldwide) strukture nužno je popraćeno određenom decentralizacijom odgovornosti u korist direkcija organiziranih po regijama ili po proizvodima".[1] Pošto jači svetski kapital teži da u sebe apsorbuje slabije nacionalne kapitale, broj njegovih vlasnika će se, na principu akcionarstva, deoničarstva i zadrugarstva širiti, čime će se vlasničko raspolaganje i društveno upravljanje decentralizovati i demokratizovati, suprotno tehnološkom upravljanju njegovim proizvodnim tokovima koje će se centralizovati i kompjuterizovati.

Ukoliko durštvena centralizacija svetskog kapitala dolazi u sukob s njegovom reprodukcijom, *decentralizacija njegovim raspolaganjem* je neminovna, a ona je osnovna pretpostavka trajnog prevazilaženja strukturalne polarizacije savremenog sveta na razvijeni i nerazvijeni deo. Pošto svaki zastoj proizvodnih tokova na periferiji stvara reprodukcione probleme i u centru, posednici svetskog kapitala su objektivno prinuđeni da uslove njegove reprodukcije sve više ujednačavaju i da time ekonomski jaz između centra i periferije smanjuju.

Međunarodna orijentacija u tom pravcu izražena je 1974. godine i *Deklaracijom* 6. specijalnog zasedanja Generalne skupštine Ujedinjenih nacija *o uspostavljanju novog međunarodnog ekonomskog poretka* koncipiranog na načelima jednakosti i ravnopravnosti, suverenosti i suverenog raspolaganja prirodnim resursima, nadzora nad multinacionalnim kompanijama, pravednog odnosa između cena izvozne i uvozne robe nerazvijenih zemalja, nerecipročnog preferencijalnog postupka prema nerazvijenim zemljama, odgovarajućeg toka realnih resursa u te zemlje, podsticanja prenosa tehnologije u nerazvijene zemlje, te uzajamne zavisnosti.

Ostvarivanje tih načela vodiće *ukidanju međunarodne eksploatacije* i pretvaranju neekvivalentne u ekvivalentnu razmenu i raspodelu, bez čega je fundamentalne razlike u ekonomskoj razvijenosti nemoguće prevazići, a bez toga nije moguće prevazići ni međunacionalnu polarizaciju savremenog sveta, koja je na tim razlikama zapravo i zasnovana. Sumnja da je to moguće osnovana je samo utoliko ukoliko nije moguće da se međunacionalna polarizacija ukine pre ukidanja samih nacija.

Polarizacija nacija ukida se zapravo utoliko ukoliko se ukidaju same nacije, jer iza nacionalnog podvajanja u posebne i međusobno suprotstavljene zajednice može doći samo *nacionalno spajanje u jedinstvenu zajednicu*, koje se odvija pre svega putem ekonomske integracije kao osnove ukupne društvene integracije. Ako je proizvodna podela rada na jednom užem prostoru preko nacionalnog tržišta dovela do nastajanja, ona na širem svetskom prostoru preko međunarodnog tržišta vodi ka nestajanju nacija. *Međunarodna proizvodnja*, u koju prerasta i u koju se konačno utapa međunarodno tržište, stvaralački iznutra razara naciju, dovodeći je do krajnjih granica njenog ekonomskog i kulturnog prosperiteta, iza kojih se dalji društveni razvoj može odvijati samo u nacionalno neograničenom prostoru.

Svetska proizvodnja zahteva i *svetsku kulturu*, u kojoj se nacionalne kulture ne gube, nego se, prerastajući uske nacionalne okvire, vazdižu iznad sopstvenih horizo-

---

[1.] Charles – Albert Michalet, cit. rad, str. 175. i 174.

nata, i sve što je u njima od trajne vrednosti ne propada već u slobodnom prostoru nastavlja da slobodno egzistira. U tom pogledu, nacije se bukvalno ne ukidaju nego prerastaju u širi i viši oblik ljudskog zajedništva, jer ukoliko vladavinu proizvodnog rada zamenjuje vladavina slobodnog stvaralaštva, ljudski duh se oslobađa svih društvenih, pa i nacionalnih okova. Samo unutar same sebe slobodna *opšteljudska zajednica* može postati zajednica slobodnog ljudskog stvaralaštva.

Okosnicu transformacije proizvođačkog društva u stvaralačko društvo predstavlja zamena kapitala objektiviziranim znanjem kao osnovnim sredstvom proizvodnje i opštedruštvenim dobrom koje se ne može prisvajati ni monopolisati. Umesto da uvoze strani kapital i zastarele tehnologije, nerazvijene zemlje treba da prestanu s „izvozom" kadrova, koji će korišćenjem znanja kao najdragocenijeg opštedruštvenog dobra stvarati nove tehnologije i domaći kapital. To je neizostavni uslov da se prevaziđu i međunacionalne i klasne suprotnosti i nejednakosti, sa čijim će iščezavanjem iščeznuti i same nacije i klase jer samo stvaralačko društvo bez monopola na osnovnim sredstvima proizvodnje može doneti stvarne društvene jednkosti.

II DEO

Društveno organizovanje i delovanje

PREDUZETNIŠTVO

1. Osnovne funkcije i društveni status preduzeća

Preduzetništvo je karakterističan oblik robne proizvodnje i robno-novčanog privređivanja. Ono zapravo i nastaje i razvija se sa nastankom i razvojem robne proizvodnje, pa je logično očekivati da će sa njenim nestankom i nestati. Naturalna proizvodnja i naturalno privređivanje odvijali su se u okviru porodičnog gazdinstva, i u zatvorenom porodičnom domaćinstvu stapali se neposredno s ličnom potrošnjom, zbog čega je ono upravo i ostajalo zatvoreno. Otvaranje je otpočelo s prelaskom na robnu proizvodnju i robno-novčano privređivanje, ali je to vodilo i odvajanju proizvodnje od lične potrošnje, te nastajanju proizvodnih jedinica kao posebnih i od porodičnog domaćinstva odvojenih oblika društvenog organizovanja.

Embrionalni oblik preduzeća kao posebnog oblika društvenog organizovanja i privređivanja su zanatska i trgovinska *radnja*, koje rade za tržište, i koje su stoga tržištu i okrenute. Bez obzira na veličinu, u njima se začinju sve osnovne funkcije preduzeća, koje je već u zenitu razvoja, kada počinje i njegova transformacija u nove oblike privređivanja.

Kao organizacija robne proizvodnje i robno-novčanog privređivanja, preduzeće je, pre svega, tržišni subjekt koji radi za tržište i za kojeg tržište radi. I ne samo što preduzeće ne bi postojalo bez tržišta, već ni tržišta ne bi bilo bez preduzeća jer su upravo preduzeća osnovni subjekti tržišta.

Zato je *marketing* neizostavna funkcija svakog preduzeća. Pošto ne proizvodi za sebe već za druge, preduzeće mora stalno da ispituje potrebe potrošača i prati potražnju za proizvodima i uslugama kojima se one zadovoljavaju. Ako bi proizvodilo nezavisno od potreba i potražnje, preduzeće ne bi opravdalo svoje postojanje, gomilalo bi zalihe i neizbežno propalo.

Preduzeće je zapravo i nastalo radi zadovoljavanja ljudskih potreba i podmirivanja potrošnje posredstvom tržišta, u ukoliko tu funkciju ne ispunjava, ono gubi smisao postojanja. Zato je marketinška funkcija sudbonosna za opstanak i robno-

-proizvođačkog društva i preduzeća kao autentičnog oblika njegovog organizovanja u funkciji zadovoljavanja društvenih potreba.

Dok je proizvodnja zaostajala za mogućnostima potrošnje, te potrebe bilo je jednostavno sagledavati, pa se marketing nije ni izdvajao kao *posebna* funkcija preduzeća. Što je, međutim, proizvodnja više sustizala potrošnju, ispitivanje i osvajanje tržišta postajalo je sve neophodnije, a s jačanjem tržišne konkurencije i sve složenije, zbog čega troškovi marketinga spadaju među najveće izdatke savremenog preduzeća.

Što proizvodnja više nadilazi potrošnju, funkcija marketinga se sa ispitivanja sve više proširuje i na kreiranje tržišta, iza čega u suštini stoji kreiranje ljudskih potreba. Da bi se proizvodnja razvijala, više nije dovoljno da se samo ona usmerava prema potrošnji, već je neophodno i da se potrošnja usmerava prema proizvodnji, što podrazumeva da se stvaranjem novih proizvoda stalno izazivaju nove potrebe. Time se marketing preko ispitivanja tržišta sve dublje spušta do ispitivanja i izazivanja samih potreba, želja i ukusa potencijalnih potrošača.

Na marketing se nadovezuje funkcija *planiranja*, čiju osnovu u savremenim uslovima čini usklađivanje proizvodnje i potrošnje. Ako se marketingom utvrđuju mogućnosti plasmana, planiranjem se, zavisno od raspoloživih proizvodnih potencijala, određuje mera njihovog iskorišćenja. Da bi se isplatila, proizvodnja ni u kom slučaju ne može da ide iznad mogućnosti plasmana, a često se ne sme u njih bukvalno ni uklapati, zbog čega se njeno planiranje mora zasnivati na odgovarajućim ekonomskim pokazateljima, što podrazumeva uvažavanje i ostalih uslova proizvodnje.

Dok su pri nerazvijenoj proizvodnji mogućnosti plasmana bile praktično neograničene, funkcija planiranja svodila se na interno usklađivanje proizvodnih činilaca i tokova, a čim je otpočela masovna industrijska proizvodnja, počele su izbijati krize hiperprodukcije, radi čijeg se predupređivanja planiranje moralo širiti i van preduzeća, prerastajući u društveni sistem izvan kojeg se sve teže opstajalo.

Što je podela rada razvijenija, društveno planiranje je neophodnije jer kooperacije među različitim učesnicima u proizvodnji i razmeni zajedničkog proizvoda ne može biti bez usklađivanja njihovih delatnosti. Interno planiranje unutar udruženih preduzeća tada se pojavljuje samo kao potfunkcija zajedničkog planiranja, kojem se mora podređivati da bi se proizvodnja normalno odvijala.

Planovi se ostvaruju *organizovanjem* proizvodnje i prometa, kojem se podređuje i organizacija samog preduzeća. Pošto preduzeće ne može da radi bez tržišta, nabavka i prodaja su osnovne karike organizacije, za privređivanje značajne isto kao i organizovanje tehnološkog procesa, a kod prometnih organizacija one su i ključne poluge prometa. Ako nisu dobro organizovani ulaz i izlaz, ni organizovanje same proizvodnje neće dati dobre rezultate jer krajnji proizvod preduzeća nije sama roba već dobit kao razlika između realizovane i uložene prometne vrednosti.

Dobra organizacija preduzeća i njegove delatnosti zasniva se upravo na ekonomskim kriterijumima, koji se u osnovi svode na to da se sa što manjim ulaganjima ostvari što veća dobit. A pošto se trajni ekonomski efekti ne mogu postići bez kvalitetne proizvodnje, u savremenoj organizaciji izuzetna pažnja posvećuje se *kontroli kvaliteta* kako ulaznih tako i izlaznih činilaca jer nekvalitetna roba ne može imati trajnu prođu na tržištu. U uslovima oštre tržišne konkurencije, kontrola kvaliteta tretira se i kao posebna, i za preduzeće i za društvo izuzetno značajna funkcija.

Ako je kontrola kvaliteta izuzetno značajna za obezbeđenje kvalitetne proizvodnje, racionalna *organizacija proizvodnog procesa* od iuzuzetnog je značaja za obezbeđenje jevtine proizvodnje. Ona podrazumeva optimalno usklađivanje svih činilaca i tokova prizvodnog procesa, čemu mora da odgovara i optimalna usklađenost proizvodnih kapaciteta preduzeća, u čijoj strukturi ništa ne bi smelo ni nedostajati ni preticati da bi se vršilo njihovo potpuno iskorišćavanje. Značaj racionalne organizacije proizvodnog procesa za poslovni uspeh preduzeća raste s razvojem proizvodne tehnologije. Ako je manuelna proizvodnja i mogla da podnosi određene neusklađenosti, mašinska proizvodnja to sve teže može, dok ih automatizovana proizvodnja uopšte ne podnosi.

Što se proizvodna podela rada i kooperacija više razvijaju, mora se uz mikroorganizaciju sve više razvijati i makroorganizacija jer zajednička proizvodnja nije moguća bez koordinacije rada i proizvodnih kapaciteta udruženih kooperanata. A ukoliko okosnicom proizvodne organizacije umesto instaliranih kapaciteta postaju proizvodni programi, i organizacija njihove realizacije postaje okosnica ukupne proizvodne organizacije.

Dok su okosnicu proizvodne organizacije predstavljali instalirani kapaciteti, proizvodno preduzeće širilo se od zanatske radionice do džinovske korporacije sa ogromnim brojem proizvodnih i drugih organizacionih jedinica u svom sastavu, jer su upravo instalirani kapaciteti organizaciona osnova preduzeća, prema kojoj se ravnaju i proizvodni programi. Za proizvodni program kao okosnicu proizvodne organizacije, veličina preduzeća postaje sasvim irelevantna jer pri dobroj koordinaciji na njegovoj realizaciji mogu uspešno da sarađuju i velika i mala preduzeća, koja institucionalno ne moraju da budu trajno povezana.

Zbog sve dinamičnijeg razvoja i sve veće uloge nauke i znanja u savremenoj proizvodnji, *razvojna istraživanja* su sve značajnija funkcija savremenog preduzeća. Da bi izdržalo tržišnu utakmicu, savremeno preduzeće mora stalno da istražuje tržište, pronalazi nove tehnologije i projektuje nove proizvode, unapređuje ekonomiju i organizaciju svog rada. Rutinska proizvodnja zasnovana na primeni ustaljenih tehnologija, modela i šema, postaje sve dalja prošlost, koja današnjem preduzeću ne pruža nikakvu perspektivu.

Zato savremeno preduzeće mora sve više da ulaže u razvojna istraživanja jer to nije samo investicija koja se najvše isplati nego i sudbonosni ulog bez kojeg nema opstanka. A da bi se mogla vršiti razvojna istraživanja, neophodna su kao osnova, fundamentalna i primenjena istraživanja, pa ako nauka u celini ima sve veću ulogu u razvoju savremenog preduzetništva, sve je veća i uloga savremenog preduzetništva u razvoju nauke, prvo, zbog sve većih ulaganja, i drugo, zbog usmeravanja naučnih istraživanja prema potrebama razvoja proizvodnje i društvenog progresa u celini. Stoga je istraživačko-razvojna funkcija preduzeća istovremeno i najznačajnija društvena funkcija.

Spomenute funkcije ukazuju i na značaj *kadrovske* funkcije preduzeća, koja se ogleda, prvo, u usmeravanju osposobljavanja kadrova za društveno potrebna zanimanja, drugo, u zapošljavanju nezaposlenog, i treće, u produktivnom angažovanju zaposlenog kadra. Preduzetništvo na taj način presudno utiče na određivanje i razvoj ukupne kadrovske strukture društva.

Značaj kadrovske funkcije preduzeća raste sa razvojem proizvodnje, i posebno s unapređivanjem proizvodne tehnologije, koje ne bi bilo moguće bez osposobljavanja i angažovanja odgovarajućih kadrova. Zahvaljujući, pre svega, razvoju tehnologije kadrovska struktura preduzeća menja se od pretežno fizičke radne snage ka pretežno kvalifikovanom i kreativnom kadru. Ukoliko znanje postaje glavni činilac proizvodnje, visokostručni i stvaralački kadar postaje glavni nosilac proizvodnog procesa.

Ekonomsko-socijalna funkcija je sinteza svih pomenutih i nepomenutih funkcija preduzeća. Preuzimanjem proizvodne funkcije, preduzeće je u velikoj meri preuzelo potrošačku, obrazovno-vaspitnu i socijalnu funkciju porodice. Ono je stoga druga osnovna ćelija robno-proizvođačkog društva, komplementarna sa porodicom.

Kao proizvodno-prometna organizacija, preduzeće je neizostavni uslov reprodukovanja robno-proizvođačke zajednice i životne egzistencije njenih članova. To je upravo najznačajnija i ekonomska i socijalna funkcija preduzeća, bez koje se društvo ne bi moglo ni razvijati ni opstati.

Ali preduzeće je, po pravilu, oblik kolektivne proizvodnje i privređivanja kojim se manji ili veći broj ljudi na kraće ili duže vreme trajno povezuje u jednu radnu zajednicu, gde se kolektivno živi i radi. Po svojoj osnovnoj funkciji, ona je glavno ishodište ekonomske i socijalne sigurnosti zaposlenih, koji sopstvenim radom i sredstvima sami obezbeđuju svoju egzistenciju, pa i napredovanje u radnoj i životnoj karijeri.

Funkciju svih funkcija preduzeća čini, međutim, oplođavanje ili *prošireno reprodukovanje kapitala*, kroz koje se odvija prošireno reprodukovanje materijalne osnove društva. U toj funkciji, preduzeće se javlja kao točak zamajac ubrzanog ekonomskog razvoja, koji je omogućio da se na bazi koncentracije i centralizacije usitnjenih i raštrkanih porodičnih potencijala, u toku jednog stoleća, postigne veći društveni napredak nego u celom prethodnom razvoju.

Ti potencijali su radna snaga i materijalni činioci proizvodnje, koji u preobraženom obliku čine i osnovnu *strukturu preduzeća*. Da bi moglo da radi, preduzeće mora stalno da kupuje radnu snagu i sredstva proizvodnje, a prodaje svoje proizvode, u čemu su i glavne karike reprodukovanja robno-proizvođačkog društva, koje bez razmene ne može opstati.

Za razliku od porodičnog gazdinstva, koje je vekovima tavorilo na ustaljenoj strukturi proizvodnih činilaca, čiju su osnovu činili fizička radna snaga i zemlja, struktura preduzeća stalno se menja u pravcu sve većeg angažovanja stručnog kadra i proizvodne tehnike kao osnovnih činilaca proizvodnje, pri čemu se i fizički i vrednosno udeo tehnike stalno povećava, a udeo živog rada smanjuje. Krajnji ishod takvog trenda je potpuno automatizovano preduzeće, u kojem sve funkcije neposredne proizvodnje preuzima samohodna kompjuterizovana tehnika, ali to je kraj i samog preduzetništva.

U početku svako preduzeće obavljalo je i proizvodnu i prometnu funkciju, koje su s razvojem proizvodnje i tržišta razdvojene na različita – *proizvodna* i *prometna* preduzeća, a sama prometna funkcija podeljena je na robni promet, koji obavljaju *trgovinska* preduzeća, i novčani promet u delatnosti finansijskih organizacija, pre svega *banaka*. Razgranavanjem preduzetnih funkcija nastala su i *uslužna* preduzeća i *ustanove*, koji se bave pružanjem javnih usluga.

Svako preduzeće je *pravno lice*, koje može samostalno stupati u odnose sa drugim pravnim i fizičkim licima, sticati u tim odnosima određena prava i preuzimati obaveze. I svako preduzeće mora poslovati po državnim propisima, kojima se obezbeđuje ostvarivanje njegovih prava i obaveza, ali utvrđuju i određene obaveze i odgovornosti prema samoj državi.

Preduzeća se mogu *udruživati* i *integrisati* s drugim privrednim subjektima, zadržavajući veći ili manji stepen samostalnosti, uključiv zadržavanje ili gubljenje i statusa pravnog lica. Ona se, takođe, mogu razdvajati na više novih preduzeća i drugih privrednih subjekata s određenom samostalnošću ili potpunom nezavisnošću.

2. Raspodela i prisvajanje u preduzeću

Pravni subjektivitet preduzeća zasniva se na njegovom *svojinskom subjektivitetu*. Da bi moglo da posluje, preduzeće mora da raspolaže određenom imovinom, kojom za svoje obaveze i odgovara prema drugim licima. Samo kao vlasnik određenih roba, preduzeće se može pojavljivati i na tržištu i delovati kao samostalan tržišni subjekt. Kao kupac, ono *sopstvenim* novcem kupuje radnu snagu i sredstva proizvodnje, a kao prodavac, prodaje *sopstvene* proizvode i usluge.

Za razliku od porodičnog gazdinstva, preduzeće, međutim, počiva na dvojnom svojinskom subjektivitetu – razdvojenom vlasništvu kapitala i radne snage. Kao gazda, robovlasnik ili feudalac je legitimni vlasnik celokupne imovine porodičnog gazdinstva – i radne snage i materijalnih sredstava proizvodnje, koje može otuđivati odvojeno ili zajedno. I slobodni seljak je isključivi vlasnik – i sopstvene radne snage i ostale imovine koju poseduje.

Isti je slučaj i sa zanatlijom ukoliko sam radi, ali ukoliko drži kalfu i šegrta vlasništvo zanatske radnje je već podeljeno, jer je majstor legitimni vlasnik samo sopstvene radne snage, a u preduzeću koje zapošljava isključivo najamnu radnu snagu, ta podela je do kraja izvedena. Preduzeće je pravno sasvim polarizovano na vlasnike radne snage i vlasnike kapitala.

Ali to je samo formalno-pravna strana svojinskih odnosa u privatnom preduzeću, a faktički najamni radnik prestaje da bude vlasnik svoje radne snage čim zaključi ugovor o njenom iznajmljivanju, baš kao što svaki prodavac prestaje da bude vlasnik prodate robe, koja prelazi u vlasništvo kupca. Stvarni vlasnik iznajmljene radne snage postaje sam poslodavac, koji je upravo zato i kupuje da bi s njom u procesu proizvodnje mogao samostalno da raspolaže.

Na toj protivrečnosti svojinskih odnosa zasniva se glavna društvena funkcija i istorijska uloga preduzeća da stvara profit i ubrzava razvoj materijalne osnove društva. Samo kao pravni vlasnik radnik može prodavati svoju radnu snagu, a jedino kao stvarni vlasnik iznajmljene radne snage poslodavac može da prisvaja višak proizvoda koji ona svojim radom stvara.

Preduzeće je svojevrsna "pumpa" za "isisavanje" viška rada iz najamne radne snage okupljene u fabričkim halama, i "laboratorija" za njegovo pretvaranje u višak vrednosti i gomilanje na određenim profitnim punktovima, sa kojih se ne samo može nego i mora usmeravati u razvoj pre svega samog preduzeća, a radi toga i šire društvene zajednice. U bespoštednoj tržišnoj konkurenciji same radne snage, najamnine se stalno svode na minimum egzistencije da bi poslodavcu ostao ceo višak vrednosti, koji on, često i na račun lične potrošnje, takođe zbog tržišne konkurencije, mora stalno da ulaže u razvijanje proizvodnje.

Raspodelu i prisvajanje novostvorene vrednosti diktira tako sama logika oplođavanja kapitala, koji vlada celim preduzećem. Kao sredstvo reprodukovanja radne snage, najamnina se *a priori* svrstava u troškove proizvodnje, koji moraju da budu što manji da bi oplodnja kapitala bila što veća, čemu se podređuje i lična potrošnja poslodavca jer nije kapital u njegovoj službi već je on u službi kapitala.

Nisu stoga samo kapital i radna snaga u nominalnoj vlasti poslodavca, nego su i poslodavac i radna snaga u stvarnoj vlasti kapitala. Radna snaga se i formalno tretira kao promenljivi kapital, a i poslodavac je samo živi izdanak prirasta oplođenog kapitala od kojeg se izdržava. Stoga celo preduzeće faktički funkcioniše kao aktivni kapital u ključnoj fazi svog reprodukovanja i oplođavanja.

Samo kao živo oličenje kapitala poslodavac ima stvarnu, i to relativnu vlast nad iznajmljenom radnom snagom, koja ne samo što je legitimni vlasnik najamnine kao promenljivog kapitala nego u procesu proizvodnje rukuje i postojanim kapitalom, od čije upotrebe zavisi oplodnja celokupnog angažovanog kapitala. Sva moć i samo postojanje najamnog radnika i poslodavca potiču u stvari iz postojanja i moći samog kapitala, koji preko njihovog vladanja proizvodnim procesom vlada samim sobom i sopstvenom reprodukcijom.

Pokretačka snaga te reprodukcije, ili samoreprodukcije kapitala, sadrži se pre svega u motivaciji poslodavca kao njegovog živog oličenja, koji zajedno s celokupnim angažovanim kapitalom napreduje ili propada. A sudbina angažovanog kapitala jeste i sudbina kapitalističkog preduzeća, koje u bespoštednoj tržišnoj konkurenciji mora stalno napredovati ili propasti.

Ali pošto je reproduktivna moć pojedinačnih kapitala relativna, u međusobnoj konkurenciji slabiji neizbežno propadaju, a samo najmoćniji opstaju. Da bi se svakodnevne žrtve neumitne konkurencije izbegle, rešenje je potraženo u stvaranju *monopolskih* preduzeća, čime je tržišna konkurencija u velikoj meri prigušena, ali je utoliko prigušena i preduzetnička motivacija, a privredni razvoj usporen.

Tome je naročito doprinelo stvaranje *državnih* preduzeća, koja su u tzv. državnom socijalizmu potpuno zaštićena od tržišne konkurencije, ali čime je i preduzetništvo praktično potpuno ugušeno. Zato je i osnovna društvena funkcija preduzeća ovde izokrenuta u svoju suprotnost, pa je ono od zamajca postalo kočnica privrednog razvoja.

Suština etatističkog gušenja preduzetništva jeste u nasilnom ukidanju preduzetnog vlasništva, koje je državnim dekretima pretvoreno u državno vlasništvo, čime je praktično ukinuta i predzetnička motivacija. Gubljenjem svojinskog subjektiviteta preduzeće je izgubilo ne samo ekonomski interes, već i ekonomsku odgovornost za sopstveni razvoj i opstanak. A pošto se u državnom vlasništvu izgubio svaki individualni subjektivitet, ekonomski interes i ekonomska odgovornost za uspešno privređivanje zamenjeni su političkim interesom i političkom odgovornošću.

Jugoslovenski pokušaj da se državno preduzeće transformiše u samoupravnu *organizaciju udruženog rada* ostao je bez rezultata pošto je državno vlasništvo bez individualizacije svojinskog subjektiviteta praktično samo preimenovano u društveno vlasništvo. Zato je organizacija udruženog rada zadržala suštinska svojstva državnog preduzeća, zajedno sa državnim dušebrižništvom za njen razvoj i opstanak.

Uporedo s etatizacijom tekao je, kao oblik prevladavanja tržišne konkurencije, proces ekonomske integracije privatnog kapitala putem slobodnog udruživanja u *akcionarska, deoničarska* i *zadružna* preduzeća. Preduzetno vlasništvo, kao osnova ekonomske koncentracije kapitala, kolektivizovano je na bazi zadržavanja individualnog svojinskog subjektiviteta, čime je preduzetnička motivacija ne samo održavana već i pojačavana jer je individualni interes nadograđivan kolektivnim interesom za uspešno poslovanje i opstanak zajedničkog preduzeća.

Suština svih oblika zajedničkog preduzeća jeste da ono počiva na dobrovoljnom udruživanju slobodih sredstava radi zajedničkog ostvarivanja dobiti, koja se raspodeljuje prema uloženim sredstvima. Pri tom individualni vlasnici udruženih sredstava svesno ulaze u zajednički rizik s unapred izraženom spremnošću da zajednički snose sve posledice poslovnih poduhvata.

Zato vlasnici udruženih sredstava zajednički brinu o radu i poslovanju svog preduzeća, čime se uvećavaju ne samo njihova poslovna sigurnost već i mogućnosti ostvarivanja dobiti kroz zajednička ulaganja u razvoj. Umesto mnoštva nepovezanih i međusobno suprotstavljenih individualnih preduzetnika, sada se u funkciji privrednih subjekata pojavljuje znatno manji broj kolektivnih preduzetnika, koji se međusobno lakše sporazumevaju, uspešnije savlađuju tržišnu stihiju i snažnije utiču na državu.

Ali, ma kakva da je, motivacija samog preduzetnika nije, i ne može biti dovoljan motivacioni činilac konkurentne sposobnosti preduzeća jer je u funkciji njegovog rada i poslovanja i drugi deo živog kapitala. Zato se motivaciji zaposlenih posvećivala sve veća pažnja što je rad preduzeća više zavisio od njihove inicijative. A rad savremenog preduzeća u daleko je većoj zavisnosti od inicijative zaposlenih nego od inicijative njegovih vlasnika van proizvodnog procesa.

Motivacija zaposlenih mogla se znatnije povećavati samo povećavanjem njihovog učešća u raspodeli i prisvajanju novostvorene vrednosti. Već je samim vezivanjem zarade za radni učinak pomoću akorda i radnih normi znatno povećan interes za individualni učinak, a dovođenjem zarada u zavisnost i od uspešnosti poslovanja povećan je interes zaposlenih i za ukupne rezultate rada i poslovanja preduzeća.

S povećavanjem učešća u raspodeli novostvorene vrednosti povećava se i akcionarstvo i deoničarstvo zaposlenih, čime se akcionarska i deonička društva praktično transformišu u zadružne organizacije ukoliko se razvijanjem raspodele prema radu prevazilazi svojinska polarizacija preduzeća na vlasništvo radne snage i vlasništvo kapitala. A ukoliko se raspodela prema uloženom radu izjednačava sa raspodelom prema uloženom kapitalu, osnovna društvena funkcija preduzeća se s oplođavanja kapitala proširuje na oplođavaje znanja, pa i preduzetništvo prerasta u stvaralačku preduzimljivost.

3. Upravljanje preduzećem

Upravljanje je pre svega u funkciji raspolaganja imovinom preduzeća, pa je i način upravljanja određen karakterom svojinskih odnosa. Stoga je svaka promena preduzetnog vlasništva značila i određenu promenu upravljanja preduzećem, pa su se i različiti oblici vlasništva ispoljavali kroz odgovarajuće oblike upravljanja.

Zanatlija i sitni trgovac sami (*individualno*) upravljaju svojom radnjom, a ukoliko sami i rade, funkcije rada i upravljanja su personalno još sjedinjene. Samim razdvajanjem rada i vlasništva, razdvojene su i funkcije rada i upravljanja. Vlasnik privatnog preduzeća sam upravlja svojim preduzećem, bez obzira da li obavlja i neku drugu funkciju jer je upravljanje funkcija samog vlasništva.

Zato je kod kolektivnog vlasništva i upravljanje *kolektivno*. Ortačkom firmom zajednički upravljaju ortaci, akcionarskim i deoničarskim društvom akcionari ili deoničari, a zadružnim preduzećem zadrugari. Najamni radnici su, u principu, isključeni iz upravljanja jer su oni samo izvan preduzeća vlasnici radne snage, koja ulaskom u preduzeće prelazi u vlasništvo poslodavca.

Upravljanje preduzećem je, prema tome, u suštini elitističko i *autokratsko*. Preduzećem u individualnom vlasništvu upravlja inokosni organ (direktor i sl.), akcionarskim i deoničarskim društvom – kolektivno telo (skupština) akcionara ili deoničara, i to bez učešća sitnih vlasnika.

Nacionalizacijom privatnih preduzeća promenjen je samo oblik autokratskog upravljanja jer je uvođenjem državnog vlasništva uvedeno i državno upravljanje. Državnim preduzećem upravlja državni organ, a direktor preduzeća je poslovodni organ koji samo izvršava državne odluke u čijem donošenju ni sam ne učestvuje.

Što se, međutim, proizvodnja više razvijala, autokratsko upravljanje sve je više dolazilo u koliziju sa tehnologijom i organizacijom proizvodnje, pa je demokratizacijom preduzetnog vlasništva *demokratizovano* i *upravljanje* preduzećem. Širenjem svojinskog subjektiviteta preduzeća i na zaposlene, širilo se i njihovo učešće u odlučivanju o sudbini preduzeća, koje je sve više postajalo i njihovo preduzeće.

Upravljanje preduzećem nikada nije ni bilo bez ikakvog uticaja zaposlenih, koji se kreće od pasivne rezistencije do neposrednog učešća u odlučivanju. On, u osnovi, može biti pojedinačan i grupni, spontan i organizovan, pasivan i aktivan, posredan i neposredan, destruktivan i konstruktivan.

Pasivna rezistencija je karakterističan oblik pojedinačnog, spontanog, pasivnog, posrednog i destruktivnog uticaja kada se prikrivenim sabotiranjem radnih obaveza izražava prećutno neslaganje sa postojećim načinom upravljanja. Iako ne sugeriše konkretne promene, takvo ponašanje zaposlenih upozorava upravu da je postojeće upravljanje preduzećem neefikasno i da ga treba menjati. To je i početni oblik upravljačke participacije zaposlenih i u istoriji preduzetništva kada su zbog krajnjeg apsolutizma poslodavca, sve druge mogućnosti praktično bile isključene.

Ludistički pokret je već predstavljao razvijeniji oblik posredne i destruktivne participacije kada su radnici pojedinačno ali i grupno, spontano ali i organizovano, lupanjem mašina izražavali svoje nezadovoljstvo postojećim upravljanjem, iznuđujući određene promene na liniji poboljšanja u interesu i radnika i poslodavaca.

Štrajk je, zbog svoje efikasnosti, već postao tradicionalan oblik grupnog, organizovanog, posrednog i destruktivnog uticaja na upravljanje preduzećem, putem kojeg zaposleni praktično iznuđuju ostvarivanje svojih zahteva. Ne samo zbog organizovanog pritiska radnika, već i zbog interesa samih poslodavaca, štrajk je u razvijenijim industrijskim zemljama već odavno legalizovan kao zakonsko pravo zaposlenih.

Kao oblik organizovanog delovanja zaposlenih, *sindikati* su postali značajan činilac, i posrednog i neposrednog, i destruktivnog i konstruktivnog uticaja na upravljanje preduzećem. Organizovanjem štrajkova sindikat, delujući destruktivno u odnosu na postojeće stanje, iznuđuje određene odluke uprave koje, u funkciji razrešavanja konfliktnih situacija, predstavljaju konstruktivna rešenja ne samo za zaposlene, već i za celo preduzeće.

Kolektivni ugovori su oblik posredničkog i konstruktivnog sudelovanja zaposlenih u odlučivanju o radnim odnosima. Posrednost se ogleda u tome što ugovore sa poslodavcima u ime zaposlenih potpisuju sindikalna rukovodstva, koja radnike o sadržini ugovora često i ne konsultuju, a konstruktivnost u tome što obe strane istupaju sa svojim predlozima, pa su zaključeni ugovori obično rezultat njihovog kompromisa.

U upravljanju preduzećem zaposleni direktnije sudeluju preko posebnih, neposredno biranih *organa participacije* (saveta, veća, odbora, komiteta, komisija i sl.), koji imaju *savetodavnu* ili *odlučujuću* ulogu u rešavanju određenih pitanja. U prvom slučaju, ti organi samo ostvaruju uvid i daju predloge koje uprava preduzeća ne mora da usvoji, dok u drugom slučaju, donose punovažne odluke, uglavnom iz oblasti zaštite zakonskih prava zaposlenih. Određene odluke organi radničke participacije donose zajednički s upravom preduzeća.

Ali sve je to *spoljašnji uticaj* zaposlenih na preduzetno upravljanje, koje je u glavnoj nadležnosti uprave preduzeća. *Uticaj iznutra* započinje izborom zaposlenih u kolektivne organe upravljanja, i vrši se po osnovu vlasništva na uloženim sredstvima (akcija, deonica ili udela) ili po osnovu predstavljanja samog rada. Sada zaposleni zajedno s ostalim članovima organa upravljanja odlučuju o svim pitanjima rada i poslovanja preduzeća, sa mogućnošću da i odlučujuće utiču na sadržinu odluka.

Neposredno upravljanje preduzećem zaposleni ostvaruju kroz odlučivanje o ključnim pitanjima putem ličnog izjašnjavanja – referendumom, davanjem pismene izjave ili na zborovima. Ono se u potpunosti može ostvarivati u zadružnim i drugim preduzećima gde su zaposleni isključivi vlasnici preduzetne imovine, ali je po određenim pitanjima moguće i u preduzećima sa mešovitim vlasništvom. Osnovni uzrok što eksperimenat s radničkim samoupravljanjem u Jugoslaviji nije dao očekivane rezultate jeste u tome što proklamovana društvena svojina ni *de jure* ni *de facto* nije bila svojina radnika.

Razvoj preduzetnog upravljanja određen je, u osnovi, razvojem proizvodnje, privređivanja i svojinskih odnosa, i sastoji se iz tri osnovne faze. Prvu fazu karakteriše *inokosno*, drugu *kolektivno*, i treću *demokratsko* upravljanje. Zavisno od složenosti proizvodnje, privređivanja i svojinskih odnosa, sva tri oblika upravljanja postoje i danas sa tendencijom sve šire i sve dublje demokratizacije.

U inokosnom upravljanju personalno su, po pravilu, sjedinjene sve funkcije i potfunkcije upravljanja, dok se kod kolektivnog upravljanja one razdvajaju na vođenje poslovne politike, operativno rukovođenje i poslovođenje, u nadležnosti različitih organa (skupštine, upravnog odbora, direktora, i sl.). Ukoliko se s razvojem proizvodnje i modernizacijom privređivanja operativne funkcije rukovođenja i poslovođenja sve više kompjuterizuju, a vođenje poslovne politike s demokratizacijom svojinskih odnosa preuzimaju zaposleni, odvija se ponovno – sada demokratsko sjedinjavanje funkcija upravljanja.

Ponovno sjedinjavanje funkcije upravljanja sa funkcijom rada ne znači, kako se pretpostavlja, njeno odvajanje od funkcije vlasništva. Prvo, ono se odvija samo utoliko ukoliko se i funkcija vlasništva ponovo sjedinjuje sa funkcijom rada, a drugo, ukoliko se upravljanje umesto za vlasništvo vezuje za znanje kao glavno sredstvo proizvodnje, ono se i samo transformiše u rad kao osnovu automatizovane proizvodnje.

ZADRUGARSTVO

1. Osovne karakteristike i funkcije zadruge

Prema definiciji usvojenoj na 31. kongresu Međunarodnog zadružnog saveza 1995. godine, *zadruga* je autonomna zajednica dobrovoljno udruženih lica u cilju zadovoljenja zajedničkih ekonomskih, socijalnih i kulturnih potreba i želja, na osnovama zajedničkog posedovanja imovine i demokratski kontrolisanog poslovanja. Zadrugarstvo se zasniva na *zadružnim vrednostima* – samopomoći, demokratičnosti, jednakosti i solidarnosti, koje podrazumevaju i odgovarajuće moralne vrednosti: iskrenost, otvorenost, društvenu odgovornost i brigu za druge.

Pomenuti Kongres usvojio je i *zadružne principe* za XXI vek, po kojima zadružne vrednosti treba da se ostvaruju u praksi. To su principi: dobrovoljnosti i otvorenog članstva; demokratičnosti; ekonomskog učešća članova; autonomnosti i nezavisnosti; obrazovanja, obuke kadrova i informisanja; saradnje zadružnih organizacija; i učešća u javnom životu.

1. Princip *dobrovoljnosti i otvorenog članstva* znači da su zadruge dobrovoljne organizacije, otvorene za sve koji prihvataju zadružne principe i na njima zasnovana prava, obaveze i odgovornosti, bez obzira na socijalnu, nacionalnu, političku, versku, rasnu i drugu pripadnost. U zadrugu se, bez ikakvih ograničenja, može slobodno ulaziti i iz nje po sopstvenoj volji izlaziti.

2. Princip *demokratičnosti* podrazumeva da su zadruge demokratske organizacije čiji rad kontrolišu sami članovi, koji aktivno učestvuju u utvrđivanju poslovne politike, odlučivanju i sprovođenju zajedničkih odluka.

3. Po principu *ekonomskog učešća*, članovi zadruge ravnopravno i demokratski upravljaju zadružnom imovinom, kontrolišu rad i poslovanje zadruge, svojim radom i sredstvima doprinose jačanju materijalne osnove i razvoju zadruge, i srazmerno svom doprinosu učestvuju u izvlačenju određenih koristi od delatnosti zadruge.

4. Princip *autonomnosti i nezavisnosti* znači da su zadruge autonomne organizacije samopomoći, koje kontrolišu isključivo njihovi članovi. Članstvo demokratski kontroliše i saradnju zadruga s drugim organizacijama, pa i sa državom, uključujući i uvećanje kapitala iz spoljnjih izvora.

5. Primenom principa *obrazovanja, obuke kadrova i informisanja*, zadruge radi uspešnog učešća u njihovom radu i razvoju, obezbeđuju svojim članovima, iza-

branim predstavnicima, menadžerima i saradnicima odgovarajuće obrazovanje i obuku.

6. Princip *saradnje zadružnih organizacija* upućuje zadruge i druge zadružne organizacije na međusobno povezivanje i saradnju, kao i na saradnju s korisnicima njihovih usluga i strukturama lokalnog, nacionalnog, regionalnog i međunarodnog značaja.

7. Princip *učešća u javnom životu* izražava prirodu rada zadružnih organizacija, koji je ne samo javan i okrenut javnosti, već je značajan sastavni deo javnog života. Celokupna aktivnost zadruga u funkciji je zadovoljavanja zajedničkih potreba i želja milionskog članstva i stalno je na liniji društvenog razvoja.

Delatnost zadružnih organizacija neograničena je i pokriva sve oblasti društvene reprodukcije – proizvodnje, razmene, raspodele i potrošnje. Decenijama, pa može se reći i stolećima, rade zemljoradničke, zanatske, stambene, uslužne, zdravstvene, štedno-kreditne, nabavno-prodajne, potrošačke i druge zadruge, u funkciji zadovoljavanja najraznovrsnijih potreba polovine svetskog stanovništva.

U osnovi, zadrugarstvo ima dvojaku – ekonomsku i socijalnu funkciju, koje ne samo što se međusobno uslovljavaju i dopunjavaju, nego se i stapaju u jedinstvenu funkciju reprodukovanja zajedničkog života i društvenog razvoja. Zajedničkim radom i poslovanjem po zadružnim principima u stvari se prevazilazi vekovna suprotstavljenost ekonomske i socijalne funkcije jer združenim snagama zadrugari samim obezbeđivanjem ekonomske sigurnosti obezbeđuju i svoju socijalnu sigurnost.

Zadrugarstvo ne bi imalo ekonomskog opravdanja, pa ne bi ni opstalo, da ne obezbeđuje viši nivo produktivnosti i ukupne ekonomije rada i poslovanja u odnosu na individualni način privređivanja. Ono je, u stvari, i nastalo zbog toga što usamljeni inokosni privrednici i neorganizovani potrošači nisu mogli izdržati konkurenciju krupnog združenog kapitala i odoleti monopolističkoj dominaciji zelenaškog i trgovačkog profiterstva.

Ekonomske prednosti zadrugarstva u odnosu na individualno privređivanje nisu samo u većoj koncentraciji već, pre svega, u većoj mobilizaciji ekonomskih potencijala, u čemu su njegove prednosti i u odnosu na akcionarsko preduzetništvo. Te prednosti proističu otuda što su zadrugari više nego najamni radnici motivisani da svojim radom i upravljanjem doprinose povećanju produktivnosti i ukupne ekonomije rada i poslovanja zadruge.

Ekonomska motivisanost zadrugara proističe već iz same delatnosti zadruge, koja je u funkciji ostvarivanja njihovih interesa, potreba i želja. Oni zadrugu prema svojim potrebama zapravo i obrazuju da bi iz njene delatnosti izvlačili određene koristi, koje su, po pravilu, višestruke, neposredne i posredne.

Kao oblik zajedničke proizvodnje, *proizvođačke zadruge* su više u funkciji posrednog nego neposrednog zadovoljavanja potreba udruženih proizvođača ukoliko proizvodi više za tržište nego za njihove lične potrebe. Osnovni cilj je da se sa što manje uloženog rada i proizvodnih sredstava što više proizvede i ostvari što veći dohodak, a time što veći lični dohoci i što veća dobit kao uslov jačanja materijalne osnove i razvoja zadruge.

Stambene zadruge, koje se bave proizvođačko-uslužnim delatnostima, obrazuju se, međutim, prvenstveno radi izgradnje i održavanja stanova samih zadrugara. Dobit se ovde ne ostvaruje iz prihoda od prodaje stanova već predstavlja uštedu na troškovima izgradnje i održavanja sopstvenog stana. Ali ukoliko grade i za tržište, stambene zadruge stiču dobit i iz ostvarenog prihoda, čime obezbeđuju pre svega sopstveni razvoj.

Uslužne zadruge se, kao i proizvođačke, obrazuju prvenstveno radi sticanja ličnog dohotka i dobiti pružanjem usluga drugima. Članovi uslužne zadruge mogu, međutim, biti i stalni korisnici usluga, koji ličnu korist izvlače iz jevtinijih i kvalitetnijih usluga na bazi biljeg upravljanja radom i poslovanjem zadruge. Određenu korist zadrugari mogu sticati i iz međusobnog pružanja usluga jednih drugima.

Potrošačke i *nabavno-prodajne zadruge* su u funkciji snabdevanja zadrugara sredstvima lične potrošnje. Smisao njihovog postojanja jeste u pogodnostima koje zadrugari stiču preko obezbeđenog snabdevanja i boljeg kvaliteta potrošnih dobara, nižih cena i odloženog plaćanja, a kad zadruga dobro posluje, moguće je i učešće u ostvarenoj dobiti, kao razlici između ukupnog prihoda i efektivnih troškova poslovanja.

Štedno-kreditne zadruge su institucije zadružnog bankarstva u funkciji organizovanja štednje i kreditiranja na zadružnim principima. Najveća pogodnost koju pružaju zadrugama i zadrugarima jeste što deponovanim sredstvima sami deponenti zajednički raspolažu, iz čega proističu mogućnosti međusobnog finansijskog ispomaganja pod ravnopravnim uslovima i sa smanjenim troškovima poslovanja od koristi za sve učesnike platnog prometa.

Ostvarivanjem ekonomskih funkcija zadrugarstvo deluje kao faktor materijalne, a time i *socijalne sigurnosti* najširih slojeva stanovništva. Obezbeđivanjem ekonomske saglasnosti, zadrugari združenim snagama sami obezbeđuju i svoju socijalnu samostalnost, postajući i ekonomski i socijalno nezavisni i od privatnih poslodavaca i od države.

Svojom otvorenošću i fleksibilnošću zadruge pružaju šansu za produktivno *zapošljavanje* svim radno sposobnim licima bez obzira na stručnu spremu i godine starosti. To je posebno značajno za privremeno i povremeno zapošljavanje lica koja još nisu stasala za stalni radni odnos ili su ga penzionisanjem već okončala. Pored poboljšanja materijalnih uslova egzistencije, to je šansa za masovno produženje radnog, a time i životnog veka. Zadrugarstvo praktično briše granice radnog veka, koji traje koliko traju i radne sposobnosti.

Zadrugari mogu da stvaraju sopstvene, od države nezavisne *socijalne fondove* za međusobno ispomaganje i zbrinjavanje socijalno nezbrinutih lica. Potrošačke i uslužne zadruge organizuju snabdevanje starih, iznemoglih i bolesnih lica dopremanjem potrošnih dobara do kućnog praga i obezbeđivanjem kućnih usluga na telefonski poziv.

Zadrugarstvo je osnovni oblik i ključni činilac ubrzane *socijalizacije* ljudskog života. Da bi unapredili svoju egzistenciju, ljudi se udruživanjem u zadruge okreću jedni drugima, međusobno se povezuju i zajednički rešavaju probleme društvene reprodukcije. Individualna proizvodnja, razmena, raspodela i potrošnja prerastaju u zajedničku proizvodnju, razmenu, raspodelu i potrošnju, u kojima se ljudska jedinka ne gubi, već se društveno u punoj meri tek potvrđuje.

Zajedničkom reprodukcijom kroz zadrugarstvo uspostavlja se tesna ekonomska i društvena međuzavisnost, gde je svako upućen na sve i svi na svakoga. Umesto malograđanskog milosrđa i birokratskog dušebrižništva, tek na osnovama neposredne ekonomske i društvene međuzavisnosti nastaje uzajamna, istinski ljudska solidarnost, kada, u sopstvenom interesu, svako brine za sve i svi za svakoga.

2. Svojinski odnosi u zadrugarstvu

Zadrugarstvo se zasniva na *jedinstvu individualnog i kolektivnog vlasništva*. Zadružna imovina istovremeno je i individualno i kolektivno vlasništvo udruženih zadrugara, koji raspoloživa sredstva objedinjuju i svojim radom nova sredstva stvaraju da bi ostvarili ciljeve koje pojedinačno ne mogu ostvariti.

Zadružna svojina reprodukuje se slobodnim udruživanjem individualnog rada i individualnih sredstava. Osnovni pokretač udruživanja je lični interes da se postigne ono što se ne može postići individualnim delovanjem. Zato se reprodukovanje zadružne svojine, za razliku od reprodukovanja državne svojine, ne mora oslanjati i ne oslanja se ni na kakvu prinudu.

Prinuda je izlišna zbog toga što se zadružna svojina ne otuđuje od individualnih vlasnika već predstavlja njihov *zajednički posed*. Zadrugari ne samo što zadržavaju svojinski subjektivitet nad imovinom koju u zadrugu unose, nego i stiču svojinski subjektivitet nad imovinom koju u zadruzi zajedničkim radom stvaraju. Njihov kolektivni subjektivitet u zadruzi zasniva se na njihovom individualnom subjektivitetu, po čemu se zadružna svojina suštinski razlikuje od državne svojine, kojom se individualni subjektivitet ukida.

Zato je zadružna svojina u suštini *lična*, sopstvenim radom i sopstvenim sredstvima stečena svojina, nasuprot tipično privatnoj, tuđim radom stečenoj svojini. Po tome se ona suštinski razlikuje i od kolektivnih oblika privatne svojine zasnovanih na prisvajanju tuđeg rada. Zadružna svojina je zapravo autentični oblik društvene svojine, u kojem se ostvaruje podudarnost individualnog i kolektivnog svojinskog subjektiviteta.

Osnovni zadružni princip je da u zadruzi niko nikoga ne iskorišćava i ne stiče profit na tuđ račun, već da svako materijalnu korist ostvaruje prema sopstvenoj zasluzi. I individualno prisvajanje zajednički ostvarenog dohotka i zadružne dobiti vrši se srazmerno konkretnom doprinosu njihovom sticanju.

Zato se zadružna svojina sastoji od *zadružnih udela*, koji predstavljaju individualno vlasništvo zadrugara. Svaki zadrugar je legitimni suvlasnik zadružne imovine srazmerno veličini svojih udela, koja se određuje na osnovu toga koliko je ko svojim radom i uloženim sredstvima doprineo stvaranju te svojine.

To podrazumeva da se i ostvareni dohodak i zadružna dobit dele *prema doprinosu* njihovom sticanju. Osnovu raspodele čine sva ulaganja živog i opredmećenog rada, po čemu se zadrugarstvo suštinski razlikuje od akcionarstva i deoničarstva, gde se raspodela ostvarene dobiti vrši isključivo prema uloženim sredstvima.

Prema individualnom doprinosu treba da se raspodeljuje celokupna novostvorena vrednost a ne samo deo koji se namenjuje ličnoj potrošnji i iznosi iz zadruge. To znači da se i sredstva koja se izdvajaju u zadružne fondove pretvaraju u odgovarajuće udele zadrugara, čime se isključuje mogućnost otuđivanja njihovog svojinskog subjektiviteta i praktično pretvaranje zadružne imovine u vlasništvo zadružne birokratije.

Zato zadrugarstvo po svojoj prirodi zahteva *naučnu organizaciju rada*, neophodnu pored ostalog i za sprovođenje stimulativne raspodele zasnovane na individualnom doprinosu, koji se korišćenjem normativa i standarda živog i opredmećenog rada, utvrđuje pomoću egzaktnih tehnoloških i ekonomskih parametara. Bez toga se ne bi moglo obezbediti ostvarivanje jednog od najznačajnijih zadružnih principa *čistih računa*, kojim se isključuje međusobno iskorišćavanje zadrugara.

Princip čistih računa podrazumeva zapravo doslednu raspodelu novostvorene vrednosti prema konkretnom doprinosu njenom stvaranju i striktno razgraničenje svojinskog subjektiviteta preko zadružnih udela. Time se isključuju ne samo sve proizvoljnosti u određivanju međusobnih svojinskih prava zadrugara, već i svaka kolizija između njihovog individualnog i kolektivnog subjektiviteta pošto povećavanje individualnih udela znači istovremeno i uvećavanje ukupne zadružne imovine, i obratno.

Osnovni smisao raspodele i prisvajanja po zadružnim principima jeste postizanje što većih *ekonomskih efekata*, koji nadmašuju efekte tradicionalne raspodele i prisvajanja prema svojinskom monopolu. Realna mogućnost za to sadržana je upravo u pokretačkoj snazi zadružnog prisvajanja koja zadrugare, i kao radnike i kao vlasnike, podstiče na maksimalne napore za postizanje što veće ekonomije zajedničkog rada i poslovanja.

Zadružni način raspodele i prisvajanja, više od bilo kog drugog, podstiče i na samo udruživanje i ulaganje u zadrugu. Kad se zna da se združenim snagama mogu postići veći rezultati i da će oni pripasti samim zadrugarima zavisno od njihovih ulaganja, onda zadruga deluje kao magnet koji snažno privlači sve koji teže da svojim radom i sredstvima steknu što više.

Ukoliko se princip raspodele i prisvajanja prema ulaganjima dosledno sprovede, svako će biti maksimalno motivisan ne samo da što više ulaže već i da uloženi rad i sredstva racionalno koristi jer će pri boljem korišćenju i korist od ulaganja biti veća. Ako je u privatnom preduzeću za maksimalno korišćenje ulaganja zainteresovan samo vlasnik preduzeća, u zadruzi su za ato zainteresovani svi jer su, pored ostalog, svi i vlasnici zadružne imovine.

Zato je za postizanje što većeg nivoa zadružne ekonomije od izuzetnog značaja da se u skladu sa zajedničkim raspolaganjem zadružnom imovinom, obezbedi što veća sloboda u raspolaganju zadrugara sopstvenim udelima, kako onim koje u zadrugu unose, tako i onim koje u zadruzi stiču. Trebalo bi da bude stvar ličnog opredeljenja zadrugara koliko će dohotka koji je svojim ulaganjima stekao u zadruzi, potrošiti za lične potrebe, a koliko uložiti u zadružne fondove. Ne treba isključiti ni mogućnost da zadrugar svoj zadružni udeo prenese na drugoga, kao i da ga prilikom istupanja iz zadruge povuče, pod uslovom da time ne ugrozi interese drugih zadrugara. Jer što je veća sloboda u raspolaganju sopstvenim udelom, biće veće i lično angažovanje na podizanju zadružne ekonomije.

Nema bojazni da će slobodno raspolaganje zadružnim udelima ugroziti opstanak i razvoj zadruge, koji upravo omogućavaju da individualni udeli zadrugara stalno rastu, radi čega, pored ostalog, do udruživanja u zadrugu i dolazi. Stoga nije interes zadrugara da slabe, nego da jačaju zadrugu stalnim ulaganjem u njen razvoj, a ukoliko taj interes počne slabiti, to može biti samo signal da je u radu i poslovanju zadruge došlo do problema, koje zajednički treba rešavati.

Za podizanje zadružne ekonomije, posebno je značajno da su u jedinstvenom sistemu zadružne raspodele i prisvajanja, i poslovodne strukture, odnosno stručne službe, koje na ekonomiju rada i poslovanja zadruge najviše utiču. Zbog ključne uloge u organizaciji rada i poslovanja, zaposleni moraju da budu najviše motivisani za podizanje zadružne ekonomije, što nije moguće postići ako se oni iz činovničkog statusa u potpunosti ne prevedu u status zadrugara, s potpunom samostalnošću, ali i bez birokratskih privilegija.

Raspodelom i prisvajanjem po zadružnim principima zadrugari ulaze u *zajednički rizik*, koji podrazumeva da i pozitivne i negativne efekte zajedničkih poduhvata svi dele srazmerno svojim ulaganjima, ali i da posledice individualnih propusta i promašaja svako sam snosi. I upravo to sve podstiče na što bolji rad i poslovanje, i sve čini zainteresovanim kako za individualni radni učinak, tako i za ukupne rezultate zajedničkog rada i poslovanja.

Pristupanjem zadruzi, zadrugari ulaze u zajednički rizik da svoje uloge uvećaju, smanje ili potpuno izgube jer im stečeno niko neće oduzeti ali ni izgubljeno nadoknaditi. I u slučaju prestanka zadruge, zadružna imovina, pri doslednoj primeni zadružnih principa, treba da se podeli samim zadrugarima srazmerno njihovim udelima koje su u zadrugu uneli i u zadruzi stekli.

3. Zadružna demokratija

Demokratsko raspolaganje zadružnom imovinom podrazumeva i *demokratsko upravljanje* zadrugom. Zadržavanjem svojinskog subjektiviteta nad udruženim i u zadruzi stečenim sredstvima, zadrugari zadržavaju i upravljački subjektivitet, zbog čega je *zadružna demokratija* jedan od osnovnih principa zadrugarstva, čijoj je prirodi tuđ svaki autokratizam.

Pošto zadrugari stvarno i neposredno raspolažu zadružnom imovinom, zadružna demokratija je *stvarna* i *neposredna*. O bitnim pitanjima zajedničkog rada i poslovanja odlučuju svi zadrugari ličnim izjašnjavanjem. Svaki zadrugar ima pravo da aktivno učestvuje u donošenju i obavezu da se angažuje na sprovođenju zajedničkih odluka.

Zato *skupštinu* zadruge kao najviši organ upravljanja čine svi zadrugari, koji u donošenju njenih odluka ravnopravno sudeluju. Odluke se donose na sednicama skupštine uz prisustvo većine članova, a kad je broj zadrugara prevelik za takvo odlučivanje, odlučivati se može i referendumom, davanjem pismene izjave ili na zborovima zadrugara po zadružnim punktovima, radnim jedinicama, i sl.

Osnovni princip zadrugarstva je "jedan zadrugar – jedan glas", od kojeg se u praksi radi podsticanja većih ulaganja u zadrugu odstupa delimičnim vezivanjem prava glasa i za veličinu zadružnih udela. Pored ekonomskog, to ima i određeno društveno opravdanje jer ko više ulaže taj, u zajedničkom interesu, više i rizikuje.

Skupština donosi statut ili pravila i druga osnovna akta zadruge, usvaja plan i završni račun, utvrđuje poslovnu politiku, odlučuje o materijalnim obavezama, investicijama, raspodeli dobiti i drugim pitanjima značajnim za rad i poslovanje zadruge, bira izvršni ili upravni odbor, nadzorni odbor, kao i direktora ili upravnika zadruge ukoliko njegov izbor ne poveri izvršnom, odnosno upravnom odboru.

Pravo odlučivanja zadrugara ne svodi se na izglasavanje odluka. Svaki zadrugar ima pravo da pokreće inicijative, daje predloge i aktivno učestvuje u razmatranju i utvrđivanju predloga odluka koje donosi skupština. Zato svakoj odluci skupštine treba da prethodi javna rasprava u kojoj mogu učestvovati svi zadrugari.

Izvršni ili *upravni odbor* je za svoj rad neposredno odgovoran skupštini, to jest svim zadrugarima, iz čijih se redova i bira. *Direktor* ili *upravnik* zadruge neposredno je odgovoran izvršnom ili upravnom odboru, ali i skupštini ako ga ona bira. Iako treba da imaju punu samostalnost u obavljanju poslovodnih funkcija, izvršni ili upravni odbor i direktor ili upravnik moraju raditi u skladu s odlukama skupštine i sprovoditi poslovnu politiku zadruge, koju utvrđuje skupština.

Da bi se obezbedilo dosledno *sprovođenje odluka* skupštine, potrebno je da normativnim aktima bude striktno utvrđena disciplinska i materijalna odgovornost poslovodnih organa i stručnih službi zadruge. Svako mora nadoknaditi štetu koju svojim postupcima i propustima nanese zadruzi ili pojedinim zadrugarima.

Materijalna odgovornost treba da bude ugrađena u sam sistem raspodele prema radnom doprinosu, kojim se stvara ne samo osećanje odgovornosti već i ekonomska motivacija za bolji rad i poslovanje. Prevođenjem zaposlenih u status zadrugara postiže se da oni budu dvostruko motivisani – i kao poslodavci i kao izvršioci, čime se prevazilazi tradicionalna suprotstavljenost interesa poslodavaca i najamnika, pošto se razvijanjem zadrugarstva najamništvo u suštini prevazilazi.

O sprovođenju poslovne politike i konkretnih odluka zadruge ne brinu, međutim, samo poslovodni organi i stručne službe već svi zadrugari jer su svi za to zainteresovani. Zato se zadrugarstvo, u principu, ne oslanja na prinudu nego pre svega na lični interes zadrugara, koji sami i sprovode i kontrolišu sprovođenje zajedničkih odluka. Ukoliko se pojedinci oglušе o svoje obaveze, sleduje osuda zadrugara, koja pogađa više od disciplinskih i administrativnih mera.

Međusobni *sporovi zadrugara* rešavaju se *zadružnom arbitražom*, a samo kad ona ne uspe, ide se na sud. Radi toga se obrazuju arbitražna veća ili komisije, sastavljeni od zastupnika svih strana u sporu i neutralnih zastupnika same zadruge, koji nastoje da nastali spor reše na opšte zadovoljstvo.

Zadružna demokratija se ne zatvara u okvire pojedinih zadruga, koje se udružuju u *zadružne saveze* radi ostvarivanja zajedničkih interesa i objedinjavanja određenih funkcija čije je zajedničko obavljanje celishodnije i racionalnije. Zadružni savez, kao i zadruge, rade po zadružnim principima i predstavljaju produžetak zadružne demokratije izvan same zadruge.

Posebni savezi pojedinih oblika zadrugarstva udružuju se u opšti zadružni savez, a nacionalni savezi u Međunarodni zadružni savez, koji preko 200 nacionalnih zadružnih organizacija okuplja predstavnike više od 750 miliona zadrugara, i predstavlja najmasovniju i najdemokratskiju organizaciju u svetu. Principi njegovog rada su: dobrovoljno i otvoreno članstvo, demokratska kontrola, ograničena kamatna stopa na zajednički kapital, pravična raspodela dohotka, neutralnost u pogledu rase, vere i političkih opredeljenja i unapređenje obrazovanja.

Zadrugarstvo je jedan od osnovnih činilaca *opšte demokratizacije* društva. Preko svojih zadrugara i zadružnih saveza milioni zadrugara utiču na sadržinu sistemskih zakona koji se posredno ili neposredno tiču zadrugarstva. Zadružni pokret treba da ima zakonodavnu inicijativu u društvenom uređivanju svih pitanja vezanih za zadrugarstvo.

ORGANIZOVANJE I DELOVANJE DRŽAVE

1. Društvene funkcije i osnovne karakteristike države

"Država ne postoji odvajkada. Bilo je društava koja su izlazila na kraj i bez nje, koja nisu imala ni pojma o državi i državnoj vlasti".[1] U prvobitnoj ljudskoj zajednici nije bilo ni vojnika, ni policajaca, sudija, ni tamnica. "Svaku svađu i spor rešava zajednica onih kojih se tiče, gens ili pleme, ili pojedini gensovi među sobom". I "odluke donose oni kojih se one tiču, i u većini slučajeva sve je uređeno vekovnim običajem".[1]

Država je nastala s nastankom klasa i predstavlja isključivo klasnu tvorevinu. Ona je "proizvod i izraz *nepomirljivosti* klasnih suprotnosti" i "nastaje tamo, tada i utoliko gde, kada i ukoliko klasne suprotnosti objektivno ne mogu biti izmirene".[2] Država je "proizvod društva na određenom stupnju razvoja, ona je priznanje da se to društvo zaplelo u nerazrešivu protivrečnost sa samim sobom, da se pocepalo na nepomirljive suprotnosti koje je nemoćno da savlada. A da ove suprotnosti, klase sa suprotnim ekonomskim interesima, ne bi u jalovoj borbi iscrpljivale i sebe i društvo, postala je neophodna sila koja prividno stoji iznad društva i koja treba da ublažava konflikt, da ga drži u okviru granica "poretka", a ta sila koja je proizašla iz društva ali koja se stavlja iznad njega i sve se više otuđuje od njega, jeste država".[3]

Nastanak države uslovljen je, u krajnjoj liniji, razvojem proizvodnje. Čim se usled povećane proizvodnje pojavio višak proizvoda, i čim se u borbi za njegovo prisvajanje društvo pocepalo na klase, postala je neophodna država kao sredstvo prisvajanja i zaštite prisvojenog. Da bi obezbedile stvaranje i prisvajanje viška proizvoda, eksploatatorskim klasama neophodna je orgnizacija državnog nasilja pomoću koje proizvođačke klase drže u pokornosti.

Iz toga proističu i osnovne karakteristike države, koja je u suštini "mašina za ugnjetavanje jedne klase od strane druge", i to "najmoćnije, ekonomski vladajuće klase, koja pomoću nje postaje i politički vladajuća klasa, te tako stiče nova sredstva za ugnjetavanje i eksploataciju potlačene klase".[4] Pošto se klasno ugnjetavanje ne može izvesti bez društvenog nasilja, država je u suštini *diktatura* vladajuće klase nad potčinjenom klasom, i u krajnjoj liniji, eksploatatorskih klasa nad eksploatisanim proizvođačkim klasama.

Eksploatacija je upravo osnovni smisao klasne diktature, a država radi obezbeđenja eksploatacije u suštini i postoji. Ona služi, *prvo,* za to da proizvođačku klasu prinudi na stvaranje viška proizvoda, *drugo,* da eksploatatorskoj klasi omogući njegovo prisvajanje, i *treće,* da prisvojeni višak proizvoda zaštiti pre svega od samog proizvođača. Stoga je "glavna svrha te organizacije oduvek bila osiguranje, oružanom moći, ekonomskog ugnjetavanja radne većine od ekskluzivne imućne manjine"[5] u funkciji stalnog *reprodukovanja i zaštite privatne svojine.*

---

[1] Engels: „Poreklo porodice, privatne svojine i države", K. Marks, F. Engels, *Dela*, isto, tom 32, str. 136.

[1] Isto, str. 79.

[2] v. I. Lenin, *Sočinenija*, izdanie 4., Ogiz, Gospolitizdat, tom 25., str. 358.

[3] F. Engels: „Poreklo porodice. ." isto, str. 134.

[4] K. Marks, F. Engels, *Dela*, isto, tom 33., str. 169. i tom 32., s. 135.

[5] Isto, tom 30., str. 288.

Kao zaštitnik privatne svojine, država štiti pre svega privatnosopstvenički način proizvodnje, kojim se ta svojina reprodukuje. "Društvu koje se kreće u klasnim suprotnostima bila je potrebna država, tj. organizacija eksploatatorske klase za održavanje njenih spoljnih uslova proizvodnje, a posebno radi nasilnog držanja eksploatisane klase u uslovima ugnjetenosti koji su određeni postojećim načinom proizvodnje (ropstvo, kmetstvo ili feudalna zavisnost, najamni rad)".[1] Država to, u osnovi, postiže zaštitom privatne svojine na proizvodnim sredstvima, čime štiti same temelje privatnosopstveničke proizvodnje.

Pošto vladajuće eksploatatorske klase ne mogu bez eksploatisanih proizvođačkih klasa, država ne može da štiti njihove interese, a da ne štiti određene interese celog društva. Štiteći klasne interese, ona obavlja određene opštedruštvene funkcije, bez kojih društvo ne bi moglo da opstane, kao što su: zaštita od spoljnjeg neprijatelja i unutarnjih sukoba, obezbeđenje društvenog poretka, obavljanje javnih poslova od opšteg interesa i druge. Zato je država oduvek "bila službeni predstavnik celog društva, njegovo obuhvatanje u jednu vidljivu korporaciju, ali ona je tu ulogu ispunjavala samo ukoliko je bila država one klase koja je za svoje doba predstavljala celo društvo".[2]

U društvu podeljenom na međusobno suprotstavljene klase i narode, samo država može da organizuje zaštitu od njihovog međusobnog uništavanja i obavljanje određenih, za celo društvo neophodnih poslova. Zato je ona od svog nastanka bila u funkciji organizovanja ne samo svih ratova nego i javnih službi i radova koje niko drugi ne bi mogao da organizuje.

Što se društvo više razvijalo, uloga države u organizovanju javnog života sve više je jačala, a uvlačenjem u robnu proizvodnju, otpočelo je uvlačenje celog društva u obavljanje državnih funkcija, koje su se s razvojem robne proizvodnje širile i jačale u svim sferama društvene reprodukcije: privredi, kulturi, nauci, obrazovanju, javnim komunikacijama, socijalnoj i zdravstvenoj zaštiti. Najvitalnije delatnosti savremenog društva našle su se u rukama ili pod neposrednom kontrolom države, a ni za jednu se ne može reći da nije pod njenim, sve većim uplivom.

U funkciji klasne diktature, država deluje kao aparat javne vlasti koji poseduje monopol na javno nasilje pomoću kojeg takvu funkciju ostvaruje. Ovakav monopol zasnovan je na ekonomskoj dominaciji vladajuće klase, koja je sposobna da svoj aparat klasnog nasilja oprema takvim sredstvima fizičke prinude kakvim ne samo što ne može da raspolaže nijedna druga društvena grupa nego su ista dovoljna da onemoguće bilo kakvo privatno posedovanje sličnih sredstava.

Po samoj prirodi monopola u raspolaganju javnim nasiljem, država se postavlja iznad društva, ali bez toga ona javnu vlast ne bi ni mogla da ostvaruje. Njena dominacija nad društvom proističe u suštini iz društvene dominacije vladajuće klase, radi

---

[1.] Isto, str. 183/4.
[2.] Isto, str. 184.

čijeg se ostvarivanja zapravo i uspostavlja. Osnovni smisao političke dominacije koja se ostvaruje preko javne vlasti, je u održavanju i jačanju ekonomske dominacije vladajuće klase.

Ukoliko, međutim, klasna polarizacija slabi, država se može osamostaljivati i prema vladajućoj klasi, izdižući se kao zasebna sila iznad celog društva. Takva mogućnost proističe pre svega iz jačanja ekonomskih funkcija države, zahvaljujući čemu se ona s ekonomskim osamostaljivanjem i politički osamostaljuje prema vladajućoj klasi, pretvarajući se sama u vladajuću silu. Ukoliko preuzima monopol u raspolaganju sredstvima proizvodnje, država praktično zamenjuje vladajuću klasu, pa se umesto polarizacije društva na klase uspostavlja polarizacija između društva i države.

Kao zaštitnik privatne svojine i pre svega svojinskog monopola na zemlju kao osnovno sredstvo proizvodnje, država je teritorijalno strogo omeđena i deluje na određenom području gde su njeni državljani stalno nastanjeni. Dok nije bilo privatne svojine prvobitna zajednica nije se vezivala za određeno područje, i u potrazi za povoljnijim uslovima života selila se iz mesta u mesto. A čim je došlo do prisvajanja nepokretnih dobara kao što su zemlja, prirodna bogatstva i objekti koji služe za proizvodnju i zadovoljavanje osnovnih životnih potreba, počelo je vezivanje za određenu teritoriju, koja je umesto krvnog srodstva postala neizostavni faktor povezivanja pripadnika državne zajednice.

2. Organizacija i način ostvarivanja državne vlasti

Državna vlast organizuje se u tri osnovna oblika: kao zakonodavna, izvršna i sudska. Takva organizacija uslovljena je klasnom prirodom državne vlasti, koja je u funkciji javnog ostvarivanja interesa vladajuće klase, čija volja mora najpre biti javno izražena da bi se posredstvom državnog aparata mogla izvršavati.'

Interesi i volja vladajuće klase izražavaju se kroz *pravne norme*, kojima se utvrđuju pravila ponašanja svih državljana, bez obzira da li i koliko odgovaraju njihovim interesima. Da bi se izvršavale, one se sankcionišu merama državne prinude, koje preventivno deluju kao pretnja, a u slučaju narušavanja se i primenjuju, sve od opomene (uslovnog kažnjavanja), pa do smrtne kazne.

Osnovni odnosi u društvu uređuju se opštim pravnim normama – *zakonima*, na kojima se zasnivaju svi ostali propisi, čijom se primenom do kraja obezbeđuje i primena zakona. Radi toga se uspostavlja hijerarhijski sistem pravnih normi u kojem svi zakoni moraju biti u skladu s osnovnim zakonom (ustavom), a svi propisi u skladu sa zakonima.

Donošenje zakona u nadležnosti je *zakonodavne vlasti*, a ostale propise može donositi i izvršna vlast. Nosilac zakonodavne vlasti u suštini je vladajuća klasa, čime se upravo obezbeđuje da se kroz zakone i ceo sistem pravnih normi izražavaju prvenstveno njeni interesi. Zavisno od karaktera klasne vladavine, zakonodavnu vlast može, međutim, neposredno vršiti pojedinac – vladar, kolektivno zakonodavno telo ili ceo narod, kojim redosledom je u osnovi i tekla istorijska geneza zakonodavne vlasti.

Zakonodavna vlast neposredna je osnova *izvršne vlasti*. Zakonima se ne uređuju samo društveni odnosi već i funkcionisanje državnog aparata, čime se obezbeđuje da i ceo mehanizam izvršne vlasti deluje u skladu s interesima vladajuće klase. Briga o sprovođenju zakona je, uostalom, osnovna funkcija izvršne vlasti, a da bi obezbedila da se ona u skladu s njenim interesima i obavlja, vladajuća klasa na izvršnu vlast vrši i direktan uticaj. Preko organa izvršne vlasti, ona često odlučujuće utiče i na ostvarivanje same zakonodavne vlasti.

Izvršnu vlast sprovode uglavnom tri vrste državnih organa: izvršna tela zakonodavnog organa, kao što su *vlada* ili *izvršno veće* sa *ministarstvima* ili *sekretarijatima*, odnosno njima slična tela s odgovarajućim organima uprave; *organi unutarnje bezbednosti* (policija, milicija i sl.); i *vojska*, odnosno armija, koja brine pre svega o spoljnoj bezbednosti.

Između zakonodavne i izvršne vlasti, kao i između organa same izvršne vlasti, institucionalno se uspostavlja određena hijerarhija, kojom se obezbeđuje da se u ostvarivanju svojih funkcija jedni organi pokoravaju drugima. Takvi odnosi uspostavljaju se kako na istom nivou, tako i među različitim nivoima organizovanja državne vlasti, pa su i lokalni organi podređeni višim, odnosno centralnim organima vlasti.

Hijerarhijska struktura državnog aparata u funkciji je ostvarivanja državne vlasti, mada se ona ne podudara uvek sa hijerarhijom stvarne moći pojedinih organa. Iako su organi izvršne vlasti formalno odgovorni zakonodavnom organu, u praksi oni često i u zakonodavnoj aktivnosti ostvaruju odlučujuću ulogu, što pre svega zavisi od toga na koji način vladajuća klasa vrši svoj uticaj na državni aparat, a ukoliko je vladajuću klasu u ostvarivanju državne vlasti zamenila birokratija, izvršni organi faktički u svemu dominiraju.

Osnovna funkcija *sudske vlasti* jeste da brine o izvršavanju i doslednoj primeni državnih zakona. Ona ocenjuje da li su određena ponašanja u skladu s važećim pravnim normama i odlučuje o primeni odgovarajućih sankcija u slučaju njihovog kršenja. U ostvarivanju svoje funkcije, sudski organi morali bi da sude nepristrasno, ali je njihova klasna pristrasnost predodređena već time što brinu o izvršavanju zakona koji izražavaju klasne interese, pri čemu su često i pod direktnim uticajem vladajućih struktura.

Konstituisan po principu hijerarhijske subordinacije, državni aparat deluje, u principu, centralistički. Odlučujuću ulogu imaju centralni organi, koji donose zakone i najznačajnije državne odluke, koje niži organi samo sprovode. Ceo državni aparat se diktatorski odnosi prema stanovništvu, koje je dužno da sprovodi njegove odluke iako ne učestvuje u njihovom donošenju.

Centralistički način organizovanja i delovanja državnog aparata odgovara prirodi klasnog društva. Pošto vlast pripada eksploatatorskoj klasi koja čini manjinu društva, za celo klasno društvo važi princip vladavine manjine nad većinom. Ukoliko i proizvođačke klase počinju sudelovati u podeli dobiti i vlasti, vladavina manjine nad većinom počinje ustupati mesto vladavini većine nad manjinom, pa utoliko i država umesto autokratskih, dobija demokratska obeležja.

Prirodno je što se vladavina manjine nad većinom ne može ostvrivati bez nasilne prinude jer niko ne prihvata dobrovoljno odluke koje mu ne odgovaraju. Zato svaka državna odluka preti silom i svaka za sankciju predviđa primenu sile, zbog čega se takve odluke moraju izvršavati bez obzira na lične interese i ubeđenja. Ukoliko vladavina manjine bude zamenjena vladavinom većine, nasilna prinuda će biti sve manje potrebna jer će strah od njene primene zameniti dobrovoljno izvršavanje demokratskih odluka iz ličnog interesa.

Ali, ni vladavina manjine nad većinom ne može se ostvarivati samo pomoću nasilne prinude, zbog čega se država oduvek oslanjala i na duhovnu prinudu. U starom veku vladari su predstavljani kao bogovi ili božji izaslanici, a srednji vek je u tesnoj sprezi crkve i države ispunjen teokratijom. I što se država više razvijala, duhovnom indoktrinacijom je sve više dopunjavana i zamenjivana nasilna prinuda. Teokratiju je zamenila partiokrtija, a država je postala najmoćniji posednik duhovnih institucija i javnih medija preko kojih uspešno stvara podaničku svest.

Za obavljanje svojih funkcija državni aparat mora raspolagati živom i materijalnom silom. *Živu silu* čini celokupan kadar koji je angažovan na pripremanju, donošenju i sprovođenju državnih odluka, odnosno na vršenju zakonodavne, izvršne i sudske vlasti, i sastoji se od državnih funkcionera, sudija i činovnika, vojske, policije i tehničkog odnosno pomoćnog osoblja. Državni poslovi obavljaju se pretežno profesionalno, a ukoliko se država demokratizuje sve više se obavljaju i volonterski.

Materijalnu silu čine sredstva za školovanje i izdržavanje pomenutog kadra; i sredstva za samo obavljanje državnih poslova (naoružanje, službeni objekti, oprema, materijalni troškovi i dr.). Ona se obezbeđuju uglavnom iz *državnih poreza* i delatnosti državnih preduzeća i ustanova, a ukoliko se država demokratizuje poreze će sve više zamenjivati *samodoprinosi* kao oblik namenskog i u osnovi dobrovoljnog udruživanja sredstava za zajedničke i opštedruštvene potrebe.

3. Oblici države

Po karakteru klasne vladavine, poznata su četiri istorijska oblika države: *robovlasnička, feudalna, kapitalistička* i *socijalistička*. Suštinu svakog od navedenih oblika čini diktatura odgovarajuće vladajuće klase: robovlasnika, feudalaca, buržoazije i proletarijata. Ako su, međutim, prva tri oblika države značila diktaturu eksploatatorskih klasa nad eksploatisanim klasama u funkciji njihove eksploatacije, socijalistička država treba da predstavlja diktaturu eksploatisanih proizvođačkih klasa nad njihovim eksploatatorima radi ukidanja eksploatacije.

Po načinu vladavine, država može da bude *autokratska* i *demokratska*. U autokratskoj državi legitimni nosilac vlasti je pojedinac ili uža grupa, a u demokratskoj državi ceo narod. Prva znači vladavinu manjine nad većinom, a druga vladavinu većine nad manjinom. U autokratskoj državi većina je isključena iz odlučivanja, dok u demokratskoj državi svi učestvuju i u donošenju i u sprovođenju zajedničkih odluka.

Tipična institucionalna forma autokratske države je *monarhija*, a demokratske države *republika*. U monarhiji se za državnog suverena proglašava jedno lice, u demokratskoj republici ceo narod. Prva je izraz otuđenosti države od naroda, dok je druga put njenog razotuđivanja. "U monarhiji je narod subsumiran pod politički ustav; u demokratiji se *sam ustav* pojavljuje samo kao *jedna* odredba, naime kao samoodređenje naroda. U monarhiji imamo narod ustava; u demokratiji ustav naroda".[1]

Istorijska je tendencija države da se demokratizuje vraćajući se narodu kao svom ishodištu od kojeg se otuđila. Već u robovlasništvu država se pojavljuje i u demokratskom obliku, ali i u takvom obliku robovlasnička država je autokratska prema robovima kao proizvođačkoj klasi koja čini većinu naroda. Za proizvođačku klasu i najautokratskija feudalna država je demokratskija od najdemokratskije robovlasničke države jer kmet za razliku od potpuno obezvlašćenog roba, već poseduje određena građanska prava.

Proglašavajući pravo svojine "svetim" opšteljudskim pravom, buržoazija demokratiju prihvata kao "posvećeni" oblik vladavine, ali upravo zbog toga što je svojina osnova svake vladavine, stvarne demokratije i ovde ima samo toliko koliko ima svojine i samo za one koji poseduju svojinu. Za proletera koji ne poseduje nikakvu svojinu, buržoaska demokratska država je jednako autokratska kao i za roba robovlasnička.

Ako je ekonomska vlast osnova političke vlasti, država se može demokratizovati samo utoliko ukoliko se demokratizuju svojinski odnosi, i svi mogu biti nosioci državnog suvereniteta samo kao nosioci svojinskog subjektiviteta. I celo društvo može se samoorganizovati u sopstvenu državu samo kad ovlada sredstvima sopstvene reprodukcije na bazi stvarne identifikacije individualnog i kolektivnog svojinskog subjektiviteta.

Put stvarne demokratizacije državne vlasti jeste individualizacija državnog i socijalizacija individualnog vlasništva na osnovama zadružnih principa, po kojima se pravo na prisvajanje i upravljanje stiče i po osnovu živog i po osnovu opredmećenog rada. To je jedini način da se otuđene institucije države i u privrednoj i duhovnoj sferi transformišu u zadružne asocijacije samih proizvođača i potrošača, odnosno davala-

---

[1.] K. Marks: Rani radovi, K. Marks, F. Engels, *Dela*, isto, tom 3, str. 26.

ca i korisnika javnih usluga, i da se tako otuđena ekonomska i duhovna moć naroda vrati samom narodu.

Neposredna ekonomska vlast zahteva i neposrednu političku vlast, zbog čega formalna, predstavnička demokratija mora ustupiti mesto stvarnoj, *neposrednoj demokratiji*. Istorijska je tendencija da se demokratija upravo i razvija u tom pravcu. Narodna inicijativa i referendum postali su opšteprihvaćene ustavne institucije savremene države sa tendencijom da postanu univerzalna osnova upravljanja društvenim poslovima.

LOKALNA SAMOUPRAVA

1. Funkcije lokalne samouprave

Lokalna samouprava nastala je, s jedne strane, usled naraslih zajedničkih potreba stanovništva, a, s druge strane, usled nemoći države da tim potrebama odgovori. Funkcije države morali su preuzeti sami organizovani građani, koje u zadovoljavanju njihovih potreba više niko ne može zameniti. Neposredna samouprava građana najpre je nastajala upravo tamo gde je o njihovim zajedničkim potrebama država najmanje brinula.

Neophodnost zajedničkog zadovoljavanja određenih potreba proističe iz nemogućnosti njihovog individualnog zadovoljavanja. Ali ono nije samo stvar preke nužde, već i slobodnog opredeljenja jer uz veću ekonomičnost obezbeđuje i viši nivo životnog standarda. Zajedničkim zadovoljavanjem životnih potreba prevazilazi se suprotnost između nužnosti i slobode, između onog što se mora i onog što se želi, jer je ono na liniji veće socijalizacije zajednice.

Ljudske potrebe su po svojoj prirodi zajedničke jer je čovek po prirodi društveno biće koje niti može niti želi da živi usamljeno. On je od početka, najpre u hordi, a potom u plemenu i porodici, živeo zajedno sa krvnim srodnicima, sa kojima je "delio dobro i zlo", zajednički pribavljao i zajednički trošio sredstva svoje egzistencije, a nastanjem gradskih, narodnih i nacionalnih zajednica zajednički život se i teritorijalno širio.

Industrijalizacija je velike mase stanovništva sabila u fabrike i gusto naseljene četvrti, gde je porodično domaćinstvo postalo preusko i za zadovoljavanje najneophodnijih potreba. Poslodavci i država su se, prvenstveno radi sopstvenih interesa, prihvatili dušebrižništva da u masovnim, i sve masovnijim, naseljima organizuju zajednički život, ali se njihova briga ubrzo pokazala nedovoljnom, zbog čega su zadovoljavanje sve brojnijih zajedničkih potreba sve više morali da prepuste samoorganizovanju svojih podanika.

U mnogim, naročito ekonomski razvijenijim zemljama lokalna samouprava je institucionalizovana kao sastavni deo društvenog sistema i osnovni oblik organizovanja teritorijalnog zajedništva. Ustavom SFRJ opština je bila institucionalizovana kao osnovna društveno-politička zajednica, a sadašnjim Ustavom Republike Srbije označena je kao okvir ostvarivanja lokalne samouprave. To u stvari znači da se preuzimanjem državnih funkcija sami građani organizuju i samoorganizuju kao država kojom se autokratska, od naroda otuđena država potiskuje iz društvene baze.

Lokalnu samoupravu građani organizuju pre svega radi zadovoljavanja zajedničkih potreba u mestu stanovanja. To su one potrebe koje se ne mogu zadovoljavati u krugu porodice ili se u okviru šireg zajedništva mogu povoljnije i kvalitetnije zadovoljavati. S razvojem proizvodnje i životnog standarda zajedničko zadovoljavanje ljudskih potreba širi se ne samo uporedo nego i na račun njihovog individualnog zadovoljavanja jer je i samo neizostavni uslov višeg standarda.

Posle porodičnog kruga prvi širi krug u zajedničkom zadovoljavanju životnih potreba jeste *kućna samouprava* u stambenim zgradama sa više stanova. Pošto se pokazala nesposobnom da racionalno gazduje stambenim fondom, država se odlučila za njegovu privatizaciju, ali kolektivne stambene zgrade imaju zajedničke delove koji se moraju održavati, a susedski život uređivati i voditi prema zajedničkim interesima stanara. Po zakonu, o celokupnom održavanju stambenih zgrada, kućnom redu i miru, kao i o drugim pitanjima od zajedničkog interesa brinu vlasnici stanova.

Sledeći nivo zajedničkog zadovoljavanja životnih potreba čini *samouprava naselja*, koja je u jugoslovenskom društvu od 1963. godine institucionalizovana kroz *mesnu zajednicu*. U naselju se samoupravno mogu zadovoljavati sve potrebe koje nisu od zajedničkog interesa i za druga naselja, ali se to zasada čini samo utoliko ukoliko je o zajedničkim potrebama prestala da brine država.

Na nivou *samoupravne opštine* trebalo bi da se zadovoljavaju samo one potrebe koje su od zajedničkog interesa za sva ili većinu naselja na opštinskom području, a koje nisu od interesa i za druge opštine. U nadležnosti državnih organa trebalo bi da ostanu samo poslovi od opšteg društvenog interesa, ali bi s opštom demokratizacijom društva oni sve više morali da prelaze u nadležnost svih građana, o čijim se zajedničkim interesima zapravo i radi.

U suštini, lokalna samouprava je u funkciji samozadovoljavanja zajedničkih potreba na mestu stanovanja. Ali ona nije samo u funkciji zadovoljavanja već i u funkciji unapređivanja postojećih i razvijanja novih potreba, čime je uostalom i njen nastanak uslovljen, budući da se istinski socijalizovane i visokostandardne potrebe drugačije ne mogu ni zadovoljavati.

U prošlosti je svako mogao imati samo svoju petrolejku, svoju bubnjaru, svoj bunar ili svoj nužnik, a danas niko ne može imati samo svoju elektranu, daljinsko grejanje, vodovod ili kanalizaciju, a i kad bi mogao bilo bi to necelishodno i krajnje neracionalno. I nikome ne može na pamet pasti da ima samo svoju ulicu ili modernu saobraćajnicu, samo svoj park ili tržnicu. Sve su to po svojoj funkciji javna dobra, koja se moraju zajednički graditi, održavati i koristiti da bi se zadovoljavanje fizioloških potreba ljudi podiglo na viši nivo u odnosu na vekovni patrijarhalni način života.

Zadovoljavanje duhovnih potreba pogotovu podrazumeva zajedničko korišćenje odgovarajućih javnih dobara jer one po samoj svojoj prirodi proističu iz ljudskog zajedništva. Domovi kulture, muzeji, pozorišta, radio, televizija ili telefonija mogu da budu samo u javnoj upotrebi jer su isključivo u funkciji zadovoljavanja zajedničkih potreba.

Pošto se najveći deo zajedničkih potreba zadovoljava na mestu stanovanja, neophodno je da se građani organizuju u odgovarajuće lokalne zajednice kroz koje te potrebe mogu sami zadovoljavati. Pri tom oni stupaju u određene međusobne odnose, koje takođe treba sami da uređuju i svojim aktivnostima i merama obezbeđuju njihovo održavanje i razvijanje. Umesto otuđenih državnih organa, sami građani treba, u skladu sa ustavom i zakonom, da utvrđuju pravila zajedničkog života i obezbeđuju njihovo poštovanje, po čemu lokalna uprava zapravo i dobija karakter *samouprave*.

Osnovna pitanja lokalne samouprave uređuju se *statutom* ili *pravilima* lokalne zajednice. Građani imaju pravo da, u okvirima ustava i zakona, sami utvrđuju koje će potrebe zajednički zadovoljavati, kako će obezbeđivati potrebna sredstva, te kako će o tome odlučivati i sprovoditi zajedničke odluke. Osnovni princip u regulisanju međusobnih prava i obaveza jeste da u definisanju i zadovoljavanju zajedničkih potreba svi ravnopravno učestvuju i da svoje interese niko ne ostvaruje na račun drugih.

Ukoliko dođe do ugrožavanja tuđih interesa, lokalna samouprava je i u funkciji samostalnog rešavanja nastalih sporova, putem *samoupravne arbitraže* i *mirovnih veća*. Strane u sporu pokušavju da nastali spor, na obostrano zadovoljstvo, reše same ili uz pomoć mirovnog veća, sastavljenog od uglednih i uticajnih građana koji se u obavljanju te funkcije bez pristrasnosti rukovode principima narodne pravde i pravičnosti.

U funkciji zadovoljavanja zajedničkih potreba lokalna samouprava istovremeno je i *oblik* i *sredstvo* opšte *socijalizacije* ljudskog života. Probleme sopstvenog života koje ne mogu da reše sami, ljudi pokušavaju da reše i rešavaju zajednički, pri čemu uspostavljaju međusobne kontakte, pokreću zajedničke akcije, raspravljaju, dogovaraju se, odlučuju i sprovode zajedničke odluke.

Kroz lokalnu samoupravu uspostavlja se neposredna međuzavisnost svih učesnika u zadovoljavanju zajedničkih potreba, koji ne mogu jedni bez drugih, i koji stoga žive jedni za druge i jedni od drugih. Na takvoj međuzavisnosti zasniva se uzajamna solidarnost pri kojoj, u opštem interesu, svako brine o svima i svi o svakome.

2. Društveno-ekonomska osnova lokalne samouprave

Dok državna uprava počiva na fiskalnoj koncentraciji sredstava, koja se ostvaruje pomoću državne prinude, društveno-ekonomsku osnovu lokalne samouprave čini samoinicijativno udruživanje rada i sredstava, koje se, u principu, vrši dobrovoljnim opredeljivanjem. Iz zajedničkih potreba proističe i zajednički interes za udruživanjem potrebnog rada i sredstava da bi se one zadovoljile, ukoliko o tome niko drugi ne brine, zbog čega se lokalna samouprava i počela razvijati najpre u sredinama gde je država malo ili nije nimalo ulagala.

Samoinicijativno udruživanje rada i sredstava za zajedničke potrebe najčešće se vrši putem *samodoprinosa*, koji se može davati u novcu, materijalu ili drugim materijalnim sredstvima, i u živom radu, odnosno uslugama. Samim terminom "samodoprinos" izražava se princip dobrovoljnosti, po čemu se on suštinski razlikuje od poreza, koji se *mora* plaćati pošto iza njega stoji državna prinuda.

Ali i samodoprinos se mora platiti kad se za njega odluči većina jer će ga koristiti i manjina koja se izjasnila protiv njegovog uvođenja, budući da u izjašnjavanju učestvuju samo oni o čijim se potrebama zapravo radi. Ukoliko to ne učine pod pritiskom javnog mnenja, pojedinci svoje obaveze moraju izmiriti pod pritiskom ili uz primenu državne prinude.

Time se isključuje mogućnost da neko svoje interese ostvaruje na račun drugih, što bi se sigurno dešavalo kad korisnici ne bi istovremeno bili i obveznici samodoprinosa. Da bi se ostvarivala, lokalna samouprava mora se zasnivati na principu čistih računa, kojim se isključuje međusobno iskorišćavanje neposrednih učesnika u zadovoljavanju zajedničkih potreba.

Samodoprinos, međutim, ne isključuje, već podrazumeva društvenu solidarnost jer stvaranju dobara u javnoj upotrebi svako, u principu, doprinosi prema mogućnostima, a koristi ih prema potrebama. U gradskom zelenilu svako može uživati nezavisno od toga koliko je doprineo ozelenjavanju, kao što se asfaltnim putem može voziti bez obzira koliko je uložio u asfaltiranje.

Solidarnost može biti izražena i kroz oslobađanje od samodoprinosa lica sa izuzetno niskim prihodima, ali ono odlukom većine obveznika mora biti izvršeno na isti način kako se samodoprinos i uvodi. Niko ne može sam sebe osloboditi obaveze samodoprinosa, kao što niko umesto samih obveznika ne može takvu obavezu ni uvesti.

Izvršenje obaveze samodoprinosa može se prilagođavati mogućnostima obveznika. Ko nije u mogućnosti da samodoprinos plati u novcu, svoju obavezu može izmiriti u potrebnom materijalu ili radu, kao što je obavezu u radu moguće zameniti ekvivalentnim novčanim udelom. Bitno je samo da veličina udela po vrednosti odgovara visini obaveze.

Drugi značajan izvor zadovoljavanja zajedničkih potreba su sredstva i usluge radnih firmi, koji se mogu udruživati i sa samodoprinosom. Umesto fiskalnih zahvatanja, radne firme u ostvarivanju funkcija lokalne samouprave, same izdvajaju i udružuju sredstva za određene namene. Ta izdvajanja mogu biti u funkciji delatnosti same firme, u funkciji zadovoljavanja zajedničkih potreba zaposlenih na mestu stanovanja ili istovremeno i u jednoj i u drugoj.

Značajan izvor zadovoljavanja zajedničkih potreba predstavljaju i individualna ulaganja, koja za osnovni cilj mogu imati kako samo zadovoljavanje određenih potreba, tako i uvećavanje uloženih sredstava po principima akcionarstva, deoničarstva ili zadrugarstva. To podrazumeva da se i ova sredstva, radi ostvarivanja pomenutih ciljeva, koriste kolektivno kao ekonomska osnova lokalne samouprave.

Razvoj lokalne samouprave, zapravo, sudbonosno zavisi od mogućnosti slobodnog udruživanja rada i sredstava, koje nisu ograničene samo materijalnim stanjem već i fiskalnim opterećenjem građana, jer što država više zahvata, manje ostaje za slobodno udruživanje. Zato je smanjivanje fiskalnih obaveza radi širenja prostora za slobodnu inicijativu nužan uslov tog razvoja. A kad postoje objektivne mogućnosti za samoinicijativno udruživanje sredstava, nema nikakve bojazni da će ono izostajati jer o zajedničkim potrebama niko ne može brinuti bolje od onih o čijim se potrebama zapravo radi.

Ali, da bi se slobodne inicijative javljale, jedan oblik otuđivanja ne sme biti zamenjen drugim; slobodno udružena sredstva moraju ostajati na *slobodnom raspolaganju samih udružilaca.* Vlasnici udruženih sredstava moraju da budu u mogućnosti ne samo da ih povrate već i da o njihovom korišćenju odlučuju, što je i najpouzdanija garancija da će ona biti racionalno korišćena.

Stoga razvoj lokalne samouprave pretpostavlja ne samo razvijanje akcionarstva i zadrugarstva, već i svojinsku transformaciju individualnih privatnih i državnih preduzeća u akcionarska i deoničarska društva, zadruge i zadružna preduzeća. Sredstva koja građani i radne firme ulažu u zadovoljavanje zajedničkih potreba, treba da se pretvaraju u akcije, deonice ili zadružne udele, sa svim pravima neposrednog upravljanja i raspologanja tim sredstvima. U akcije, deonice ili udele treba da se pretvara i živi rad koji se u zadovoljavanje zajedničkih potreba ulaže u obliku samodoprinosa i raznih usluga.

Autentičnu društveno-ekonomsku osnovu lokalne samouprave predstavlja u suštini zadrugarstvo, koje se zasniva na organskom jedinstvu individualnog i kolektivnog vlasništva, putem kojeg se pojedinačne inicijative sjedinjuju u zajedničke akcije. Zadrugarstvo je oblik ekonomskog, a lokalna samouprava oblik društvenog samoorganizovanja građana u zadovoljavanju zajedničkih interesa i potreba, i jedino udruživanje na zadružnim principima omogućava da građani u upravljanju poslovima od zajedničkog interesa sudeluju i po osnovu živog i po osnovu opredmećenog rada.

Na zadružnim principima treba da se zasniva i svojina lokalnih zajednica, tako da njihova imovina predstavlja istovremeno i kolektivno i individualno vlasništvo onih koji su bilo čime doprineli njenom stvaranju. Po tome se ona suštinski razlikuje i od državne i od individualne privatne svojine kao osnove autokratske državne uprave, gde je građanin više objekt nego subjekt upravljanja.

Demokratizacija svojinskih odnosa je uslov da se u zadovoljavanju zajedničkih potreba umesto posredne i neekvivalentne, ostvaruje *neposredna* i *ekvivalentna razmena rada*, kojom se, u principu, isključuje međusobno iskorišćavanje korisnika i davalaca usluga. U takvoj razmeni svako, u principu, treba da dobija srazmerno tome koliko daje, i da tako svi dobijaju a niko ne gubi.

To podrazumeva da se usluga ne plaća ni prema trenutnom odnosu ponude i potražnje ni prema troškovnom principu, već po ekonomskoj vrednosti, to jest, prema društveno potrebom radu. Time se ekvivalentnost razmene koja se na stihijnom tržištu ostvaruje u proseku, zamenjuje ekvivalentnošću razmene u svakom pojedinom slučaju.

Umesto tržišne stihije i državnog posredovanja takva razmena se kroz neposredne odnose korisnika i davalaca usluga organizovano ostvaruje putem ravnopravnog i relativno trajnog ugovaranja cena i uslova pružanja potrebnih usluga. Time se postiže da cena usluge bar približno odgovara njenoj vrednosti, nasuprot stihijnom formiranju tržišnih cena i monopolističkim cenama državnih preduzeća, koje po pravilu odstupaju od ekonomske vrednosti.

Ekonomske cene usluga utvrđuju se pomoću tehnološko-ekonomskih parametara zasnovanih na normativima i standardima kojima se određuje potreban utrošak živog i opredmećenog rada. Podrazumeva se da je metodologija utvrđivanja normativa i standarda naučno zasnovana i dostupna uvidu javnosti, čime se isključuje mogućnost manipulisanja na bilo čiju štetu.

Tržišna stihija i državni monopolizam mogu se, međutim, prevladati samo organizovanim delovanjem građana i drugih korisnika usluga, u čemu je zapravo nezamenljiva uloga lokalne samouprave. Državna uprava niti hoće niti može uvesti ekvivalentnu razmenu rada jer se ona i održava na neekvivalentnoj razmeni, preko koje državna preduzeća i službe pokrivaju nekontrolisane troškove svojih usluga.

Ali bez ekvivalentne razmene, koja isključuje ekonomsko izrabljivanje, ne bi bilo ni lokalne samouprave jer jedino ekonomski samostalni građani mogu nečim stvarno upravljati. Pod državnim monopolom lokalna samouprava svodi se na puku formalnost i praktično pretvara u lokalnu upravu kao produžetak centralne državne uprave, koja je u funkciji ekonomskog potčinjavanja.

3. Način ostvarivanja lokalne samouprave

Lokalna samouprava počiva na *slobodnoj inicijativi* građana. Dok u državnoj upravi sve inicijative kreću iz vrha državne piramide, u lokalnoj samoupravi svako je u poziciji da pokreće zajedničke akcije. Ali dok se svaka inicijativa državnog vrhovnika, po pravilu, sprovodi, pojedinačne inicijative građana sprovode se samo kad ih prihvati većina koja je zainteresovana za njihovo ostvarivanje, to jest kad po demokratskom postupku prerastu u kolektivnu inicijativu.

Osnovni uslov za prerastanje pojedinačne inicijative u kolektivnu inicijativu jeste da izražava interes većine kojoj se upućuje. Zato ona u tom pogledu mora da bude jasno definisana i do kraja razumljiva za sve koji učestvuju u njenom prihvatanju i ostvarivanju. Nedovoljno ubedljive inicijative nemaju izgleda na uspeh i kad su objektivno u interesu onih kojima se upućuju.

Ali i kad je sasvim ubedljiva, pokrenuta inicijativa neće uspeti ako za njeno ostvarenje ne postoje objektivni uslovi, zbog čega se pre pokretanja određenih inicijativa mora što podrobnije ispitivati njihova ostvarivost. Zato se lokalna samouprava teško može ostvarivati bez sistematskih naučnih ispitivanja zajedničkih potreba i objektivnih mogućnosti njihovog zadovoljavanja, te redovnog upoznavanja javnosti s ostvarenim saznanjima.

Pa i kad su potencijalno ostvarive, slobodne inicijative neće se ostvarivati ako se zajedničke potrebe zadovoljavaju na lakši način. Upravo zato nema šireg interesa za lokalnu samoupravu tamo gde o zajedničkim potrebama država brine. Ali država ne brine niti može da brine o potrebama celog stanovništva, a kad brine o potrebama njegove manjine, ona to čini na račun većine.

Zato se lokalna samouprava mora organizovati tako da većina već u fazi pokretanja zajedničkih akcija igra odlučujuću ulogu, što je za njeno ostvarivanje od presudnog značaja, jer ko ima inicijativu taj faktički i odlučuje. Radi toga bi se o svakoj pokrenutoj inicijativi morali neposredno izjašnjavati svi zainteresovani, tako da se ona prihvatanjem od strane većine pretvara u njihovu kolektivnu inicijativu.

Pokrenute inicijative mogu se prihvatati i ostvarivati pojedinačo ili kumulativno, što zavisi pre svega od stepena hitnosti i mogućnosti zadovoljavanja zajedničkih potreba. Kad je zadovoljenje neke potrebe neodložno i kad nema mogućnosti da se u dogledno vreme pristupi zadovoljavanju i drugih potreba, onda se pristupa samo njenom zadovoljavanju.

Kad, su međutim, najneodložnije potrebe zadovoljene, javlja se istovremeno niz zajedničkih potreba različitih delova stanovništva i nejednakog intenziteta, koje se često ne mogu istovremeno podmiriti, zbog čega se mora vršiti njihovo rangiranje i usklađivanje različitih interesa u njihovom zadovoljavanju. Tada je neophodno *programiranje* i *planiranje* zajedničkog života i razvoja lokalnih zajednica, kojima se utvrđuju redosled i uslovi zadovoljavanja zajedničkih potreba.

Dok državna uprava prioritet daje potrebama povlašćene manjine, lokalnom samoupravom obezbeđuje se prioritet potrebama većine stanovništva jer u prvom slučaju odlučuje manjina a u drugom celo stanovništvo. Samim tim, pod lokalnom samoupravom prioritet dobijaju najneophodnije masovne potrebe stanovništva, koje se pod državnom upravom egoističkim prohtevima povlašćene manjine obično potiskuju u drugi plan.

Kad dođe do sučeljavanja različitih masovnih zahteva, prioritet se daje onim od šireg značaja, a ranije zadovoljavanje jednih, uslovljava se kasnijim zadovoljavanjem drugih potreba istog značaja. Asfaltiranje glavne saobraćajnice kroz naselje pretpostavlja se asfaltiranju pobočnih saobraćajnica, a ranije asfaltiranje pobočnih saobraćajnica u jednim, uslovljava se kasnijim asfaltiranjem saobraćajnica u drugim delovima naselja.

Kad je finansiranje zajedničkih potreba u principu dobrovljno, svi koji u njemu učestvuju moraju učestvovati i u odlučivanju o uslovima njihovog zadovoljavanja, zbog čega se lokalna samouprava može ostvarivati samo kao *neposredna demokratija*. O statutarnom uređivanju međusobnih odnosa, osnovama programa i plana zajedničkog života i razvoja lokalne zajednice, udruživanju sredstava za zajedničke potrebe i drugim sudbonosnim pitanjima zajedničkog života, moralo bi se odlučivati ličnim izjašnjavanjem građana – referendumom, potpisivanjem zajedničke izjave, na zborovima građana i sl.

Da bi se omogućilo istinski demokratsko odlučivanje, samom izjašnjavanju mora prethoditi *javna rasprava* u kojoj svi građani mogu aktivno učestvovati u sučeljavanju različitih predloga i mišljenja. Ona se može organizovati na masovnim skupovima, preko javnih medija ili po manjim skupovima sa kojih se sumiraju rezultati rasprave. U svakom slučaju, da bi se izbegla improvizacija, u raspravu se mora ulaziti sa temeljito pripremljenim predlozima i obrazloženjima, sačinjenim na osnovu naučnih istraživanja i stručnih analiza kojima se jasno definišu zajedničke potrebe i interesi.

Sve odluke ličnim izjašnjavanjem građana donose se *većinom* glasova, koja zavisno od značaja odluke i opredeljenja samih građana, može biti *prosta* ili *kvalifikovana*. Iako treba nastojati da se u demokratskom postupku odlučivanja postigne što veća saglasnost, konsenzus ne bi mogao predstavljati pravilo jer do opšte podudarnosti interesa dolazi samo izuzetno a kad ona postane pravilom, potreba za svakim upravljanjem kao društvenim odnosom će prestati.

Organi lokalne zajednice pripremaju odluke koje se donose ličnim izjašnjavanjem građana, brinu o njihovom izvršavanju i odlučuju o ostalim pitanjima. Za razliku od državnih organa, njihov rad je organski vezan za neposrednu aktivnost građana, na čijim se inicijativama zasniva, pod čijim se neposrednim uticajem odvija i čijem je uvidu stalno izložen.

Glavni organ lokalne samouprave (skupština, savet, odbor i sl.) sastavljen je od neposredno izabranih predstavnika građana, kojima su neposredno odgovorni i, po pravilu, smenjivi. On ima svoj izvršni organ, radna tela koja su ne samo po načinu rada već i po sastavu otvorena prema građanima, i stručne službe u čijem radu volonterski sudeluju i građani.

Odluke lokalne samouprave obavezni su da *izvršavaju* svi na koje se odnose, bez obzira da li su u njihovom donošenju učestvovali i da li su se izjasnili za ili protiv. Ali, za razliku od državnih odluka, odgovornost za izvršavanje ovde nije samo prema izabranim organima već prema svim građanima jer svi i odlučuju, tako da se lokalna samouprava, nasuprot hijerarhijskoj subordinaciji državne uprave, oslanja na *uzajamnu odgovornost* građana.

Zato glavni oslonac za ostvarivanje odluka lokalne samouprave ne predstavlja državna prinuda već *javno mnjenje* koje se formira već u toku demokratskog odlučivanja. Ako je većina izglasala određenu odluku, ona je zainteresovana i za njeno ostvarivanje, pa je radi toga spremna i da izvrši javni pritisak na preostalu manjinu, koji je, po pravilu, efikasniji od državne prinude jer osuda najbliže sredine obično teže pada.

Državna prinuda se, međutim, kao krajnja mera ne isključuje ni kod izvršavanja odluka lokalne samouprave, ali ona ovde nije glavno već pomoćno sredstvo da se ostvarivanje donesenih odluka obezbedi. Kad osećanje uzajamne odgovornosti izostane, državna prinuda preostaje kao neizbežno sredstvo da se interesi većine zaštite.

DRUŠTVENO-POLITIČKO ORGANIZOVANJE I DELOVANJE

Osnovni smisao društveno-političkog organizovanja i delovanja je u kompenzaciji nasilne prinude duhovnom prinudom. Umesto da se kao državna vlast oslanja na fizičku silu, društveno-političko delovanje se oslanja na snagu *ubeđenja* da su interesi određene društvene grupe interesi celoga društva i onda kad oni to stvarno nisu.

Pošto je čovek razumno biće, ni država svoje društvene funkcije ne može da ostvaruje samo pomoću fizičke sile, već mora da koristi i duhovnu prinudu. Pokoravanje pravnim normama stoga se nikada oficijelno ne predstavlja kao interes vladajuće klase nego kao interes celoga društva, što stvarno i jeste ukoliko se interesi podaničkih klasa podudaraju s interesima vladajuće klase.

Ali, ni to nije dovoljno da bi se obezbedilo mirno podaništvo, zbog čega se pravne norme moraju dopunjavati moralnim i religijskim normama, čije se poštovanje oslanja prvenstveno na snagu ličnih ubeđenja. Čak se ni robovlasništvo, gde je proizvođačka klasa bukvalno tretirana kao tegleća marva, nije moglo održavati samo na fizičkoj prinudi, a feudalizmu je za pokoravanje poluslobodne proizvođačke klase bila neophodna čvrsta sprega države i crkve koja je u ostvarivanju svoje funkcije duhovnu prinudu i sama morala dopunjavati fizičkom prinudom.

Potpuno oslobađanje proizvođačke klase pravnog podaništva, uslovljenog istorijskom transformacijom naturalne proizvodnje u robnu proizvodnju, zahtevalo je stvaranje čitave sfere duštveno-političkog organizovanja i delovanja, kao organskog izdanka buržoaske države, koja se već po sili razvoja robne proizvodnje iz autokratske transformiše u demokratsku organizaciju. A neposredni izraz takve transformacije jeste da klasna borba iz oružanih obračuna sve više prerasta u političke obračune, u kojima argumente sile sve više zamenjuje sila argumenata.

1. Političke partije i stranke

Partija je, kao i država, tipično *klasna organizacija*, koja izražava interese određene klase i bori se za njihovo ostvarivanje. Ali za razliku od države, ona to ne čini pomoću sile već pomoću ideološko-političkog uticaja, pa svoje partije mogu imati i vladajuće i potčinjene klase. Partije su zapravo i nastale kao oblik međuklasne borbe političkim sredstvima kada je fizička sila postala nedovoljna za osvajanje i očuvanje vlasti.

Prema tome da li se bore za očuvaje ili osvajanje vlasti, partije se u višepartijskom sistemu vladavine dele na *vladajuće* i *opozicione*. Jednopartijski sistemi isključuju postojanje opozicionih partija, mada su i višepartijski sistemi po karakteru vladavine jednopartijski jer u suštini vlada jedna partija dok se ostale bore za osvajanje vlasti.

U vreme nastajanja, političke partije su po klasnim opredeljenjima bile strogo polarizovane na buržoaske i radničke, baš kao što je postojala i stroga klasna polarizacija na buržoaziju i proletarijat. Ali upravo je međusobna politička borba za vlast doprinela da klasna polarizacija sve više slabi, i da radničke partije postaju sve naklonjenije buržoaskom sistemu vladavine, a buržoaske partije sve popustljivije prema zahtevima radnika.

Zato su ne samo buržoaske partije u svom sastavu imale sve više radnika, nego su i radničke partije u svoje redove primale i pripadnike protivničke klase, naročito sitne buržoazije. Klasne razlike među današnjim partijama su, naročito u zemljama gde je klasna polarizacija oslabljena, toliko relativizirane da se granice među njihovim političkim opredeljenjima praktično gube.

Na klasnu polarizaciju nije, međutim, uticala samo politička pragmatika nego i politička taktika partija. Svaka partija je, radi ostvarivanja svojih političkih ciljeva, zainteresovana da svoj uticaj širi na celo društvo, što je mnogo lakše kad u svojim redovima ima i pripadnike drugih klasa, koji njene zadatke mogu izvršavati i požrtvovanije od pripadnika njene sopstvene klase.

Politički ciljevi partije i način njihovog ostvarivanja utvrđuju se *partijskim programom* i *statutom*. Programom se, po pravilu, utvrđuju samo osnovni ciljevi kojima se izražava politička orijentacija, čije se ostvarivanje prilagođava konkretnim uslovima, radi čega se ona konkretizuje kroz tekuće političke platforme u obliku partijskih rezolucija i drugih dokumenata, uz manja ili veća odstupanja od osnovnog programa.

Da bi postigla društveni uticaj, partija svoje ciljeve proglašava za opštedruštveni interes i kad oni to stvarno nisu, zbog čega se partijski programi zasnivaju na ideološkim obmanama. U borbi za vlast, ona to i mora da čini da bi je osvojila ili zadržala, pa su politički programi utoliko konjukturniji što su za društvo opojniji.

To, međutim, dolazi u sve veću koliziju sa savremenim tokovima društvene reprodukcije, koji zahtevaju naučno usmeravaje, zbog čega svaki partizam postaje anahronizam. Partijsku vladavinu zasnovanu na obmani naroda mora da zameni na istini zasnovana vladavina samog naroda, kojoj svaka obmana i samoobmana može samo štetiti.

Partija je oblik *organizovanog političkog delovanja*, koji nastaje tako što se najsvesniji i politički najaktivniji pripadnici klase udružuju radi zajedničkog ostvarivanja svojih, odnosno klasnih interesa. Širenjem njihovog uticaja organizacija se uvećava, a njena politička moć raste do određeog nivoa kada nastaje stagnacija ili nazadovanje. Politička moć partije raste uglavnom dok raste društvena moć klase koju zastupa.

Stepen političke organizovanosti klase srazmeran je, po pravilu, intenzitetu klasne borbe. Početnu fazu društvene konfrontacije između proletarijata i buržoazije odlikovala je slaba politička organizovanost, koja je što se borba više rasplamsavala sve više prerastala u čvrstu organizovanost. Pošto ne raspolaže ekonomskim potencijalima i sredstvima državne prinude, potlačenoj klasi neophodnija je čvrsta politička organizovanost, pa je proletarijat praktično počeo čvršćim, a buržoazija slabijim oblicima organizovanja.

Partija je čvršći oblik organizovanja, dok se slabije političko organizovanje vrši u obliku *stranaka*. Kao čvrsto organizovani *deo*, partija se više izdvaja iz klase i društva, od kojih se može i odvojiti i u sebe zatvoriti, što je neizbežno vodi u duboku krizu. Za razliku od partije, stranka nema svoje članove, već rukovodstva i pristalice koje je u političkoj borbi, uglavnom u izborima, podržavaju. Politiku stranke, koja je često nedovoljno definisana, vodi samo rukovodstvo bez aktivnog učešća njenih pristalica, od kojih se ne zahteva ni disciplinovano sprovođenje političkih odluka.

Partija je čvrsto organizovana skupina, u kojoj je članstvo striktno određeno. Prijem u organizaciju uslovljava se proverenom ideološkom opredeljenošću, radi čega pojedine partije uvode instituciju kandidata za člana, ili evidentiraju svoje pristalice i prate njihovu aktivnost. U izvršavanju partijskih odluka zahteva se stroga disciplina, koja se oslanja na rigorozne sankcije, od kritike do ekskomunikacije, pa i fizičke likvidacije, mada se normativno kao najstrožija kazna predviđa isključenje iz organizacije. Nisu, međutim, sve partije tako čvrsto organizovane, pa u praksi i ne postoji neka stroga granica između partije i stranke.

Političke partije, po pravilu, imaju strogo institucionalizovanu organizacionu strukturu. Partijsko članstvo organizovano je u osnovne organizacije (partijske ćelije, sekcije i sl.), čijim radom rukovodi kolektivni (sekretarijat, predsedništvo, odbor) i (ili) inokosni (sekretar, predsednik) organ. U osnovnoj organizaciji, po pravilu, obavlja se prijem u partiju, daju neposredna zaduženja članovima, kontroliše sprovođenje zaduženja i izriču disciplinske mere.

Osnovne organizacije, po pravilu, ne deluju samostalno već po direktivama rukovodstava, koja se putem izbora ili imenovanja konstituišu kao organi partije. Na svakom nivou društvenog organizovanja obično se konstituišu trostepeni partijski organi: širi, uži i najuži. Uvek se faktički, a često i institucionalno izdvaja jedan inokosni organ (sekretar ili predsednik) koji ima ulogu šefa (vođe) organizacije. Najviši organ partije (koji se obično naziva kongres) konstituiše se delegatski i donosi najvažnije odluke, pre svega program i statut (pravila) organizacije.

Formalno se partija konstituiše i deluje po principu demokratskog centralizma, koji se u praksi obično izokreće u birokratski centralizam. Proklamuje se aktivno učešće članstva u politici partije, a faktički se njegova uloga svodi na izvršavanje direktiva rukovodstva. Članstvo bi trebalo da bira i organe partije, ali se izborom praktično diriguje od strane viših organa. Izvršni organi morali bi, po prirodi stvari, da budu podređeni organima koji ih biraju, ali oni faktički deluju kao najviša rukovodstva. Što se partija više birokratizuje, aktivnost organizacije se više podređuje volji jedne ličnosti – vođe partije.

Najodgovornije funkcije u partiji obavljaju se, po pravilu, profesionalno. Pored toga, mnoge partije, naročito kad su na vlasti, imaju i razgranat profesionalni aparat koji radi na pripremanju i sprovođenju partijskih odluka. Profesionalizam pruža izuzetne mogućnosti za birokratizaciju partije jer profesionalni kadar zbog svoje pozicije ima najznačajniju ulogu u partijskom odlučivanju i delovanju.

Partije se izdržavaju od partijske članarine, a vladajuće partije i od sredstava iz državnog budžeta. Pojedine partije imaju sopstvena preduzeća, koja deo ostvarenog dohotka izdvajaju za potrebe partijske aktivnosti. Jedan od izvora su i dobrovoljni prilozi pristalica i simpatizera partije. Da bi obezbedila nezavisnost, svaka partija teži samofinansiranju, ali i u tome se skriva jedna od mogućnosti njenog zatvaranja i birokratizacije. Dobro plaćen partijski aparat lakše se osamostaljuje i prema klasi u čije ime istupa, i prema članstvu partije.

Sve dok se partija bori za vlast, njena birokratizacija je neizbežna, a kad se počne boriti protiv svake, pa i sopstvene vlasti, onda prestaje biti partijom i pretvara se u unutarnju vodeću snagu celog društva. Do proklamovane transformacije Komunističke partije Jugoslavije u Savez komunista kao idejno-političku avangardu, nije došlo pre svega zbog toga što je rukovodstvo Partije uprkos deklarativnog opredeljenja za radničko i društveno samoupravljanje, zadržalo monopol vlasti.

2. Sindikati i masovne organizacije građana

Sindikati su nastali kao oblik organizovane *socijalno-ekonomske samozaštite* radnika, i tu funkciju su trajno zadržali. Boreći se za poboljšanje materijalnog položaja i uslova rada najamnih radnika u okviru postojećeg kapitalističkog sistema, oni su u početku delovali samo kao socijalno-ekonomske organizacije, ne postavljajući zahteve za menjanje samog sistema. Težište sindikalne akcije bilo je na zaštiti neposrednih interesa radnika jer radnička klasa nije još ni bila svesna istorijskih interesa za trajnim oslobađanjem od klasnog ugnjetavanja.

Stvaranje političkih partija radničke klase uticalo je i na politizaciju sindikata, koji su pretvarani u poligon partijskog delovanja unutar klase. Radničke partije mogle su da jačaju samo pod uslovom da jača njihov uticaj na klasu, za šta su sindikati predstavljali najpogodniji institucionalni okvir. Sindikalne organizacije na taj način pretvarane su u središnu kariku između radničke klase i njenih političkih partija, čime su i same uvlačene u vrtlog političkih borbi.

Pod lažnim izgovorom da je radnička klasa definitivno oslobođena, komunističke partije su odmah nakon preuzimanja vlasti sindikate pretvorile u sopstvene transmisije, a njihovu ulogu ponovo svele na socijalno-ekonomske funkcije. Time je radničkoj klasi praktično oduzeta mogućnost političkog samoorganizovanja kao neizostavnog uslova njenog oslobođenja od klasnog ugnjetavanja.

Političku samostalnost sindikata ne uzurpiraju, međutim, samo vladajuće nego i opozicione partije, koje ih često pretvaraju u sopstveni instrumenat za osvajanje vlasti. Zato je u višepartijskim sistemima ustaljena podela na tzv. državne i nezavisne sindikate, od kojih su prvi pod političkom dominacijom vladajućih, a drugi pod dominacijom opozicionih partija.

Čak i ako se apstrahuju istorijski interesi radničke klase za oslobađanje od klasnog ugnjetavanja, socijalno-ekonomska uloga sindikata je neodvojiva od njegove političke uloge jer se za socijalno-ekonomska prava radnika samo političkim sredstvima može uspešno boriti. S druge strane, i političke funkcije sindikata nemaju drugog smisla do socijalnog i ekonomskog oslobađanja radničke klase.

Političke funkcije sindikata sastoje se ili treba da se sastoje u javnom izražavanju zajedničkih, odnosno klasnih interesa radnika i svih zaposlenih, zalaganju za njihovo ugrađivanje u razvojnu politiku, sistemsko i radno zakonodavstvo i druge odluke od posebnog značaja za radničku klasu i društvenu zajednicu. Radi toga zaposleni preko sindikata treba i neposredno da učestvuju u zakonodavnoj aktivnosti, u upravljanju preduzećima, državnim ustanovama i društvenom zajednicom u celini.

Sindikat je afirmisani potpisnik kolektivnih ugovora, kojima se uređuju socijalno-ekonomska i druga prava i obaveze zaposlenih u odnosima sa poslodavcem i državom. U toj funkciji, on se javlja kao kolektivni zaštitnik i zajedničkih i individualnih interesa radnika, koji se zajednički mogu uspešnije štititi nego pojedinačno.

U industrijskom društvu uloga sindikata sastoji se prvenstveno u obezbeđenju fiziološke egzistencije najamne radne snage. U uslovima postindustrijske civilizacije on, međutim, treba sve više da brine i o generičkoj reprodukciji zaposlenih, boreći se za sve povoljnije uslove i sve veću slobodu stvaralačkog rada, što je uslov da neposredni nosilac njegove aktivnosti postaje i sve brojnija armija stvaralačke inteligencije.

S prerastanjem industrijskog društva u informatičko društvo, i zaštitna uloga sindikata treba da prerasta u pokretačku ulogu. Defanzivnu odbranu od klasnog izrabljivanja i ugnjetavanja treba sve više da zamenjuje kolektivna inicijativa zaposlenih za oslobađanje od svakog izrabljivanja i svakog ugnjetavanja.

Kao organizacije zaposlenih, sindikati se organizuju po *strukovnom* i *proizvodnom* principu. Strukovni sindikati zastupaju interese pojedinih struka (profesija), dok je osnovni smisao organizovanja po proizvodnom principu u ostvarivanju opštih, odnosno zajedničkih interesa svih zaposlenih. U proizvodnim jedinicama i ustanovama konstituišu se, po pravilu, jedinstvene sindikalne organizacije, koje se na višim nivoima organizovanja povezuju i po strukovnom i po proizvodnom principu, tako da se na istom nivou konstituišu dvojni sindikalni organi.

Sindikati bi, po prirodi svoje klasne pozicije, morali delovati demokratski tako da se njihove akcije i odluke zasnivaju na inicijativama i neposrednom izjašnjavanju sindikalnog članstva. To je i neophodan uslov društvene efikasnosti njihovog delovanja jer oni svoje ciljeve mogu uspešno ostvarivati samo putem društvenog uticaja, koji je utoliko snažniji što je društvena akcija masovnija.

Pod uticajem poslodavaca, poslovodnih struktura, državnih organa i političkih partija, sindikalna rukovodstva se, međutim, iz ličnog koristoljublja i karijerističkih pobuda, odvajaju od sindikalnog članstva, birokratizuju se i u ime sindikata deluju predstavnički. Birokratizacija sindikata je upravo ključna poluga za njegovo pretvaranje u transmisiju otuđenih društvenih snaga i instrumenat ostvarivanja tuđih umesto sopstvenih interesa sindikalnog članstva.

Pošto sindikat deluje kao integralni deo jedinstvenog društvenog sistema, njegova demokratizacija je neodvojiva od demokratizacije celog društva. Ali demokratizacija društva uslovljena je pre svega društvenom mobilizacijom njegovog najaktivnijeg – radno aktivnog i sindikalno organizovanog dela.

Demokratizacija društva podrazumeva, međutim, njegovu opštu mobilizaciju, za šta su sindikati nedovoljan organizacioni okvir, radi čega su neophodne opštedruštvene organizacije kao oblik masovnog organizovanja građana, bez obzira na njihovo zanimaje, socijalno-klasnu, nacionalnu, političku, versku ili drugu pripadnost. Najpoznatiji oblici takvog organizovanja su *narodni* i *nacionalni frontovi*, koji su se afirmisali naročito u još neindustrijalizovanim zemljama sa nedovoljno masovnim sindikatima.

Okupljajući sve rodoljubive i ugnjetene snage, narodni i nacionalni frontovi imali su izuzetno značajnu ulogu u pokretima za nacionalno i socijalno oslobođenje. Oni su predstavljali glavnu društvenu snagu velikih političkih prevrata, koja je delovala autonomno ili pod rukovodstvom političkih partija, a nakon izvršenih prevrata pod uticajem tih istih partija i državnog aparata, gubili su na značaju.

Kako se nacionalno i socijalno oslobođenje ne završava političkim prevratima, masovne organizacije građana mogu imati izuzetno značajnu ulogu u demokratizaciji društva. Kao oblik samoorganizovanja građana, one omogućavaju da svi građani neposredno izražavaju zajedničke i, posebno, opštedruštvene interese, pokreću inicijative za rešavanje aktuelnih društvenih problema i demokratski izgrađenim stavovima utiču na način njihovog rešavanja.

3. Društvene organizacije i udruženja građana

Društvene organizacije i udruženja su oblici organizovanja slobodnih aktivnosti građana, kroz koje se zadovoljavaju najraznovrsnije potrebe i interesi iz različitih oblasti života. Pristup tim organizacijama je potpuno slobodan, kao što je slobodno i angažovanje u njihovim aktivnostima, koje zainteresovani građani sami organizuju i vode.

Slobodne aktivnosti obavljaju se u slobodnom vremenu, čija je dužina određena dužinom radnog vremena, zbog čega stepen njihove razvijenosti u osnovi zavisi od nivoa društvene produktivnosti rada. Stoga se i društvene organizacije kao oblici masovne aktivnosti građana, javljaju tek u vreme ubrzane industrijalizacije kada je produktivnost proizvodnog rada uvišestručena, a radno vreme industrijskog radnika prepolovljeno.

Pored skraćivanja radnog i produžavanja slobodnog vremena, rast produktivnosti na razvijanje slobodnih aktivnosti utiče i preko stvaranja materijalnih uslova za njihovo obavljanje, kao i preko povećanja životnog standarda, koji omogućava da se građani tim aktivnostima više posvećuju. A pošto se rad društvenih organizacija zasniva uglavnom na samofinansiranju, od materijalnog stanja njihovih članova zavisi i stepen njihove aktivnosti.

Slobodne aktivnosti mogu se slobodno razvijati samo u slobodnom društvu jer podrazumevaju slobodno društveno delovanje. Zato su društvene organizacije i udruženja građana svojevrstan izraz demokratizacije društva, i što su demokratski odnosi razvijeniji, razvijenija je i njihova aktivnost.

Zavisno od vrste slobodnih aktivnosti i uslova njihovog obavljanja, osnovni oblici organizovanja društvenih organizacija obrazuju se na mestu rada i mestu stanovanja, gde se odvija masovna aktivnost njihovog članstva. Na višim nivoima društvenog organizovanja konstituišu se organi društvenih organizacija i udruženja, koji brinu o uslovima obavljanja društvenih aktivnosti.

Sredstva za obavljanje svoje aktivnosti društvene organizacije najčešće obezbeđuju iz sopstvenih izvora – same aktivnosti, članarine, dobrovoljnih priloga i sl., što je i nužan uslov njihove samostalnosti i slobode delovaja. Kad se oslanjaju na državu i druge centre finansijske i društvene moći, njihova samostalnost je ograničena, a njima upravljaju rukovodeći centri, preko kojih se ostvaruje spoljni uticaj.

Umesto zaključka

Savremeno društvo je na prelazu između detinjstva i zrelosti. Detinjstvo ljudskog roda odlikuje stalno sukobljavanje instinkta i svesti, emocija i razuma, a zrelost dominacija uma. Čovečanstvo je sada na istorijskoj prekretnici kad mora da se urazumi (da razum nadvlada emocije) ili da propadne.

Ne može se s apsolutnom sigurnošću tvrditi da će ljudski rod doživeti duboku starost, baš kao što je to nemoguće predvideti i za bilo koju ljudsku jedinku. Ako opstanak čovečanstva ne zavisi samo od ćudi prirode već i od ćudi samog čoveka, onda je, na osnovu dosadašnjeg razvoja društva, moguće predvideti samo njegov *mogući*, ali ne i sasvim izvestan dalji razvoj. Kao što nerazumnim postupcima svoj životni vek može prekratiti ljudska jedinka, isto može zadesiti i ceo ljudski rod.

Ako se apstrahuje mogućnost planetarne katastrofe, čovek ovladavanjem prirodom može da stvori zemaljsko carstvo slobode, i praktično ga već stvara, mada nema te slobode kojom će se ikad zadovoljiti. On je od postanka težio da se izdigne iznad prirode i da zagospodari životnom sredinom, a te težnje izražene su u neodoljivom nastojanju da fizičku silu u borbi za opstanak nadomesti sopstvenim umom.

U tom nastojanju ljudski rod prošao je istorijski put od sakupljačke do proizvođačke aktivnosti, a sada je na pragu slobodne stvaralačke aktivnosti. Proizvođačka aktivnost omogućila je relativnu slobodu samo za manjinu, a slobodno stvaralaštvo omogućiće punu slobodu za ceo ljudski rod.

Stvaranjem viška proizvoda iznad egzistencijalnog minimuma proizvođača, već je proizvođačka aktivnost omogućila da se jedan deo društva oslobodi mukotrpnog proizvodog rada, da se posveti slobodnim aktivostima i da živi u relativnom izobilju. Ali to je bilo moguće samo na račun ogromne većine proizvođačkog dela društva, koji je radi stalnog izrabljivaja trebalo da drži u pokornosti, za što je pored duhovnog zaslepljivanja bilo neophodno i nasilno potčinjavanje.

Procvat duhovnog stvaralaštva omogućio je da se u savremenom društvu na osnovama ubrzane automatizacije proizvodnje naglo smanjuje proizvodno i povećava neproizvodno stanovništvo, a proizvodna aktivnost zamenjuje slobodnom stvaralačkom aktivnošću. Pa ako je do sada relativnu slobodu na osnovu tuđeg rada uživala samo manjina, sve je bliže vreme kada će je na osnovu sopstvenog rada uživati ceo ljudski rod.